高等职业教育新能源汽车"1+X"岗课赛证融通系列教材

新能源汽车动力驱动电机电池技术

XINNENGYUAN QICHE DONGLI QUDONG
DIANJI DIANCHI JISHU

主　编　贾永峰
副主编　黄　伟
参　编　彭小红　朱布博　孙少杰　王　红　任　鹏
主　审　王　勇

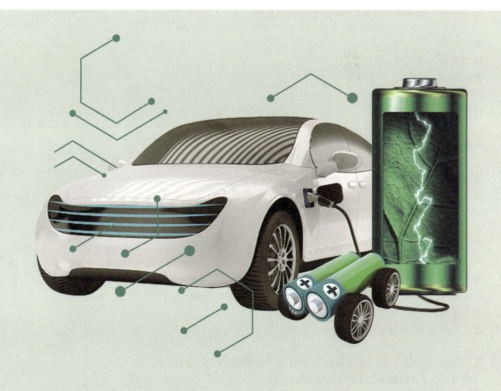

◆ 本册包含模块：电池系统维护保养与检测诊断

西安交通大学出版社
XI'AN JIAOTONG UNIVERSITY PRESS

图书在版编目(CIP)数据

新能源汽车动力驱动电机电池技术 / 贾永峰主编. — 西安：西安交通大学出版社，2023.2(2024.7重印)

高等职业教育新能源汽车"1＋X"岗课赛证融通系列教材

ISBN 978－7－5693－3347－3

Ⅰ.①新… Ⅱ.①贾… Ⅲ.①新能源-汽车-驱动机构-高等职业教育-教材②新能源-汽车-蓄电池-高等职业教育-教材 Ⅳ.①U469.703

中国国家版本馆CIP数据核字(2023)第132535号

书　　名	新能源汽车动力驱动电机电池技术 XINNENGYUAN QICHE DONGLI QUDONG DIANJI DIANCHI JISHU
主　　编	贾永峰
策划编辑	曹　昳
责任编辑	曹　昳　刘艺飞
责任校对	张　欣
封面设计	任加盟
出版发行	西安交通大学出版社 (西安市兴庆南路1号　邮政编码710048)
网　　址	http://www.xjtupress.com
电　　话	(029)82668357　82667874(市场营销中心) (029)82668315(总编办)
传　　真	(029)82668280
印　　刷	西安五星印刷有限公司
开　　本	787 mm×1092 mm　1/16　印张 20.75　字数 480千字
版次印次	2023年2月第1版　2024年7月第2次印刷
书　　号	ISBN 978－7－5693－3347－3
定　　价	56.00元

如发现印装质量问题，请与本社市场营销中心联系。

订购热线：(029)82665248　(029)82667874

投稿热线：(029)82668502

版权所有　侵权必究

职业教育新能源汽车"1＋X"岗课赛证融通系列教材编委会

主 任 委 员	杨云峰	陕西交通职业技术学院
副主任委员	蔺宏良	陕西交通职业技术学院
	黄　平	青海交通职业技术学院
	李富香	青海交通职业技术学院
	李维臻	甘肃交通职业技术学院
	王志新	甘肃交通职业技术学院
	王　勇	北京中车行高新技术有限公司
	袁　杰	四川交通职业技术学院
	刘学军	广西交通职业技术学院
委　　　员	贾永峰	陕西交通职业技术学院
	韩　风	青海交通职业技术学院
	蔡月萍	青海交通职业技术学院
	黄晓鹏	陕西交通职业技术学院
	刘　涛	陕西交通职业技术学院
	高　旋	陕西交通职业技术学院
	任春晖	陕西交通职业技术学院
	曹凌霞	北京中车行高新技术有限公司
	付照洪	北京中车行高新技术有限公司

前言

为贯彻落实《关于深化现代职业教育体系建设改革的意见》《关于加强新时代高技能人才队伍建设的意见》《国家职业教育改革实施方案》等文件精神，积极推进"岗课赛证"综合育人，提升汽车服务领域高素质技术技能人才培养水平，陕西交通职业技术学院、青海交通职业技术学院、甘肃交通职业技术学院等院校联合北京中车行高新技术有限公司、丝绸之路职业教育联盟、西安交通大学出版社组织长期从事一线教学的教师和汽车维修专家，共同开发了汽车专业领域"1+X"岗课赛证融通系列教材。

在本书编写过程中，始终以习近平新时代中国特色社会主义思想为指导，深入贯彻党的二十大精神，坚持"为党育人、为国育才"原则，大力弘扬劳模精神、劳动精神、工匠精神。教材内容紧密对接"1+X"职业技能等级证书标准，充分体现职教特色，注重岗课赛证融通、应知和应会结合、理论和实践结合。为更好地满足教与学的需求，本书采用活页式编排，文字简洁、图文并茂、通俗易懂。

新能源汽车动力驱动电机电池技术（模块四：电池系统维护保养与检测诊断）是高等职业院校新能源汽车技术、新能源汽车检测与维修专业的核心课程，内容主要包括动力电池检查保养性能检测、电池管理系统检测维修、高压供电系统故障诊断、车载充电系统检测维修、DC/DC变换器检测维修。本书由陕西交通职业技术学院贾永峰担任主编，青海交通职业技术学院黄伟担任副主编，北京中车行王勇担任主审。陕西交通职业技术学院孙少杰编写任务1、任务8、任务9、任务13，陕西交通职业技术学院王红编写任务2，贾永峰编写任务3，黄伟编写任务4、任务5，陕西交通职业技术学院彭小红编写任务6、任务7，陕西交通职业技术学院朱布博编写任务10、任务11、任务12、任务14、任务15。比亚迪汽车销售有限公司任鹏协助制订本书编写大纲并提供技术支持。

在本书编写过程中，参阅了大量国内外专业书籍与资料，在此谨向参考文献中的作者及为本书出版付出辛勤劳动的同志表示衷心的感谢。

由于编者水平有限，书中难免存在不足之处，恳请广大读者批评指正。

编者

2023 年 3 月

任务 1	动力电池检查与保养	(1)
任务 2	电池冷却系统的检查保养	(35)
任务 3	动力电池总成检查拆装	(51)
任务 4	动力电池性能检测维修	(77)
任务 5	动力电池性能故障诊断分析	(95)
任务 6	动力电池管理系统部件检测与维修	(109)
任务 7	动力电池管理系统故障诊断分析	(137)
任务 8	动力电池控制检测维修	(155)
任务 9	高压供电电路故障诊断分析	(177)
任务 10	车载充电系统检查保养	(203)
任务 11	车载充电系统部件检测维修	(229)
任务 12	车载充电系统故障诊断分析	(249)
任务 13	DC/DC 低压充电系统检查保养	(281)
任务 14	DC/DC 变换器的拆卸与更换	(295)
任务 15	DC/DC 低压充电系统故障诊断分析	(313)
参考文献		(324)

任务 1

动力电池检查与保养

任务引入

动力电池堪称新能源汽车的"心脏",动力电池性能的好坏将直接影响电动汽车的性能,所以,一定要按照要求对动力电池进行定期检查和维护。某顾客的纯电动汽车已经行驶了 20 000 km,需要对动力电池进行检查和维护。

学习目标

(1)理解锂离子电池的工作原理。
(2)理解动力电池铭牌上参数的含义。
(3)能正确进行高压中止和检验。
(4)能正确完成动力电池的检查和维护。
(5)具备维修资料和相关技术资料的自主学习能力。
(6)养成善于思考、不断创新的意识。

知识准备

1.1 电池的分类

电池可以分为化学电池、物理电池和生物电池三大类。

1.1.1 化学电池

化学电池利用物质的化学反应产生电能。化学电池有多种分类方法。

1. 按工作性质分类

化学电池按工作性质分为原电池、蓄电池、燃料电池和储备电池。

1）原电池

原电池又称一次电池，是指电池放电后不能用简单的充电方法使活性物质复原而继续使用的电池，如锌-二氧化锰干电池、锂锰电池、锌空气电池和一次锌银电池等。

2）蓄电池

蓄电池又称二次电池，是指电池在放电后可通过充电的方法使活性物质复原而继续使用的电池，这种电池充放电可以达到数十次甚至上千次，如铅酸蓄电池、镍镉蓄电池、镍氢蓄电池和锂离子蓄电池等。

3）燃料电池

燃料电池又称连续电池，是指参加反应的活性物质从电池外部连续不断地输入电池，电池就连续不断地工作而提供电能，如质子交换膜燃料电池、碱性燃料电池、磷酸燃料电池、熔融碳酸盐燃料电池、固体氧化物燃料电池和再生型燃料电池等。

4）储备电池

储备电池是指电池正负极与电解质在储存期间不直接接触，使用前注入电解液或者使用其他方法使电解液与正负极接触，此后电池进入待放电状态，如镁电池、热电池等。

2. 按电解质分类

化学电池按电解质可分为酸性电池、碱性电池、中性电池、有机电解质电池、非水无机电解质电池和固体电解质电池等。

3. 按电池特性分类

化学电池按电池的特性可分为高容量电池、密封电池、高功率电池、免维护电池和防爆电池等。

4. 按正负极材料分类

化学电池按正负极材料可分为锌系列电池（如锌锰电池、锌银电池）、镍系列电池（如镍镉蓄电池、镍氢蓄电池）、铅系列电池（如铅酸蓄电池）、锂系列电池等。

1.1.2　物理电池

物理电池是将光、热、物理吸附等物理能量转化为电能的电池，如太阳能电池、超级电容器、飞轮电池等。

1. 太阳能电池

太阳能电池又称太阳能芯片或光电池，是一种利用太阳光产生电能的光电半导体薄片。太阳能电池是通过光电效应或者光化学效应直接把光能转换成电能的装置，目前以光电效应工作的晶硅太阳能电池为主流,而以光化学效应工作的薄膜太阳能电池还处于起步阶段。

2. 超级电容器

超级电容器是指介于传统电容器和充电电池之间的一种新型储能装置,它既具有电容器快速充放电的特性,同时又具有电池的储能特性。

3. 飞轮电池

当飞轮以一定角速度旋转时,它就具有一定的动能,飞轮电池就是把这部分动能转换成电能的装置。

1.1.3 生物电池

生物电池是利用生物化学反应产生电能的电池,如微生物电池、酶电池、生物太阳能电池等。

1. 微生物电池

微生物电池是一种利用微生物将有机物中的化学能直接转化成电能的装置。人们利用微生物的生命活动产生的所谓"电极活性物质"作为电池燃料,然后通过类似于燃料电池的办法,把化学能转换成电能,成为微生物电池。目前,微生物电池还处在试验研究的阶段,但在不久的将来,它将给人类提供更多的能源。

2. 酶电池

酶电池是以酶为基础的生物电池。酶电池通常使用葡萄糖作为反应原料。葡萄糖在葡萄糖氧化酶和辅酶的作用下失去电子被氧化成葡萄糖酸,电子由介质运送至阳极,再经外电路到阴极。过氧化氢得到电子,并在氧化酶的作用下还原成水。

3. 生物太阳能电池

目前太阳能电池中的光伏系统仍存在很多问题。例如,在其生产、加工过程中产生的有毒副产品导致了许多长期问题;此外,在光照不足的区域(北部地区)其运作效率很低。但如果光伏系统以生物为介质,那么上述问题都将得到一定程度的解决。

生物太阳能电池是利用生物光伏替代传统光伏系统的新型电池。生物光伏是将自然的光合作用应用于太阳能发电的新兴技术。相比于硅制成的太阳能电池,使用生物材料制成的太阳能电池捕获光能更具优势,其生产成本更低,且具有自我修复、自我复制和可生物降解功能,更加可持续。这种电池的制造过程是对环境无害的,此外,它还适用于光照直射不足的地方。

目前为止,在新能源汽车中,镍氢蓄电池、锂离子蓄电池主要应用在插电式混合动力汽车中,锂离子蓄电池广泛应用在纯电动汽车上,燃料电池汽车主要采用质子交换膜燃料电池。在物理电池领域中,超级电容器在纯电动汽车和插电式混合动力汽车上应用前景较好,但目前还仅用于公交车上。生物电池在车用动力中的应用前景也十分广阔。

1.2 锂离子电池的结构、原理及应用

通常所说的锂电池,包括锂原子电池和锂离子电池。锂原子电池也叫锂金属电池,以二氧化锰为正极材料,金属锂或其合金为负极材料,在外电路接通后,负极金属锂放出电子,与正极二氧化锰结合形成锰酸锂。但它不能通过充电把锰酸锂变回金属锂,负极金属锂用光了,电池就报废了,因此它属于原电池,不能反复充放电。锂离子电池是蓄电池,可以多次进行充放电使用,它主要依靠锂离子在正负电极间的往返嵌入和脱嵌,来完成电池的充电和放电过程。自20世纪90年代锂离子电池面世以来,就以其能量密度高、循环寿命长、无记忆效应、环境友好等优点成为动力电池应用领域研究的热点。近年来,锂离子电池已经成为电动汽车用动力电池的主体。

1.2.1 锂离子电池的结构

锂离子电池基本由正极、负极、电解质及隔膜组成,如图1-1所示,另外还有正负极极耳、安全阀、正温度控制端子(positive temperature control,PTC)、电池壳等。

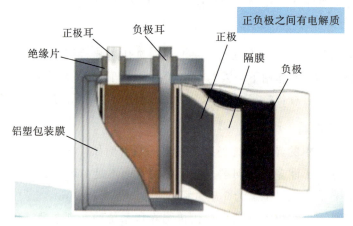

图1-1 锂离子电池的组成

1. 正极

锂离子电池正极材料常采用能使锂离子较为容易地嵌入和脱嵌的,并能同时保持结构稳定的过渡金属氧化物。在充、放电循环过程中,锂离子会在金属氧化物的电极上进行反复的嵌入和脱出反应,作为嵌入式电极材料的金属氧化物,依其空间结构的不同可分为以下三种类型。

1)层状化合物

层状正极材料中目前研究比较成熟的是钴酸锂($LiCoO_2$)、镍酸锂($LiNiO_2$)和镍钴锰酸锂($Li(NiCoMn)O_2$)三元锂电池。钴酸锂具有放电电压高、性能稳定、易于合成等优点,但钴资源稀少,价格较高,并且有毒,污染环境。目前钴酸锂电池主要应用在手机、笔记本计算机等中小容量消费类电子产品中。镍与钴的性质非常相近,而价格却比钴低很多,并且对环境污染较小。三元锂电池综合性能比较好,目前是锂离子电池中在电动汽车行业应用较广泛的一种。

2)尖晶石型结构

锰酸锂($LiMn_2O_4$)是尖晶石型嵌锂化合物的典型代表。锰元素含量丰富,价格便宜,毒性远小于过渡金属钴、镍等,其主要缺点是电极的循环容量容易迅速衰减。目前锰酸锂电池已经大量应用在运营的电动车上。

3)橄榄石型结构

磷酸铁锂($LiFePO_4$)在自然界以磷酸铁锂矿的形式存在,属于橄榄石结构。磷酸铁锂实际最大放电容量高达 165 mA·h/g,非常接近理论容量,工作电压在 3.2 V 左右,并且磷酸铁锂中的强共价键作用使其在充放电过程中能保持晶体结构的高度稳定性,因此具有比其他正极材料更高的安全性能和更长的循环寿命。另外磷酸铁锂具有原材料来源广泛、价格低廉、无环境污染、比容量高等优点。

2. 负极

负极材料是决定锂离子电池综合性能优劣的关键因素之一,比容量高、容量衰减率小、安全性能好是对负极材料的基本要求。

1)碳材料

碳材料是目前在商品化的锂离子电池中应用最为广泛的负极材料,碳负极材料包括石墨和无定形碳,石墨是锂离子电池碳材料中应用最早、研究最多的一种,其具有完整的层状晶体结构。石墨的层状结构,有利于锂离子的脱嵌,能与锂形成锂-石墨层间化合物,与提供锂源的正极材料匹配性较好,所组成的电池平均输出电压高,是一种性能较好的锂离子电池负极材料。

2)氧化物负极材料

氧化物是当前人们研究的另一种负极材料体系,包括金属氧化物、金属基复合氧化物和其他氧化物。前两者虽具有较高理论比容量,但因从氧化物中置换金属单质消耗了大量锂而导致巨大容量损失,抵消了高容量的优点。尖晶石钛酸锂 $Li_4Ti_5O_{12}$ 具有尖晶石结构,充放电曲线平坦,放电容量为 150 mA·h/g,具有非常好的耐过充、过放特征,充放电过程中晶体结构几乎无变化(零应变材料),循环寿命长,充放电效率近100%,目前在储能型锂离子电池中有所应用。

3)金属及合金类负极材料

金属锂是最先被采用的负极材料,理论比容量为 3860 mA·h/g。20 世纪 70 年代中期,金属锂在商业化电池中得到应用,但因充电时,负极表面会形成枝晶,导致电池短路,于是人们开始寻找金属合金来替代金属锂作为负极材料。金属合金最大的优势就是能够形成含锂很高的锂合金,具有很高的比容量,相比碳材料,合金较大的密度使得其理论体积比容量也较大。同时,合金材料由于加工性能好、导电性好等优点,被认为是极有发展潜力的一种负极材料。

3. 电解质

电解质一般采用溶解有锂盐的有机制剂,可分为液态锂离子电池(lithiumion battery,LIB)和聚合物锂离子电池(polymer lithiumion battery,LIP)两大类。它们的主要区别在于电解质的状态不同,液态锂离子电池使用的是液体电解质,而聚合物锂离子电池则用聚合物电解质。不论是液态锂离子电池还是聚合物锂离子电池,它们所用的正负极材料都是相同的,工作原理也基本一致。

4. 隔膜

隔膜在正负极之间起到绝缘作用,隔膜上的微孔只允许 Li^+ 往返通过,不允许电子通过。

1.2.2 锂离子电池种类及命名的规则

从外形上看,目前用于电动汽车的锂离子电池有圆柱形锂离子电池(图 1-2)和方形锂离子电池(图 1-3)两种硬壳电池,此外还有软包式锂离子电池(图 1-4)。方形和圆柱形锂离子电池的盖子上均有一种特殊加工的破裂阀,以防止电池内压过高而可能出现的安全问题。这种阀一旦打开,电池即失效报废。锂离子电池多以正极材料作为命名的标准,例如磷酸铁锂电池,就是指用磷酸铁锂作为正极材料的锂离子电池;三元锂电池是指正极材料使用镍钴锰酸锂或镍钴铝酸锂的锂离子电池;此外还有用钴酸锂和锰酸锂作为正极材料的锂离子电池。但钛酸锂电池却打破以石墨为负极材料的传统电池技术路线,改以钛酸锂为负极材料。

图 1-2 圆柱形锂离子电池

图 1-3 方形锂离子电池

图 1-4 软包锂离子电池

如果从能量密度、成本、安全性、热稳定性、循环寿命5个关键指标来考量动力电池的性能，目前磷酸铁锂电池和三元锂电池在这5个方面都不具有绝对优势，这才导致锂离子动力电池正极材料技术路线的差异。比亚迪e6、北汽EV160、腾势等一些电动汽车生产厂商均将磷酸铁锂电池作为车辆的动力源，但北汽更多的车型却选择三元锂电池，国外的车型如特斯拉、宝马、日产等也多选用三元锂电池。磷酸铁锂电池热稳定性是目前车用锂电池中最好的，当电池温度处于500～600 ℃的高温时，其内部化学成分才开始分解，而同属锂电池的钴酸锂电池在180～250 ℃时内部化学成分就已处于不稳定状态。磷酸铁锂电池的劣势是能量密度低，续驶能力差，其能量密度在100～120 W·h/kg，而镍钴铝(NCA)和镍钴锰(NCM)三元材料电池的能量密度要比磷酸铁锂高出50%，目前普遍在150～180 W·h/kg，特斯拉的NCA三元材料电池能量密度据报道已经达到200 W·h/kg。另外磷酸铁锂电池还有一个致命性的缺点，那就是低温性能较差，即使将其纳米化和碳包覆也没有解决这一问题。研究表明，一块容量为3500 mA·h的磷酸铁锂电池，如果在－10 ℃的环境中工作，经过不到100次的充放电循环，电量将急剧衰减至500 mA·h，基本就报废了。而三元锂电池存在争议的一点是材质的稳定性不如磷酸铁锂电池。三元锂材料会在200 ℃左右发生分解，并且三元锂材料的化学反应更加剧烈。而磷酸铁锂在700～800 ℃时才发生分解，不会像三元锂材料一样释放氧分子，燃烧没那么剧烈。所以三元锂电池在2016年后一段时间被我国禁止在客车上使用。

1.2.3 锂离子电池的工作原理

虽然锂离子电池种类繁多，但工作原理大致相同。目前常用磷酸铁锂和三元锂。这些材料的分子形成了纳米等级的细小晶体格子结构，可用来嵌入储存锂原子。即便是电池外壳破裂，接触氧气，也会因氧分子太大，进入不了这些细小的晶体格子内，使得锂原子不会与氧气接触而剧烈反应导致爆炸。锂离子电池的这种结构，使得其在获得高容量密度的同时，也达到安全的目的。锂离子电池充电时，正极的锂原子会丧失电子，在有外电路连接的情况下，就会形成电流，此时锂原子氧化为锂离子并经由电解液游到负极去，进入负极的储存晶格，并获得一个电子，还原为锂原子。放电时，整个过程相反。为了防止电池的正负极直接碰触而短路，电池正负极之间加上一层带有微孔的有机隔膜。有机隔膜微孔的直径只允许锂离子往复通过，电子直径比锂离子直径大，不能通过隔膜。隔膜还可以在电池温度过高时，自动关闭微孔，让锂离子无法穿越，防止危险发生。

1. 充电过程

锂离子电池的充电过程如图1-5所示。充电时，锂离子电池正极材料上的锂分成锂离子和电子，电子通过外部电路跑到负极上，Li$^+$从正极脱嵌进入电解液，穿过隔膜上弯弯曲曲的小洞，嵌入晶状体结构负极，与外部跑过来的电子结合在一起，导致负极处于富锂状态。

2. 放电过程

锂离子电池的放电过程如图1-6所示。电池放电时，电子和Li$^+$同时行动，电子从负极经过外电路导体跑到正极，Li$^+$从晶状体结构负极进入电解液，穿过隔膜上弯弯曲曲的小洞，嵌入正极晶体空隙，与外电路过来的电子结合在一起。

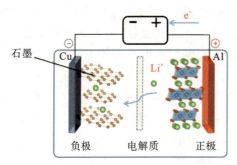
图1-5 锂离子电池的充电过程

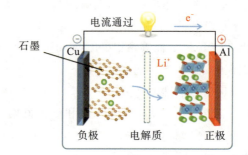
图1-6 锂离子电池的放电过程

3. 摇椅现象

从电池内电路来看，充电时锂离子嵌入负极，放电时锂离子又嵌入正极，锂离子像坐摇椅一样，在正极和负极之间来回移动，所以锂离子电池又称为"摇椅电池"。在充电过程中，电池在外部充电器电压的作用下，随着锂离子从正极向负极移动，电池储存的电量越来越多，正负极之间的电压越来越高，直到充满。放电过程中，锂离子从负极向正极移动，电池储存的电量越来越少，电池的正负极电压越来越低，直到放电结束。电池正负极材料的晶体结构，在锂离子迁移过程中会出现变化，过充电严重时会导致负极晶格堵塞，过放电会导致负极晶格塌落，因此锂离子电池一般不能单独使用，必须与充放电控制电路组合使用。

1.2.4 锂离子电池的性能特点

1. 充放电特性

锂离子电池充电从安全、可靠及兼顾充电效率等方面考虑，通常采用两段式充电方法。第一阶段为恒流限压，第二阶段为恒压限流。锂离子电池充电的最高限压值根据正极材料的不同而有一定的差别。

对于不同的锂离子电池，区别主要有两点：

①第一阶段恒流值，根据电池正极材料和制造工艺不同，最佳值存在一定的差别。

②不同锂离子电池在恒流时间上存在很大的差别，恒流可充入容量占总体容量的比例也存在很大差别。从电动汽车实际应用角度出发，恒流时间越长，充电时间越短，

更有利于应用。此外锂离子电池放电在中前期电压稳定，下降缓慢，但在放电后期电压下降迅速，因此在此阶段要进行有效控制，防止过度放电，造成电池的不可逆损害。

1) 充电特性的影响因素

影响充电特性的主要因素有充电电流、放电深度和充电温度。充电电流大的内阻能耗大，在实际电池应用中，应综合考虑充电时间和效率，选择适中的充电电流。放电深度增加，充电所需时间增加，恒流充电时间所占总充电时间比例增加，恒流充电容量占所需充入容量的比重增加；随着环境温度的降低，电池的可充入容量明显降低，而充电时间明显增加。

2) 放电特性的影响因素

在同样的温度、放电终止电压下，不同的放电电流，可放出的容量和能量有一定的差别。电流越小，可放出的容量越多。

2. 安全性

锂离子电池在热冲击、过充、过放和短路等滥用情况下，其内部的活性物质及电解液等组分间将发生化学、电化学反应，产生大量的热量与气体，使得电池内部压力在一定程度下可能导致电池着火，甚至爆炸。

提高锂离子电池安全性的措施：

①使用安全型锂离子电池电解质，如采用阻燃电解液，使用固体电解质代替有机液态电解质等。

②提高电极材料热稳定性。一种方法是对负极材料的表面包覆，如在石墨表面包覆无定形碳或金属层；另一种方法是在电解液中添加成膜添加剂，在电极材料表面形成稳定性较高的固体电解质界面膜（solid electrolyte interfacial membrane，SEI），有利于获得更好的热稳定性。此外还可以通过体相掺杂、表面处理等手段提高正极材料热稳定性。

3. 温度对锂离子电池使用性能的影响

(1) 温度对可用容量比率的影响。正常应用温度范围内，锂离子电池温度越高，工作电压平台越高，电池的可用容量越多。但是长期在高温下工作会造成锂离子电池的容量迅速下降，从而影响电池的使用寿命，并极有可能造成电池热失控。

(2) 温度对电池内阻的影响。直流内阻是表征动力电池性能和寿命状态的重要指标。电池内阻较小，在许多工况下常常忽略不计，但动力电池处于电流大、深放电的工作状态，内阻引起的压降较大，此时内阻的影响不能忽略。

4. 锂离子电池不能过充过放的原因

放电时，锂离子不能完全移向正极，必须保留一部分锂离子在负极，以保证下次充电时锂离子可以畅通嵌入通道，否则，电池寿命就相当短。为了保证碳层中放电后留有部分锂离子，也就是锂离子电池不能过放电，这就要严格限制放电终止最低电压；

同时，根据锂离子工作原理，最高充电终止电压应为 4.2 V，不能过充，否则会因正极材料中的锂离子移走太多，造成晶格坍塌，而使电池表现出寿命终结状态。由此可见，锂离子充、放电控制精度要求相当高，既不能过充，也不能过放，否则都将影响电池寿命，这是由锂离子电池的工作机理所决定的。

5. 锂离子电池的优点

（1）工作电压高。例如钴酸锂电池工作电压为 3.6 V，锰酸锂电池工作电压为 3.7 V，磷酸铁锂电池工作电压为 3.2V。

（2）比能量高。锂离子电池理论比能量可达 200 W·h/kg 以上，实际应用中也可达 140 W·h/kg。

（3）循环寿命长。锂离子电池深度放电循环次数可达 1000 次以上，低放电深度循环次数可达上万次。

（4）自放电小。锂离子电池月自放电率仅为总容量的 5%～9%。

（5）无记忆效应。

（6）环保性高。锂离子电池不含汞、铅、镉等有害元素，是真正意义上的绿色电池。

1.2.5 锂离子电池的应用

1. 在便携式电器方面的应用

目前移动电话、笔记本计算机、微型摄像机等需要便携式电源的用电器已经成为人们生活中不可缺少的一部分，在其电源选用方面，无一例外地都选择了锂离子电池作为市场的主流。据统计，全球手机产量每年近 10 亿部，全球每年生产笔记本计算机约 14 亿台，形成了庞大的锂离子电池应用市场，在此领域钴酸锂、锰酸锂及三元锂离子电池占有主导地位。

2. 在交通行业的应用

在电动汽车开发方面，锂离子动力电池已经成为主流。其主要使用的动力电池是磷酸铁锂电池和三元锂电池。

从电池性能来说，三元锂电池具有能量密度高，续驶里程相对较长的优势。但三元锂电池也存在安全性差、耐高温性差、寿命短等缺点。相比三元锂电池，磷酸铁锂电池具有安全性能稳定、高温性能好、重量轻等优势，但也存在低温性能差，能量密度低等缺陷。

3. 在军事装备及航空航天事业中的应用

在军事装备中，锂离子电池主要用作动力启动电源、无线通信电台电源、微型无人驾驶侦察飞机动力电源等，此外，诸如激光瞄准器、夜视器、飞行员救生电台电源、船示位标电源等现在也普遍采用锂离子电池。在航天领域，锂离子电池已经用于地球同步轨道卫星和低轨道通信卫星,作为发射和飞行中校正及地面操作的动力。

4. 锂离子电池的其他应用

由于自身的结构特点和特殊的工作原理,决定了锂离子电池原材料丰富、环保、比容量高、循环性能和安全性能好等特点,在医疗行业(例如,助听器、心脏起搏器等)、石化行业(例如,采油动力负荷调整)、电力行业(例如,储能电源)等均具有广阔的应用前景。锂离子电池在追求能源绿色化的今天,具有更加重要的意义。锂离子电池的应用领域与性能要求见表 1-1。

表 1-1 锂离子电池的应用领域与性能要求

电池类别	应用领域	特点	电池性能要求
便携式电器电池(高能量)	小型电器、信息、通信、办公、教学、数字娱乐	电器更新快、2~3 年寿命周期、恒功率工作,对电池倍率性能、工作温度、成本、循环性能要求不高	电池能量密度高于 150 W·h/kg
储能电池(长寿命)	小型储能电池、太阳能、燃料电池、风力发电等分散式独立电源系统储能	对电池功率和能量密度要求不高,体积和重量要求相对较低	0~20 年使用寿命,免维护,性能稳定,价格低,较好的温度特性和较低的自放电率
动力电池(高功率)	各种电动车辆、电动工具、大功率器具	要求高功率密度、安全性、温度特性,低成本,自放电方面有较高的要求	目前水平:800~1500 W/kg,目标水平:2000 W/kg 以上
微型电器	无线传感器、微型无人机、植入式医疗装置、智能芯片、微型机器人、集成电路	电器维护困难、对稳定性、寿命要求较高	要求寿命长,稳定性好

1.3 动力电池的基本参数

动力电池是新能源汽车,尤其是纯电动汽车的核心部件,动力电池的发展是新能源汽车发展的前提和基础。要评定动力电池的性能,主要是看其性能参数。不同的动力电池,其性能参数也有差异。

1. 北汽 EX360 动力电池的基本参数

北汽 EX360 动力电池如图 1-7 所示。

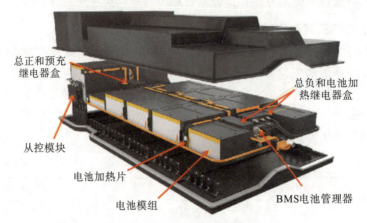

图1-7 北汽EX360动力电池

北汽EX360动力电池基本参数如表1-2所示。

表1-2 北汽EX360动力电池基本参数

项目	参数
电池类型	三元锂电池
动力电池额定电压	332.15 V(91×3.65 V)
完全充放电次数	2000次
电芯标称电压	3.65 V
可用电量	48.1 kW·h
电芯/电池额定容量	29 A·h/145 A·h
工作温度	−20～60 ℃
模组排列	5P(并)91S(串)
充电截止电压	4.15 V
放电截止电压	2.75 V

2. 吉利帝豪EV450动力电池基本参数

吉利帝豪EV450动力电池如图1-8所示。

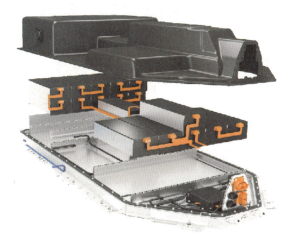

图 1-8 吉利帝豪 EV450 动力电池

吉利帝豪 EV450 动力电池基本参数如表 1-3 所示。

表 1-3 吉利帝豪 EV450 动力电池基本参数

项目	参数
电池类型	三元锂电池
动力电池额定电压	95×3.65 V＝346.75 V（17 个模组）
峰值功率	150 kW，持续 10 s
额定功率	50 kW
动力电池工作电压范围	266～408.5 V
电池额定容量	153(1C)A·h

3. 长安逸动 EV460 动力电池基本参数

长安逸动 EV460 动力电池如图 1-9 所示。

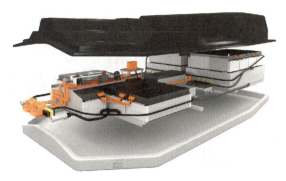

图 1-9 长安逸动 EV460 动力电池

长安逸动 EV460 动力电池基本参数如表 1-4。

表 1-4　长安逸动 EV460 动力电池基本参数

项目	参数
动力电池类型	三元锂电池
动力电池额定电压	3.65 V×96 节＝350.4 V(24 个模组)
动力电池额定容量	150 A·h
完全充放电次数	2000 次
工作温度	－20～60 ℃

4. 比亚迪 e5 动力电池基本参数

比亚迪 e5 动力电池基本参数如表 1-5 所示。

表 1-5　比亚迪 e5 动力电池基本参数

项目	参数
动力电池额定电压	394.2 V(3.65×108)
完全充放电次数	2000 次
动力电池额定容量	130 A·h(51.2 度电)
动力电池额定电量	51.2 kW·h
工作温度	－20～60 ℃

比亚迪 e5 纯电动汽车综合工况电能消耗量为(10～13 kW·h)/100 km，比亚迪 e5 蓄电池组额定电量为 51.2 kW·h，换算下来续驶里程在 400 km 左右。纯电动汽车若按工业用电 1.2 元/kW·h 计算，出行成本为 0.12～0.156 元/km，相对于传统汽油车出行的成本大幅降低。

比亚迪 e5 动力电池铭牌如图 1-10 所示。

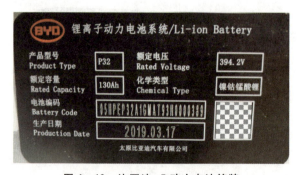

图 1-10　比亚迪 e5 动力电池铭牌

1.4　动力电池的安装位置

动力电池尽可能放在清洁、阴凉、通风、干燥的地方并避免阳光直射，远离热源。应该水平安装放置，不可倾斜。纯电动汽车的动力电池体积较大，一般位于车辆底部前后桥与两侧纵梁之间，安装在这些位置具有较高的碰撞安全性，同时降低车辆重心，车辆操控性好。吉利帝豪 EV 纯电动汽车动力电池安装位置如图 1-11 所示。混合动力电动汽车的动力电池个体较小，可安装在行李箱和后排座椅的下方或之间。普锐斯动力电池安装位置如图 1-12 所示。动力电池安装在这些地方，不但拆装操作更加简单，而且避免了动力电池安装分散，减少了动力电池之间高电压连接线束的使用，避免了线路连接过多，节约了成本。

图 1-11　吉利帝豪 EV 动力电池安装位置

图 1-12　普锐斯动力电池安装位置

1.5　动力电池的检查与保养

1.5.1　动力电池运输、存储及报废的相关要求

1. 运输

(1)动力电池报废后要根据其种类，用符合国家标准的专门容器分类收集运输。

(2)应根据动力电池的特性设计储存、装运动力电池的容器,容器应不易破损、变形,其所用材料能有效地防止渗漏、扩散。

(3)装有废旧动力电池的容器必须贴有国家标准所要求的分类标识。

(4)在废旧动力电池的包装运输前和运输过程中应保证其结构完整,不得将废旧动力电池破碎、粉碎,以防止电池中有害成分的泄漏污染。

2. 储存

(1)禁止将废旧动力电池堆放在露天场地,避免废电池遭受雨淋水浸。

(2)批量废弃锂离子电池储存,储存设施所使用的容器应确保满足其储存要求,保证废弃锂离子电池的外壳完整,防止对环境造成不利影响,建立安全管理和出现危险时的应急机制。

(3)储存于通风良好的干净环境。

(4)不可放置于阳光直晒区域。

(5)必须远离可使电池系统外部升温60℃的热源。

(6)必须平放于包装箱内。

(7)勿摔落电池系统并避免表面撞击。

3. 污染防治

(1)锂离子电池的收集、运输、拆解、再生冶炼等活动要严格遵守以上要求。

(2)锂离子电池应当进行回收利用,禁止用其他办法进行处置。

(3)锂离子电池应当按照危险废物进行管理。

(4)锂离子电池在收集、运输过程中应当保持外壳的完整,防止发生液体泄漏造成对环境的污染。

1.5.2　动力电池安全使用注意事项

1. 安全事项

(1)非专业维修人员绝对不要自行拆卸、调整、安装动力电池系统。

(2)不要触摸动力电池的正、负极母线。

(3)由于动力电池系统安装在汽车底部,驾驶过程中应注意路面状况,不要让不平的路面或路面障碍物挤压、撞击动力电池。

(4)由于动力电池重量较大,不要使用扳手或其他工具松动动力电池系统紧固螺栓。

2. 使用注意事项

(1)在车辆行驶过程中,随着电量的消耗,SOC(state of charge,荷电状态)表上指针指示的数值会逐渐减小,当SOC减小到15%以下时,SOC表上的电量不足指示灯会点亮。此时,动力电池系统的能量即将耗尽,应尽快对动力电池进行充电。

(2)当动力电池系统的 SOC 小于 10% 后,不要猛踩加速踏板,因为整车控制器已经降功率使用,进入跛行(低速限速)回家模式。

(3)动力电池系统属于化学电源,由于在能量转换时对温度比较敏感,很多厂家的动力电池内部安装了加热单元。在温度较低的冬天,对动力电池进行充电时,加热单元会首先对动力电池系统进行加热。当温度达到适宜充电的温度以后,电池管理系统会自动启动动力电池系统的充电程序。如果加热单元损坏,应及时进行维修。因为在低温条件下不加热,电池箱内部达不到适宜充电的温度,电池管理系统将不会启动充电程序,动力电池系统将不能正常充电。

(4)动力电池系统在搁置过程中会发生自放电现象,如果搁置时间过长,动力电池系统的开路电压会降低到放电终止电压以下,此时电池管理系统会进行报警。动力电池系统若长期处于低压状态,其使用寿命会受到影响,所以动力电池搁置的时间不要太长,最多不要超过三个月,搁置环境温度应该在 $-20\sim50$ ℃,搁置过程中应该确保动力电池系统不要被暴晒,也不能被雨水浇淋。

(5)汽车不宜在积水较深的路面上行驶(水面达到动力电池系统底部),洗车时也要注意尽量不要将水枪喷头对着动力电池系统喷射。

(6)如果发现动力电池系统表面出现划痕、掉漆等现象,应该及时补漆,做好表面防护,防止动力电池系统箱体被长期腐蚀而影响强度。

(7)如果汽车驾驶过程中发生正撞、侧撞、追尾或侧翻等事故,不管动力电池系统从表观上看有无损坏,都应与专业维修人员联系。

(8)如果汽车落水或者被水浸泡,不要擅自处理。

1.5.3 动力电池的保养作业

动力电池的保养作业是为了保证其性能的可靠性而进行的工作,通常分为日常的常规保养和周期性的强制保养。

1. 动力电池的常规保养作业项目

(1)将车辆举升,目测动力电池底部有无磕碰、划伤、损坏的现象,电池标识是否脱落。

(2)目测密封条及进排气孔,进行电池箱体的密封检查。

(3)目测动力电池高低压插接器是否有变形、松脱、过热、损坏的情况。

(4)定期对动力电池满充、满放一次,之后使用专用检测仪对电池单体一致性进行测试。

(5)对高压线束螺栓和外壳螺栓位置进行等电位检测,确保安全,如图 1-13 所示。

(6)使用绝缘测试仪进行电池高压接口、箱体(金属部分)绝缘测试。

(7)根据需求用上位机对 BMS(battery management system,电池管理系统)进行升级。

图1-13 螺栓的等电位检测

(8)在"READY"后,使用专用故障诊断仪对动力电池BMS进行诊断测试,查看相关数据流。

注意:常规保养不需要拆卸动力电池,也无须开盖检查。

2. 动力电池周期性强制保养项目

(1)绝缘检查(内部)。

目的:防止电池箱内部短路。

方法:将电池箱内部高压盒插头打开,用绝缘测试仪测试总正、总负对地,阻值应大于等于500 Ω/V(1000 V)。

(2)模组连接件检查。

目的:防止螺钉松动,造成故障。

方法:用绝缘扭力扳手紧固(标准拧紧力矩为95 N·m),检查完成后,做好极柱绝缘。

(3)电池箱内部温度采集点检查。

目的:确保测温点工作正常,采集点合理。

方法:使用笔记本计算机通过专用CAN(controller area network,控制器局域网)卡监控电池箱内部温度,并与用红外热像仪所测得的温度对比,检查温感精度。

(4)电压采集线检查。

目的:防止电压采集线破损,导致测试数据不准。

方法:将从板插接器打开安装一次,通过观察数据变化进行确认。

(5)标识检查(内部)。

目的:防止内部各组件标识脱落。

方法:目测内部各组件标识是否脱落。

(6)熔断器检查。

目的:检查熔断器状态是否良好,遇事故时是否可正常工作。

方法:用专用万用表电阻挡测量电阻值。

(7)继电器测试。

目的:防止继电器损坏,车辆无法正常上高压。

方法:用笔记本计算机上的专用监控软件启动关闭总正、总负继电器,并用专用万用表进行测试。

(8)高低压插接器可靠性检查。

目的:确保插接器正常使用。

方法:目测高低压插接器是否有松动、破损、腐蚀等情况,并通过专用万用表测量其连接可靠性,用绝缘测试仪进行绝缘测试。

(9)其他电池箱内零部件检查。

目的:保证辅助性的部件正常使用。

方法:用绝缘螺钉旋具和绝缘扭力扳手检查各紧固件是否有松动、破损、脱落等情况。

(10)电池组安装点检查。

目的:防止电池组脱落。

方法:目测检查每个安装点焊接处是否有裂纹。

(11)电池组外观检查。

目的:确保电池组未受到外界因素影响。

方法:目测电池组无变形、无裂痕、无腐蚀、无凹痕。

(12)保温检查。

目的:确保冬季电池组内部温度。

方法:目测检查电池组内部边缘保温棉是否脱落、损坏。

(13)电池组高低压线缆安全检查。

目的:确保电池组内部线缆无破损、漏电。

方法:目测电池组内部线缆是否破损、挤压。

(14)电池单体防爆膜、外观检查。

目的:防止电池单体损坏、漏电。

方法:目测电池单体防爆膜、外观绝缘是否破损。

(15)CAN 电阻检查。

目的:确保通信质量。

方法:整车下电时,用专用万用表电阻挡测量 CAN_H 与 CAN_L 之间的电阻。

(16)电池箱内部干燥性检查。

目的:确保电池箱内部无水渍。

方法:打开电池组,目测观察电池箱内部是否有积水,并用绝缘测试仪测量电池组绝缘性能。

(17)电池加热系统测试。

目的：确保加热系统工作正常，避免冬季影响充电。

方法：电池箱接通 12 V 电源，打开监控软件，启动加热系统，目测风扇是否正常或者加热膜片是否工作正常。

(18)对各高、低压插接头及部件进行除湿、润滑、绝缘处理。

目的：保证高、低电路连接的可靠性。

方法：用润滑防锈剂 WD40 对插接头及部件进行处理。

(19)最后对电池箱重新密封，并进行密封检查。

目的：保证电池箱密封良好，防止水进入。

方法：目测密封条密封性能或更换密封条。

(20)对高压线束螺栓和外壳螺栓位置进行等电位检测，确保安全。

(21)使用绝缘测试仪进行电池高压接口、箱体（金属部分）绝缘测试。

(22)根据需求用上位机对 BMS 进行升级。

(23)在"READY"后，使用专用故障诊断仪对动力电池 BMS 进行诊断测试，查看相关数据流。

注：不同类型的动力电池的周期性强制保养项目不完全相同。在进行维护时一定要严格按新能源汽车高压安全与防护要求进行相应操作，否则可能会造成危险。

1.6 诊断仪的使用方法

汽车电控系统故障诊断仪器用于对应车型的故障诊断，也称解码器、故障扫描仪等。不同车型采用的故障诊断仪器也不同。诊断仪器应能与被检测车辆的控制模块（电脑）通信。北汽新能源汽车采用 BDS 故障诊断系统（BAIC BJEV diagnostic system），将诊断软件安装在电脑终端上（图 1-14），通过通信电缆与车辆的故障诊断座（on-board diagnostics，OBD）连接，与车辆的控制模块通信进行故障诊断（图 1-15）。

图 1-14 BDS 连接方式

图 1-15 BDS 诊断系统界面

1. 软件功能使用说明

BDS 软件功能使用说明见表 1-6。

表 1-6　BDS 软件功能使用说明

功能图标	功能名称	功能描述
🏠	主界面	BDS 汽车无线诊断系统主界面，介绍和描述产品性能和品牌
🚗	汽车智能诊断系统	汽车无线诊断系统的核心功能，它提供了简易而专业的汽车综合诊断功能，包括读 ECU（electronic control unit，电控单元）信息、故障码分析、数据流分析、数据流冻结帧、元件执行、电脑编程、匹配、设定和防盗等功能
⚙	系统设定	汽车无线诊断系统的系统设定功能，它提供多种功能操作模式，联接模式，公英制单位切换和语言选择功能等，从而丰富用户体验
📄	软件管理	产品软件管理，用于甄别汽车诊断软件的版本信息，以便客户升级软件；用于客户管理汽车诊断车型软件；用于注册用户信息，加强用户的安全性，以及客户打印测试报告时显示用户信息
🏃	系统退出	安全退出 BDS 系统

2. 车型诊断操作步骤

（1）连接软件系统。将通信电缆（诊断盒子）连接到汽车的 OBD 诊断座，连接完后，电源指示灯会亮。固定的 SSID 为 UCANDAS，如果 Wi-Fi 自动连接没有成功，请手动设置 Wi-Fi 连接 UCANDAS，Wi-Fi 连接成功后，无线图标会点亮，如图 1-16 所示。

图 1-16　BDS 连接界面

(2)启动 BDS 系统软件，点击汽车诊断图标，如图 1-17 所示。

图 1-17 BDS 诊断主界面

(3)选择需要的车型图标，点击软件版本，进入对应的车型诊断程序，如图 1-18 所示。

图 1-18 BDS 进入车型诊断程序界面

(4)按【确定】键，进入车型诊断，如图 1-19 所示。

图 1-19 BDS 进入车型诊断界面

(5)进入车辆信息(品牌、车型、年份)选择界面,如图1-20所示。

图1-20 BDS车辆信息选择界面

(6)点击【下一步】进入系统选择,如图1-21所示。

图1-21 BDS进入车辆系统选择界面

(7)选择检测的系统,如图1-22所示。

图1-22 BDS车辆系统选择界面

(8)根据选择的系统,进行需要的功能选择,如故障代码或数据流的读取,如图 1-23 至图 1-25 所示。

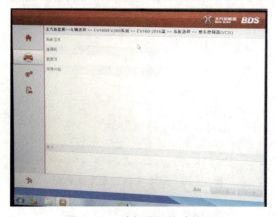

图 1-23 选择需要的功能 1

图 1-24 选择需要的功能 2

图 1-25 故障代码显示

1.7 动力电池外部检查与维护操作步骤

1. 工量具准备

动力电池外部检查与维护需要准备安全防护设备、龙门式举升机、吉利帝豪 EV450 整车、车内外三件套、抹布、扭力扳手、绝缘测试仪、绝缘拆装工具。

2. 高压安全防护准备

检查与维护高压部件之前应该先断开高低压电,断电流程如下。

(1)关闭点火开关,将钥匙放到一个安全的区域,通常应该远离被维修的汽车。

(2)断开低压蓄电池负极,如图 1-26 所示。用绝缘胶带包好或固定,断开整车低压控制电源。

图 1-26 断开低压蓄电池负极

(3)佩戴绝缘手套,断开车辆动力电池高压维修开关,如图 1-27 所示。将拆下的维修开关放在口袋中以防他人将其安装回车上去,并将裸露的维修开关槽用绝缘胶布封住(如无维修开关则无需执行此项操作)。

图 1-27 断开手动维修开关

(4)静置车辆 5 min 以上,让新能源汽车的高压电容器进行自放电。

(5)按举升机操作要求举升车辆,在举升到需要高度时锁止举升机安全锁。

(6)佩戴绝缘手套,拆下动力电池的高低压连接器。注意先拆低压连接器(橙色为高压连接器,黑色是低压连接器),如图 1-28 所示。

图 1-28 动力电池高低压连接器

(7)拆下动力电池高压接插件后要用万用表进行验电,检查母线侧和电池侧端子是否有残余电荷。

(8)如果有残余电荷,需用放电工装进行放电。放电完成后需要再验电,确保无残余电荷。

3. 检查与维护动力电池外观

做好高压安全防护准备,用干布将动力电池箱表面清洁干净后,检查动力电池箱外观是否受到外界因素影响。外观检查与维护的内容如下。

(1)检查动力电池箱标识是否清晰,有无破损,如图 1-29 所示。

图 1-29 检查动力电池箱标识

(2)检查动力电池箱上盖有无裂痕、磕碰、凹陷、凸起等。

(3)检查动力电池箱下托盘边缘有无变形、开裂,底部有无凹陷变形。

（4）检查动力电池箱螺栓有无松动，如图1-30所示。

图1-30　检查动力电池箱螺栓有无松动

（5）检查动力电池箱正、负极引出线附近螺栓有无断裂。
（6）检查动力电池采样线接口有无破损。

4. 检查与维护动力电池箱的密封性能

目视检查动力电池箱密封条有无裂痕、变形、破损。

5. 检查与维护动力电池紧固螺栓

用扭力扳手按规定次序和力矩紧固螺栓，按维修手册要求的力矩紧固螺栓（95～105 N·m）。

6. 检查与维护动力电池外部高、低压接插件

（1）目测动力电池高、低压接插件连接是否可靠，有无变形、松脱、过热、损坏的情况。
（2）检查动力电池高压连接器与高压控制盒输入连接器是否正常；用电器连接器与线束连接器是否对插到位、连接是否牢固；连接器内插针是否出现退针、插针弯曲等异常现象。

7. 检查与维护动力电池的外部绝缘性

为了避免动力电池漏电，防止线路及内部短路，需要通过检查正、负高压端子与搭铁之间的绝缘电阻来对动力电池高压母线的绝缘性能进行检查。

（1）检查正极搭铁绝缘电阻。将绝缘表的黑表笔与车身接触，红表笔测量正极高压端子，绝缘电阻为550 MΩ，若不合格需修复或更换。
（2）检查负极搭铁绝缘电阻。将绝缘表的黑表笔接于车身，红表笔测量负极高压端子，绝缘电阻为550 MΩ，若不合格需修复或更换。

任务实施

1. 作业说明

一辆行驶了 20 000 km 的纯电动汽车需要对动力电池进行检查和维护，定期检查维护是保证电池处于良好状态的必要手段。本次任务的主要工作是完成动力电池的外观检查，螺栓的紧固，高、低压接插件检查，密封性、绝缘性检查等。

2. 技术标准与要求

动力电池紧固螺栓拧紧力矩	
动力电池绝缘电阻合格范围	

注：请学员查阅维修资料后填写。

3. 设备器材

(1) 所用设备与仪器。
_____
_____

(2) 所用拆装工具等。
_____
_____

(3) 耗材及其他。
_____
_____

注：请学员根据场地实际设备器材填写。

4. 填写考核工单

一、查询并记录动力电池信息					
电池型号		电池重量		额定容量	
额定电量		额定电压		生产厂家	
二、查询用户手册，记录动力电池保养项目里程及周期					
请写出动力电池外部检查与维护操作步骤					
检查项目					

动力电池外观	正常☐	异常☐
动力电池箱的密封性	正常☐	异常☐
动力电池紧固螺栓	正常☐	异常☐
动力电池外部高、低压接插件	正常☐	异常☐
动力电池的外部绝缘性	正常☐	异常☐

自我测试

(1) 在执行高压中止之后为什么要等待 5 min？

_____

_____

_____

(2) 动力电池的检查与维护项目都有哪些？

_____

_____

_____

(3) 动力电池密封性的好坏对电池有何影响？

_____

_____

_____

拓展学习

高压触电急救

如果不幸发生了人员触电事故，救援触电事故中的受伤人员时，救援人员自身的安全是第一位的，绝对不要去触碰仍然与电压有接触的人员。如果可能，应立即将电气系统断电，或用不导电的物体（如木板、扫帚把等）把事故受害者或导电体与电压分离。

1. 脱离电源

人体触电以后，可能由于痉挛或失去知觉等原因而紧抓带电体，触电者不能自行摆脱电源。抢救触电者的首要步骤就是使触电者尽快脱离电源。在新能源汽车触电施救过程中，脱离电源的方法是带上绝缘手套将触电人员脱开或切断高压电源。总之，要因地制宜，灵活运用各种方法，快速切断电源，防止事故扩大。

施救时，应立即拨打 120 急救电话（图 1-31），获取专业的救援。

图 1-31 拨打 120 急救电话

2. 触电急救方法

当触电者脱离电源后，应根据触电者的具体情况迅速对症救护，力争在触电后 1 min 内进行救治。资料表明，在触电后 1 min 内进行救治的，90% 以上有良好的效果；而超过 12 min 再开始救治的，基本无救活的可能性。现场急救的主要方法是口对口人工呼吸和闭胸心脏按压法，严禁打强心针。触电病人一般有以下 4 种症状，可分别给予正确的救治。

(1) 神志尚清醒，但心慌力乏，四肢麻木。该类人员一般只需将其扶到清凉通风之处休息，让其慢慢自然恢复。但要派专人照料护理，因为有的病人在几小时后会发生病变甚至突然死亡，如图 1-32 所示。

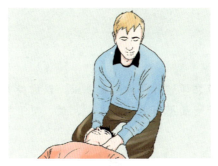

图 1-32 专人照料

(2) 有心跳，但呼吸停止或极微弱。该类人员应该采用口对口人工呼吸法进行急救，如图 1-33 所示，人工呼吸每分钟约 12 次。

(3) 有呼吸，但心跳停止或极微弱。该类人员应该采用闭胸心脏按压法来恢复病人的心跳，如图 1-34 所示。

(4) 心跳、呼吸均已停止者。该类人员的危险性最大，抢救的难度也最大。应该把以上两法同时使用，即采用"人工氧合"的方法。最好是两人一起抢救，如果仅有一人抢救，应先吹气 2~3 次，再按压心脏 15 次，如此反复交替进行。发生触电事故后，还应该按以下要求进行处理：

图1-33 口对口人工呼吸法

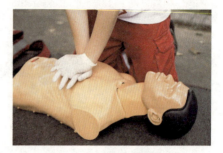

图1-34 闭胸心脏按压法

① 如果发生了皮肤接触，用大量的清水进行冲洗。
② 如果吸入了气体，必须马上呼吸大量新鲜空气。
③ 如果接触到了眼睛，用大量的清水进行冲洗（至少 10 min）。
④ 如果吞咽了电池内容物，喝大量清水，并且避免呕吐。

3. 触电急救操作步骤

1）操作准备

① 防护装备：常规实训着装。
② 车辆、台架、总成：无。
③ 专用工具、设备：塑料模特。
④ 手工工具：无。
⑤ 辅助材料：无。

2）操作步骤

(1) 胸外按压。

只要判断心搏骤停，应立即进行闭胸心脏按压，以维持重要脏器的功能。

① 体位：患者仰卧位于硬质平面上，患者头、颈、躯干平直无扭曲（图1-35）。

图1-35 闭胸心脏按压步骤1

② 按压部位：胸骨中下1/3交界处或双乳头与前正中线交界处（图1-36）。

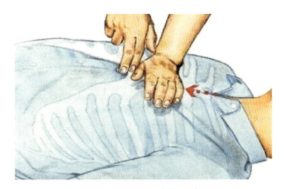

图1-36 闭胸心脏按压步骤2

③按压方法：按压时上半身前倾，双肩正对患者胸骨上方，一只手的掌跟放在患者胸骨中下部，然后两手重叠，使第一只手的手指脱离胸壁，以掌跟向下按压。双臂绷直，以髋关节为轴，借助上半身的重力垂直向下按压。每次抬起时，掌根不要离开胸壁，并应随时注意有无肋骨或胸骨骨折。按压幅度：至少5 cm或胸廓前后径的1/3，压下与松开的时间基本相等，压下后应让胸廓充分回弹（图1-37）。

④按压职责更换：每2 min更换按压者，每次更换尽量在5 s内完成。

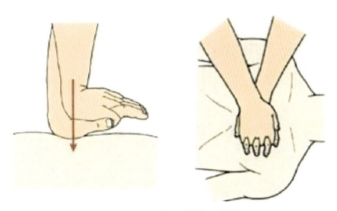

图1-37 闭胸心脏按压步骤3

(2) 开放气道与人工呼吸。

去除气道内异物：开放气道前，应先去除气道内异物。如无颈部创伤，清除口腔中的异物和呕吐物时，可一手按压开下颌，另一手用食指将固体异物钩出，或用指套或手指缠纱布清除口腔中的液体分泌物。

①仰头抬颌法：用一只手按压伤病者的前额，使头部后仰，同时另一只手的食指及中指置于下颌骨骨性部分向上抬颌，使下颌尖、耳垂连线与地面垂直（图1-38）。

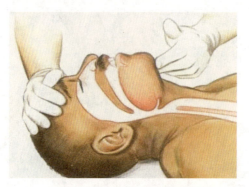

图1-38 人工呼吸步骤1

②双下颌上提法（颈椎损伤时）：将肘部支撑在患者所处的平面上，双手放置在患者头部两侧并握紧下颌角，同时用力向上托起下颌。如果需要进行人工呼吸，则将下颌持续上托，用拇指把口唇分开，用面颊贴紧患者的鼻孔进行口对口呼吸（图1-39）。

图1-39 人工呼吸步骤2

任务 2

电池冷却系统的检查保养

任务引入

动力电池作为电动汽车的动力能源，其充电、做功的发热一直限制着电动汽车的发展。动力电池的性能与电池温度密切相关。40 ℃以上的高温会明显加速电池的衰老，更高的温度（如 120 ℃以上）则会引发电池热失控。定期对动力电池冷却系统保养能够确保冷却系统正常工作，确保电池的正常使用。客户车辆行驶 60 000 km 需要对车辆保养，作为维修人员请完成对电池冷却系统的检查保养。

学习目标

(1) 能够描述动力电池的发热原因与冷却系统的作用。
(2) 能够描述动力电池冷却系统的冷却形式。
(3) 能够完成动力电池冷却系统的保养。
(4) 能够规范选择、使用工具。
(5) 能够制订工作计划，独立完成工作学习任务。
(6) 养成服从管理、规范作业的良好工作习惯。
(7) 更换汽车冷却液，必须严格根据地区和车况选配，培养严谨的职业习惯。

知识准备

2.1 电池冷却系统概述

2.1.1 电池冷却系统功能

(1) 电池组在充放电时会释放一定的热量，故需要对电池组进行冷却。

(2)在低温环境下,需要对电池组进行加热处理,以提高运行效率。

因此,通过对动力电池组冷却或加热,保持动力电池组较佳的工作温度,以改善其运行效率并提高电池组的寿命。图2-1是动力电池组的热管理系统示意图,热管理系统可以根据需要对电池组进行冷却或加热。

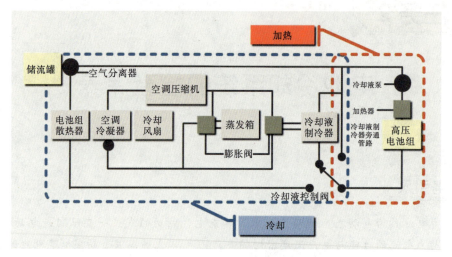

图2-1 动力电池组热管理系统组成示意图

2.1.2 动力电池冷却方式

除了极少数车型没有采用冷却系统以外,目前应用在动力电池上的冷却方式有水冷和风冷两种。

1. 水冷动力电池冷却系统

水冷动力电池冷却系统结构如图2-2所示。

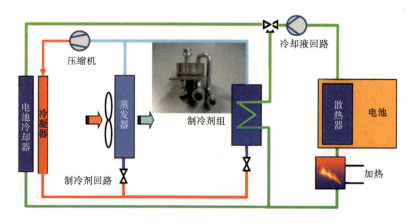

图2-2 水冷式动力电池冷却系统

2. 风冷动力电池冷却系统

图 2-3 是风冷动力电池冷却系统结构。散热风扇将车厢内部的空气吸入，通过位于后窗台装饰板上的进气管流入风道，向下流经动力电池，为动力电池降温，然后再流经电池管理器、总继电器等电子元件，对其进行散热后，通过排气管将空气排出车辆。冷却系统中装有抽气风扇增大通过电池空气流速，提高冷却效果。

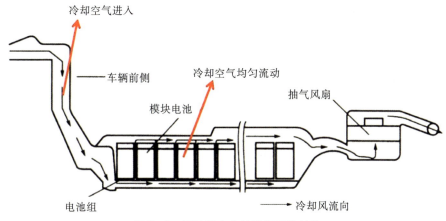

图 2-3 风冷动力电池冷却系统结构

风冷动力电池冷却系统按照冷却空气在动力电池模块中的流动路径有串行通风、并行通风两种方式。

1) 串行通风结构

串行通风结构如图 2-4 所示。在该散热模式下，冷空气从左侧吹入，从右侧吹出。空气在流动过程中不断地被加热，所以右侧的冷却效果比左侧要差，电池箱内电池组温度从左到右依次升高。

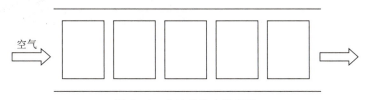

图 2-4 电池模块串行通风

2) 并行通风结构

并行通风结构如图 2-5 所示。并行通风方式可以使得空气流量在电池模块间分布得更均匀。此结构需要对进排气通道、电池布置位置进行很好的设计。其楔形的进排气通道使得不同模块间缝隙上下的压力差基本保持一致，确保吹过不同电池模块的空气流量的一致性，从而保证电池组温度场分布的一致性。

新能源汽车动力驱动电机电池技术

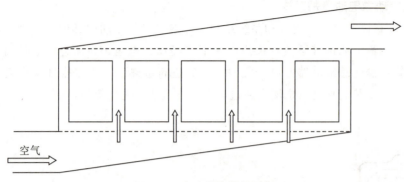

图 2-5 电池模块并行通风

2.2 电池冷却系统组成

2.2.1 水冷动力电池冷却系统组成

1. 电动水泵

电动水泵如图 2-6 所示,作为冷却液循环的动力元件,电动水泵能够对冷却液加压,促使冷却液在冷却系统中循环,带走系统散发的热量。

图 2-6 电动水泵

电动水泵的工作过程：电动水泵的电动机带动叶轮旋转时,水泵中的冷却液在离心力作用下被甩到叶轮外缘,叶轮外缘压力升高,冷却液从出水口甩出。电动水泵采用 PWM/LIN 信号调节冷却液流速。

电动水泵使用中严禁在没有冷却液的情况下空载运行,否则将导致转子、定子的磨损,最终将导致水泵损坏。

2. 散热器及冷却风扇

散热器及冷却风扇如图 2-7 所示,散热器是一个两端带有注塑水箱的铝制横流式散热器。散热器的下部位于紧固在前纵梁的支架所支承的橡胶衬套内。散热器的顶部位于水箱上横梁支架所支承的橡胶衬套内，支承了冷却风扇总成和空调（A/C）冷凝器。空调（A/C）冷凝器安装在散热器后部，由4个螺栓固定至冷却风扇罩上。

冷却风扇的作用是提高流经散热器、冷凝器的空气流速和流量，以增强散热器的散热能力，并冷却机舱的其他附件。

冷却风扇、驱动电机总成及风扇低速电阻安装在空调（A/C）冷凝器后部的风扇罩上。"吸入"式风扇抽取空气通过散热器。

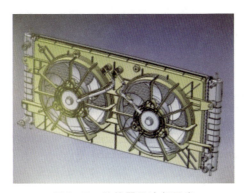

图2-7 散热器及冷却风扇

3. 膨胀水箱

车辆水温过高时，产生的蒸汽在散热器中流动通过导管进入膨胀水箱，从而使其汽水彻底分离。膨胀水箱内的冷却液温度一般比较低，可以让蒸汽冷却，再次进入水泵继续使用。

动力电池冷却系统配备有卸压阀的注塑冷却液膨胀水箱，膨胀水箱的位置高于冷却系统中的所有部件，溢流管连接到电池冷却器出水管上，出水管连接到冷却水管三通上。

膨胀水箱外部带有"MAX"和"MIN"刻度标示，便于用户观察冷却液液位（图2-8）。

图2-8 膨胀水箱

4. 冷却管

电动汽车的密封式水循环通道一般采用橡胶软管与内部水道相连接的形式。冷却管采用三元乙丙橡胶，中间层由织物增强，耐温等级为Ⅰ级(125℃)，爆破压力达到 1.3MPa。冷却水管壁厚 4mm，端口安装定位标识，装配时标识与散热器上的定位标识要对齐。橡胶冷却液软管在各组件间传送冷却液，利用弹簧卡箍将软管固定到各组件上。

水道必须尽可能地与一块电池或电池组接触，流向设计多见于分层设计（图2-9），这样可以使叠加的电池包均有冷却管路流过，使整个电池组的温度均匀，不会出现局部过热的现象。

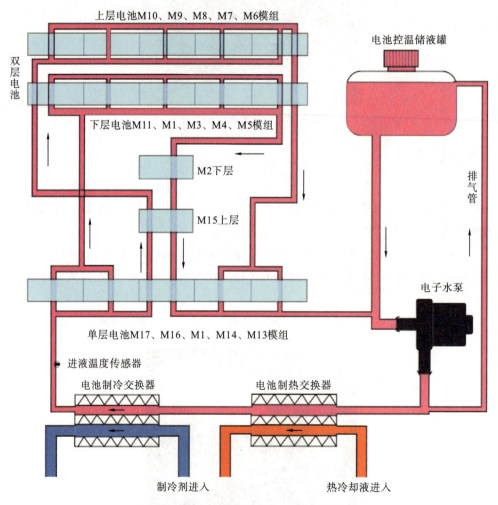

图2-9 吉利帝豪EV300水道及散热管设计

5. 冷却液温度传感器

冷却液温度传感器安装在冷却水道或冷却系统元件上，与冷却液相接触，内含一个封装的负温度系数热敏电阻（图2-10），随着温度的升高，电阻值下降。冷却液温度传感器的工作原理是主控器通过传感器电阻的变化测量其电阻值，并计算出冷却液的温度。

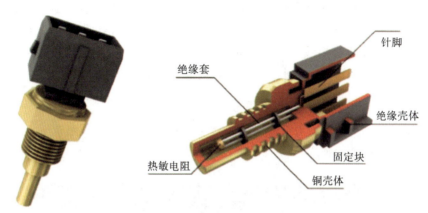

图2-10 冷却液温度传感器

6. 热交换器

吉利帝豪EV300为确保电池一直处于最适宜温度，冷却系统中装有2个热交换器。如图2-11所示，左侧为连接PTC加热器管理的热交换器，右侧为连接空调制冷管路的冷交换器。

图2-11 2个热交换器

夏季为了提高冷却效率，空调冷却系统工作为电池冷却液降温。电池的制冷过程：电池储液罐内装有冷却液，冷却液经电子水泵加压工作，冷却液经电池热交换器，因为PTC加热器没有向电池热交换器提供热的冷却液，所以冷却液温度不变。冷却液继续流动，经电池冷交换器，自动空调的制冷剂流经电池冷交换器，制冷剂温度传递给

· 41 ·

冷却液，冷却液温度降低。冷却液流经装有进水温度传感器的电池进水管，先经 M16、M17 电池组加热器进入，再从 M1、M14、M13 电池组回流到电子水泵入口处，形成一个循环。

冬季为了控制电池在适宜温度工作，确保充电速度和放电动力性，冷却系统与 PTC 加热器工作，电池的加热过程：电池储液罐内装有冷却液，冷却液经电子水泵加压工作，冷却液经电池热交换器，PTC 加热器工作向电池热交换器提供热的冷却液，热交换后，升高温度的冷却液继续流经电池冷交换器，自动空调的制冷剂不流经电池冷交换器，没有冷热交换过程。同样先经 M16、M17 电池组加热器进入，再到 M1、M14、M13 电池组回流到电子水泵入口处，形成一个循环。

2.2.2 风冷动力电池冷却系统组成

普锐斯混合动力汽车动力电池总成（图 2-12）采用的是风冷冷却系统，因此后备箱内还布置有电池的冷却管路。

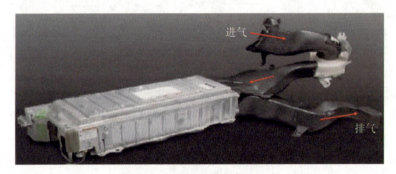

图 2-12 普锐斯动力电池总成

蓄电池（动力电池）在温度较高的时候，利用乘客舱内空调产生的冷空气对电池组进行冷却；当环境温度较低时，也会利用乘客舱内的暖空气对电池组进行保温。

如图 2-13 所示，冷却空气通过后排座椅右侧的进气管流入，并通过进气风道进入行李箱右表面的蓄电池鼓风机总成，而且，冷却空气流过进气风道（将动力电池鼓风机总成与蓄电池总成的右上表面相连接）并流向动力电池总成。

冷却空气在蓄电池模块间从高处向低处流动。在对模块进行制冷后，它从动力电池总成的底部右侧表面排出。

制冷后的空气通过行李箱右侧排气通道排出，并排放到车辆外部。

电池管理模块使用蓄电池温度传感器来检测动力电池总成的温度。根据该检测结果，电池管理模块控制蓄电池鼓风机总成，当动力电池温度上升到预定温度时，蓄电池鼓风机总成启动。

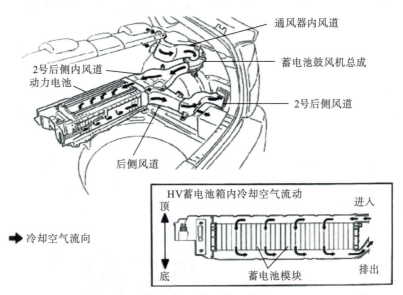

图 2-13 冷却系统示意图

2.3 冷却液

冷却液是由水、防冻添加剂及防止金属产生锈蚀的添加剂组成的液体。

2.3.1 冷却液的要求

1）冰点低

冷却液按照防冻添加剂浓度大小分为浓缩液和稀释液。稀释液按冰点又分为-15号、-20号、-25号、-30号、-35号、-40号、-45号及-50号8个型号。为了防止冷却液结冰膨胀损坏电池冷却回路，动力电池冷却液冰点要低一些。如吉利帝豪EV300动力电池的冷却液需选用冰点不高于-40 ℃的冷却液，即-40号、-45号及-50号。目前常用的防冻添加剂为乙二醇、丙二醇及其他高冰点防冻剂。

2）沸点高

防冻剂还同时提高了冷却液的沸点，防冻剂有防止冷却液过早沸腾的附加作用。

3）低导电率

动力电池冷却液要采用低导电率冷却液，避免发生短路而损坏电池。刀片电池、氢燃料电池的冷却系统中要求采用超低导电率冷却液。

4）防腐蚀

电池冷却回路采用橡胶、铝合金材料，要求冷却液应保护整个电池冷却系统中的零件免受腐蚀。

此外，冷却液还应具有防锈、防垢、抗泡沫的性能。在使用过程中，防锈剂和泡沫剂会逐渐消耗殆尽。因此，定期更换冷却液是十分必要的。在防冻剂中一般还要加入着色剂，使冷却液呈蓝绿色或黄色以便识别。

2.3.2 冷却液检查

1. 外观检查

冷却液应外观清亮透明，无沉淀及悬浮物，无刺激性气味。

2. 冷却液冰点检查

冰点测量使用冰点检测仪（图2-14）。目前常见的冰点检测仪可以检测乙二醇型冷却液、丙二醇型冷却液的冰点，电池内电解液比重，汽车前窗清洁液玻璃水的冰点。为了确保检测的准确性，每次使用前均需对冰点测试仪进行校正。

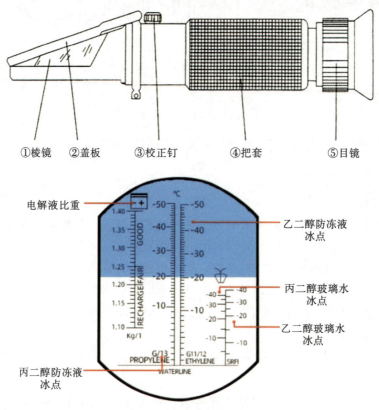

图2-14 冰点检测仪结构及刻度

1）校正和温度修正

仪器在测量前需要校正零点。取蒸馏水数滴，放在检测棱镜上，拧动零位调节螺钉，使分界线调至刻度0%位置。然后擦净检测棱镜，进行检测。有些型号的仪器校正时需要配置标准液，代替蒸馏水。

2)使用方法

打开盖板,用软布仔细擦净检测棱镜。取待测溶液数滴,置于检测棱镜上,轻轻合上盖板,避免气泡产生,使溶液遍布棱镜表面。将仪器进光板对准光源或明亮处,眼睛通过目镜观察视场,转动目镜调节手轮,使视场的蓝白分界线清晰。分界线的刻度值即为乙二醇型冷却液及丙二醇型冷却液的冰点、电解液比重、玻璃水的冰点。

2.4 冷却系的检查保养

2.4.1 冷却系统检查

1. 检查冷却液

(1)检查冷却液液面高度。查看储液罐液面,液面位置应该保持在 MAX 和 MIN 之间(图 2-15)。如果冷却液不在规定范围内,应该添加。添加时须注意:不同品牌和型号的防冻液建议不要混合使用。

图 2-15 冷却液液面高度检查

(2)检查冷却液颜色。拧开加注口盖,查看冷却液颜色是否浑浊。如果冷却液颜色浑浊,则应更换。注意:溢出的蒸汽或冷却液会造成诸如烫伤之类的伤害,所以当冷却系统还热时,不要打开膨胀水箱盖。

(3)检查冷却液冰点。拧开加注口盖,取出数滴冷却液,利用冰点检测仪测量冷却液冰点。如果冰点过低则需更换。

2. 冷却管路检查

(1)检查冷却系管路。电池冷却系管路通常采用橡胶材质,为防止管路老化而出现漏液情况,需检查管路。如发现老化,应及时更换。

(2)检查水泵有无冷却液渗漏。如发现水泵破损,应及时更换水泵。

2.4.2 更换冷却液

吉利帝豪 EV300 更换冷却液流程:

(1) 打开冷却膨胀罐总成盖。

(2) 断开散热器出水管或散热器排水阀，用回收容器接收放出的冷却液。排出的冷却液应集中回收处理，等待报废或再生利用，不要直接排入下水管道。

(3) 冷却液排放完毕后，连接散热器出水管并检查冷却管路是否连接完整。

(4) 缓慢加注冷却液，直至膨胀罐内冷却液量达到80%左右，且液位不再下降。

(5) 车辆上高压，打开暖风系统，通过运行电动水泵排除系统剩余空气；挤压散热器出水软管可加速排空，注意风扇可能随时运行，小心绞伤；如果冷却液液位持续不变，且膨胀罐通气口无冷却液流出，需要重新上高压，并挤压散热器出水软管强制排空。

(6) 观察膨胀罐内冷却液下降情况，及时补充冷却液。

(7) 观察膨胀罐通气口，待膨胀罐通气口有持续冷却液流出且膨胀罐内冷却液液位不再下降后，拧紧膨胀罐盖，至此冷却液加注完成。

2.4.3 更换电动水泵

若电动水泵漏水，则需更换水泵。更换水泵前须断开蓄电池负极电缆，并采用专用环箍钳拆装水管环箍，图2-16为电动水泵连接件。

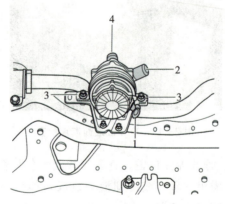

1—线束连接器；2—水泵出水管；3—固定螺栓；4—水泵进水管。

图2-16 电动水泵连接件

1. 拆卸电动水泵

(1) 断开电动水泵线束连接器。

(2) 拆卸电动水泵与水泵出水管的连接卡箍，脱开水泵出水管。

(3) 拆卸电动水泵与水泵进水管的连接卡箍，脱开水泵进水管。

(4) 拆卸电动水泵支架上的2个固定螺栓，取下电动水泵总成。

2. 安装电动水泵(水冷)

(1)放置电动水泵，安装电动水泵支架上的 2 个固定螺栓。

(2)连接电动水泵与水泵进水管、出水管，用卡箍紧固。

(3)连接电动水泵线束连接器，插接时注意"一插、二响、三确认"。

安装好电动水泵后，加注冷却液，连接蓄电池负极。

任务实施

1. 作业说明

吉利帝豪 EV300 为纯电动汽车，电池冷却系统每 10 000 km 或 6 个月须检查有无渗漏。每 20 000 km 须检查或更换冷却液。车辆目前已经行驶 60 000 km，需要对电池冷却系统进行保养。

2. 设备器材

(1)设备与零件总成。

_____

_____

(2)常用工具。

_____

_____

(3)耗材及其他。

_____

_____

注：建议准备不同型号的防冻液供学员选配，设备、工具等请学员根据场地实际设备器材填写。

3. 作业流程

(1)安装车辆内外防护(如挡块、三件套等)。

(2)安装警戒带和高压电警示牌。

4. 填写考核工单

一、查询并记录动力电池相关信息					
整车型号		VIN 码		电池种类	
标称电压		电池容量		里程表读数	
二、查询用户手册记录车辆保养项目里程及周期					
1. 检查冷却液					
规定液面高度			实际液面高度		
颜色状态			冰点温度		
2. 举升车辆					
3. 检查冷却管路及水泵是否漏水					
4. 更换冷却液					
排放冷却液 （步骤）					
选择合适冷却液并加注 （步骤及加注量）					
排气 （步骤）					
5. 车辆高压系统运行半小时后，连接诊断仪，读取动力电池温度					
电池最高温度			电池最低温度		

自我测试

(1) 简述吉利帝豪 EV300 冷却回路。
_____
_____
_____

(2) 简述如何选择冷却液，列举几款常见冷却液。
_____
_____
_____

(3) 简述更换水泵的流程及注意事项。
_____
_____
_____

拓展学习

动力电池冷却新技术

除了水冷、风冷两种冷却方式，比亚迪纯电动车目前采用直冷直热技术，长城、吉利等企业也正在研发浸没式冷却技术。

1) 直冷直热技术

直冷技术是直接利用空调制冷回路对电池冷却的技术，电池冷却回路与乘员舱蒸发器并联（图 2-17）。冷却时空调压缩机将制冷剂气体压缩成高温高压的气体，然后进入冷凝器将制冷剂气体冷凝成高压中温的液体，高压中温的液体通过膨胀阀节流成低温低压的液体，低温低压的液体流经电磁阀到达乘员舱蒸发器及安装在动力电池内的电池蒸发器，吸收热量沸腾后变成气体再回到压缩机完成整个循环。电磁阀的打开或关闭可以实现乘客舱与动力电池独立冷却。直冷技术利用电池蒸发器直接对动力电池降温，提高冷却效率。在同等条件下，直冷技术的效果比水冷技术好，尤其是均温性上。

直热则是采用热泵技术并将电机电控产生的余热利用起来，用于低温时对电池的加热。提高整车电能的利用率，节省电量。

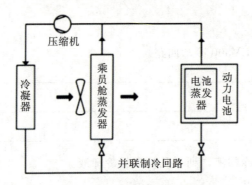

图2-17 冷媒直冷技术原理图

2)浸没式冷却技术

浸没式冷却是以电绝缘工作流体为冷却介质,将电芯直接浸没在工作流体内,提高热交换效率的技术,原理如图2-18所示。首先,浸入式冷却有可能提供最佳的电池温度均匀性。其次,简化了冷却系统结构,电池内无需安装冷却液管路。此外,通常在浸没式冷却系统中的工作流体也是阻燃剂,提高了电池包的安全性。

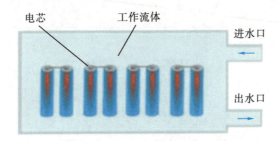

图2-18 浸没式冷却技术原理图

任务 3

动力电池总成检查拆装

任务引入

某顾客的吉利帝豪 EV300 轿车动力电池故障灯经常点亮,充满电后消失,行驶时间不长又会点亮,经 4S 店技术服务人员综合测试诊断后,将问题锁定在 3 号电池模组,需对动力电池总成进行拆卸,更换电池模组。

学习目标

(1)能进行高压电的相关安全操作。
(2)能进行新能源汽车高压电的终止与检验。
(3)能够进行动力电池总成的拆卸与安装。
(4)能够规范选择使用工具、仪表。
(5)养成服从管理,规范作业的良好工作习惯。
(6)交流并进行学习任务分工,具备团队合作和安全操作的意识。

知识准备

3.1 新能源汽车高压操作要求

3.1.1 对高压维修人员的要求

在执行车辆维护与维修期间,必须同时有两名持有上岗证的人员,其中一名人员作为工作的监护人,工作职责为监督维修的全过程。当发生触电事故时,监护人应立即采取有效措施执行急救。

在电动汽车维修时必须严格按照流程进行，必须遵循高压安全操作规范和机动车维修操作规范。

1. 新能源汽车维修操作人员

（1）新能源汽车维修操作人员必须持证上岗，具备国家应急管理部颁发的"特种作业操作证(低压电工证)"，如图3-1所示。

（2）操作人员必须经过培训，并通过考核。

（3）维修高压部件之前必须断开低压蓄电池负极，并进行高压切断。

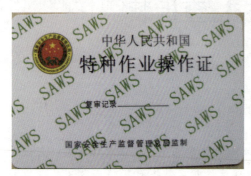
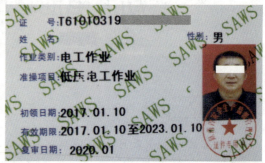

图3-1 低压电工作业证

2. 新能源汽车维修监护人

监护人的安全技术等级应高于操作人员，具有丰富的实际工作经验并熟悉现场及设备情况。其监护内容如下：

（1）进行高压切断时，监护所有工作人员的活动范围，使其与带电设备保持规定的安全距离。

（2）带电作业时，监护所有工作人员的活动范围，使其与高压部件保持规定的安全距离。

（3）监护所有工作人员的工具使用是否正确，工作位置是否安全，以及操作方法是否正确等。

（4）工作中监护人因故离开工作现场时，必须另指派了解有关安全措施的人员接替监护并告知工作人员，使监护工作不致间断。

（5）监护人发现工作人员有不正确的动作或违反规程的做法时，应及时提出纠正，必要时可令其停止工作，并立即向上级报告。

（6）所有工作人员(包括工作负责人)不准单独留在维修保养中的新能源汽车专用工位区内，以免发生意外触电或电弧灼伤。

（7）监护人应自始至终不间断地进行监护，在执行监护时，不应兼做其他工作。但在动力电池与新能源汽车断开的情况下，监护人可参加班组的工作。

3.1.2 高压维修作业标准

电动汽车(包括混合动力汽车)涉及高压电,只有在维修过程中保证按照工作流程进行,才能保护人身安全和设备安全。

1. 新能源汽车维修风险分析

新能源汽车(高电压车辆)维修时必须严格按照流程进行,高电压车辆维修风险分析如表 3-1 所示。

表 3-1 不同作业的风险程度

风险程度	作业	项目	示例配图
高	高压电池维修	以下维修必须按规定操作和佩戴个人防护装备,被修部件始终具有高电压,如: ·动力电池组模块的更换; ·高压主正、主负接触器更换; ·预充接触器、预充电阻更换; ·电池组霍尔电流传感器更换	
中	高压部件维修	以下维修,必须执行正确的高压禁用和佩戴个人防护装备,可以有效减低触电风险,如: ·驱动电机和控制器的维修; ·车载充电机的维修; ·空调与电加热高压部件的维修	
低	常规保养	日常的危害保养不具有高电压触电风险,如: ·更换减速器或变速箱油; ·更换制动盘、制动液; ·更换空调滤芯; ·更换冷却液等	

2. 新能源汽车维修规范

维修高电压车辆时,必须遵循高电压安全操作规范和机动车维修操作规范。在高电压安全操作规范中要求:

(1)对于车辆维修过程中的高压配件必须立即标识明显的高压勿动警示,并禁止将带有高压电的部件放置在无人看管的环境下。

(2)高电压维修与维护过程中,维护人员禁止携带手表、金属笔等金属物品。

(3)严禁非专业人员对高压部件进行移除及安装。

(4)未经过高压安全培训的维修人员,不允许对高压部件进行维修等操作。

(5)车辆在充电过程中不允许对高压部件进行拆装、维修等工作。

(6)维修前必须进行高电压禁用操作。

(7)维修完毕后上电前,确认车辆无人操作。

(8)更换高压部件后,测量搭铁是否良好。

(9)电缆接口必须按照标准力矩拧紧。

(10)在执行车辆维护与维修期间,必须同时有两名持有上岗证的人员进行工作,其中一名人员作为工作的监护人,工作职责为监督维修的全过程。当发生触电事故时,监护人应立即采取有效措施执行急救。

3. 高压禁用操作程序

拆解维修高压系统前,必须首先执行高压禁用流程,高压禁用操作程序如下:

(1)移:移除车辆上的所有外部电源,包括12 V蓄电池充电器。

(2)拔:拔出充电枪(仅针对插电式混合动力汽车或电动汽车)。

(3)关:关闭点火开关,把钥匙放到安全区域。

(4)断:断开12 V蓄电池负极,并远离负极区域。

(5)取:取下MSD(手动维修开关),将其放到安全区域。

(6)等:等待5 min,以保证高压能量全部释放。

(7)查:佩戴个人安全防护装备,拆卸高压接插件,开始下一步的电压验证。

3.2 电气危害与救助

3.2.1 电气事故及原因

由于电气原因而造成的人身伤亡和设备损坏的事故,叫电气事故。它包括人身事故和设备事故。人身事故是指电流伤害、电磁伤害、静电伤害、雷电伤害、电气设备故障造成的人身伤害等。设备事故是指短路、漏电、操作事故等。人身事故和设备事故,大多数是由于违反安全操作规程或安全技术规程造成的。

1. 违章操作引发的电气事故原因

(1)违反停电检修安全工作制度,因误合闸造成维修人员触电。

(2)违反带电检修安全操作规程,使操作人员触及电器的带电部分。

(3)带电移动电器设备。

(4)用水冲洗或用湿布擦拭电气设备。
(5)违章救护触电人员,造成救护者一起触电。
(6)对有高压电容的线路检修时未进行放电处理导致触电。

2. 施工不规范引发的电气事故原因

(1)误将电源保护接地与零线相接,且插座火线、零线位置接反使机壳带电。
(2)插头接线不合理,造成电源线外露,导致触电。
(3)照明电路的中线接触不良或安装保险,造成中线断开,导致家电损坏。
(4)照明线路敷设不合规范造成搭接物带电。
(5)随意加大保险丝的规格,失去短路保护作用,导致电器损坏。
(6)施工中未对电气设备进行接地保护处理。

3. 产品质量不合格引发的电气事故原因

(1)电气设备缺少保护设施造成电器在正常情况下损坏和触电。
(2)带电作业时,使用不合理的工具或绝缘设施造成维修人员触电。
(3)产品使用劣质材料,使绝缘等级、抗老化能力很低,造成触电。
(4)生产工艺粗制滥造。
(5)电热器具使用塑料电源线。

3.2.2 电流对人体的危害

人碰到带电的导线,电流通过人体就叫触电。触电后,会对于人体和内部组织造成不同程度的损伤。触电时,让人体受伤的是电流而不是电压。电流对人体的伤害有三种:电击、电伤和电磁场伤害。电击指电流通过人体,破坏人体心脏、肺及神经系统的正常功能。电伤指电流的热效应、化学效应和机械效应对人体的伤害,主要是指电弧烧伤、熔化金属溅出烫伤等。电磁场生理伤害指在高频磁场的作用下,人会出现头晕、乏力、记忆力减退、失眠、多梦等现象。

1. 电击与电伤的区别

电击:低压触电出现的,是内伤,伤害人体器官、神经系统。
电伤:高压触电出现的,是外伤,对人体皮肤上、皮肤内造成伤害。

2. 电击电流的大小及危害

电击是由于电流流过人体而造成的。电流流过人体时,对人体造成的伤害程度,跟很多因素都有关,比如个体的体质、心情状况、电流的大小、持续时间等。当人体通过大约 0.6 mA 的电流时就会有麻刺的感觉;通过 50 mA 的电流时就会有生命危险。一般人体流过不同的电流后,身体的反应情况如表 3-2 所示。

表 3-2 流过人体的电流和人体的反应

流过人体的电流/mA	人体的反应
0.6~1.5	手指开始感觉发麻
2~3	手指感觉强烈发麻
5~7	手指肌肉感觉痉挛,手指感觉灼热和刺痛
8~10	手指关节与手掌感觉痛,手已难以脱离电源
20~25	手指感觉剧痛,迅速麻痹,不能摆脱电源,呼吸困难
50~80	呼吸麻痹,心房开始震颤,强烈灼痛,呼吸困难
90~100	呼吸麻痹,持续 3 s 或更长时间后,心脏停搏

3. 电流流过人体的路径

电流通过头部可使人昏迷;通过脊髓可能导致瘫痪;通过心脏会造成心跳停止,血液循环中断;通过呼吸系统会造成窒息。因此,从左手到胸部是最危险的电流路径;从手到手、从手到脚也是很危险的电流路径;从脚到脚是危险性较小的电流路径。电流由一手进入,从另一手或一足通出,电流通过心脏,即可立即引起室颤;通过左手触电比通过右手触电严重,因为若电流经过人的左手和身体通过右脚形成通路,心脏更容易受到电击,如图 3-2 所示。

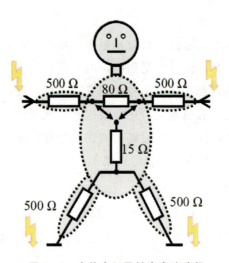

图 3-2 人体电阻及触电电流路径

4. 摆脱电流

人在触电后能够自行摆脱带电体的最大电流为摆脱电流。成年男性的平均摆脱电流约为 16 mA;成年女性的平均摆脱电流约为 10.5 mA;儿童的摆脱电流较成人要小。

摆脱电流是人体可以忍受而一般不会造成危险的电流。若通过人体的电流超过摆脱电流且时间过长，会造成昏迷、窒息，甚至死亡。

5. 致命电流

在短时间内危及生命的最小电流为致命电流，其最小电流即致命阈值。致命电流与电流持续时间关系密切。当电流持续时间超过心动周期时，致命电流仅为 50 mA 左右，当电流持续时间短于心动周期时，致命电流为数百毫安。

通过人体的电流所引发的后果取决于：

①接触位置电压的强度；

②流动的电流强度；

③电流的持续时间；

④电流的路径；

⑤电流的频率。

6. 交流电对人体的危害

工频交流电的危害性大于直流电，因为交流电会麻痹破坏神经系统，往往难以自主摆脱。一般认为 40~60 Hz 的交流电对人危害最大。随着频率的增加，危险性将降低。当电源频率大于 2000 Hz 时，所产生的损害明显减小，但高压高频电流对人体仍然是十分危险的。对于交流电，如果电流在心脏的滞留时间为 10~15 ms，就会致命！电流的类型不同对人体的损伤也不同。直流电一般引起电伤，而交流电则会导致电伤与电击同时发生。

7. 安全电压

虽然电流是让人受伤的罪魁祸首，但人体可等效成一个电阻，根据欧姆定律（$I=U/R$）可知，流经人体电流的大小与外加电压和人体的电阻有关。影响人体电阻的因素很多，通常流经人体电流的大小无法事先计算出来。因此，为确定安全条件，往往不采用安全电流，而是采用安全电压来进行估算。根据《信息技术设备的安全》（GB 4943—2001）规定：在干燥的条件下，相当于人的一只手的接触面积上，交流电电压峰值小于 42.4 V 或直流电电压值小于 60 V 的稳态电压视为不具危险的电压，即安全电压。

8. 人体的电阻

人体电阻是不确定的电阻，皮肤干燥时一般为几千欧姆左右，而一旦潮湿可降到 1 kΩ。冬季及皮肤干燥时，人体电阻可达 1.5~7 kΩ；皮肤裂开或破损时，电阻可降至 300~500 Ω。人体不同，对电流的敏感程度也不一样，一般地说，儿童较成年人敏感，女性较男性敏感。患有心脏病者，触电后的死亡可能性就更大，身体越强健，受电流伤害的程度越轻。因此，触电时女性比男性受伤害更重，儿童比成人更危险，患病的人比健康的人危险性更大。

9. 电击及事故后果

电击效应：电流低于导通限值时，会有相应的电击反应，从而容易因肢体不受控制和失去平衡而受伤。

热效应：电流导入导出点处会发生烧伤和焦化，也会发生内部烧伤，肾脏负荷过大，甚至造成致命的伤害。

化学效应：血液和细胞液成为电解液并被电解。结果发生严重的中毒，中毒情况在几天后才能被发现，因此伤害极大。

肌肉刺激效应：所有的身体功能和人体肌肉运动都是由大脑通过神经系统的电刺激来控制的。如果通过人体的电流过高，肌肉开始抽搐，大脑再也无法控制肌肉组织。例如，握紧的拳头再也无法打开或者移动。如果电流经过了胸腔，肺会产生痉挛，呼吸停止，心脏的跳动节奏会被中断，心室纤维化颤动，无法进行心脏的收缩扩张运动。

10. 电弧的概念及危害

当开关电器开断电路时，电压和电流达到一定值，触头刚刚分离后，触头之间就会产生强烈的白光，称为电弧。电弧的实质是一种气体放电现象，其温度很高，是一束游离的气体。不正常电弧的产生原因是绝缘缺陷，还可能是线路的损坏、人员维修电气系统的不当行为等。发生短路时会形成故障电弧，其温度可能会达到 4000 ℃ 以上，具体取决于当时的电压及电流。

1）可能会引起电弧的原因

(1) 松动的或者氧化的触点，拧得过紧的螺丝。

(2) 绝缘缺陷。

(3) 使用错误的电线、接头（规格、形状、材料错误）。

(4) 潮湿/变脏（导电的灰尘）。

(5) 异物，掉落的金属小零件。

2）电弧的危害

(1) 电弧的存在延长了开关电器断开故障电路的时间，加重了系统短路故障的危害。

(2) 电弧产生的高温，将使触头表面熔化，烧坏绝缘材料。

(3) 电弧可以在电动力、热力作用下移动，容易造成飞弧短路和伤人事故或引起事故的扩大。

3.2.3 电击预防技术

直接接触电击预防技术分为绝缘、屏护和间距三类（最常见的安全措施）。

1. 绝缘

绝缘是指防止人体触及，绝缘物把带电体封闭起来。瓷、玻璃、云母、橡胶、木材、胶木、塑料、布、纸和矿物油等都是常用的绝缘材料。应当注意：很多绝缘材料受潮后会丧失绝缘性能或在强电场作用下会遭到破坏，丧失绝缘性能。

绝缘材料的绝缘性能是以绝缘电阻、泄漏电流、击穿强度、介质损耗等指标来衡量的，并通过绝缘试验来判定。绝缘电阻是最基本的绝缘性能指标。绝缘电阻值是直流电压与流经绝缘体表面泄漏电流之比。绝缘电阻越大，绝缘性能越好。不同的电气设备和线路对绝缘电阻有不同要求的指标值。一般来说，高压的比低压的要求高，新设备比老设备要求高。

绝缘材料所承受的电压超过某一数值时，在强电场的作用下，会在某些部位发生放电，使其绝缘性能遭到破坏。这种放电现象叫做电击穿。固体绝缘材料被击穿后，一般不能恢复绝缘性能；气体绝缘材料在击穿电压消失后，绝缘性能还能恢复；液体绝缘材料被击穿一般是被沿电极间气泡、固体杂质等连成的"小桥"击穿。液体绝缘材料被多次击穿可能导致液体绝缘材料失去绝缘性能。

2. 屏护

屏护是采用遮拦、护照、护盖箱闸等把带电体同外界隔绝开来。电器开关的可动部分一般不能使用绝缘材料，而需要屏护。高压设备不论是否有绝缘材料，均应采取屏护。屏护装置有永久性屏护装置，如配电装置遮拦、开关的罩盖等；也有临时性的，如检修工作中使用的临时屏护装置和临时设备的屏护装置。有固定屏护装置，如母线的护网；也有移动性屏护装置，如跟随起重机移动的行车滑触线的屏护装置。

3. 间距

间距就是保证安全的必要距离。间距除用于防止触及或过分接近带电体外，还能起到防止火灾、防止混线、方便操作的作用。在低压工作中，最小检修距离不应小于0.1 m。间距的大小取决于电压的高低、设备的类型和安装的方式等因素。

4. 新能源汽车安全防护用具工具

绝缘手套（绝缘等级为1000 V/300 A以上）、绝缘鞋、绝缘服、护目镜、绝缘工具等，拆除及安装高压部件时使用，如图3-3所示。

图3-3 安全防护用具工具

3.2.4 电击事故急救

援救电气事故中的受伤人员时,应谨记:
(1)自身的安全是第一位的。
(2)绝对不要去触碰仍然与电压有接触的人员。
(3)如果可能,马上将电气系统断电,如关闭点火开关或者拔出维修接头。
(4)用不导电的物体(木板、扫帚把等)把事故受害者与电源分离。

急救流程如图3-4所示。

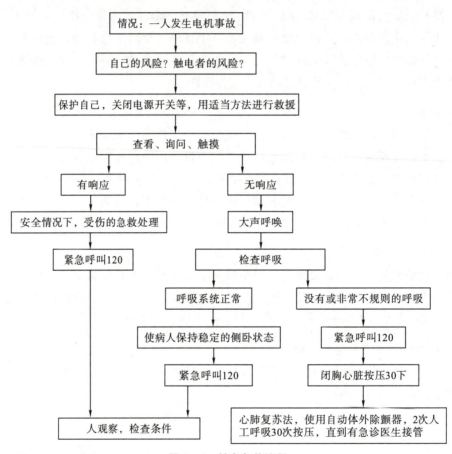

图3-4 触电急救流程

3.3 高压电中止与检验

由于新能源汽车具有高电压,因此在检修前必须首先按照高电压操作章程执行系统电压的中止操作。中止系统高电压以后,可以在一定程度上确保汽车高压系统的部件不再具有高电压,从而保证了维修人员的安全。

3.3.1 新能源汽车的高电压存在形式

新能源汽车的高电压系统集中在车辆的驱动系统、空调与暖风系统、动力电池系统，以及带有插电功能的充电系统。

维修车辆时，需要根据高压电存在的形式来区别对待。例如，在纯电动汽车的动力电池中会一直存在高压，因此无论什么时候进行对动力电池的维修，都需要佩戴个人安全防护设备。但是，当执行了正确的高压中止程序以后，电机控制器、电动压缩机等系统就不再具有高压电，此时对这些部件的维修可以不用再预防被高压击伤的危险了。根据高电压存在的时间进行分类，新能源汽车高电压系统的高电压主要有持续存在、运行期间存在及充电期间存在三种存在形式，如图3-5所示。

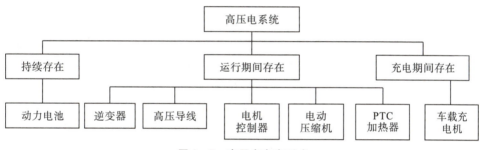

图3-5 高压电存在形式

1. 持续存在形式

新能源汽车的动力电池持续存在高电压，即使当车辆停止运行期间，由于动力电池始终存储有电能，因此当满足动力电池的放电条件后，将继续对外放电。

2. 运行期间存在形式

运行期间存在高电压的部件，是指当点火开关处于"READY""OK"或其他运行状态下，部件存在高电压。运行期间存在高电压的系统或部件有两种类型：

（1）只要点火开关处于"READY"或"OK"状态下就会存在高电压，这类部件包括有逆变器、电机控制器，以及连接的高压导线。

（2）虽然点火开关处于"READY"或"OK"状态，但是由于该系统所执行的功能没有被接通，此时相关的部件仍然不会接通有高电压，如纯电动汽车中的电动空调压缩机和PTC加热器。该电动压缩机由一个涡卷压缩机和一个三相交流驱动电机组成。在驾驶员没有运行车辆的空调或暖风功能时，电动机和加热部件不会通电运行，但设备供电接口和高压线束上存在高压电。

3. 充电期间存在

充电期间存在高电压主要指的是插电式混合动力和纯电动汽车的车载充电器及连

接的导线只有在车辆连接有外部 220 V 电网的充电期间才会具有高电压。需要注意的是，有些车辆的车载充电器和动力电池设计有独立的空调式冷却系统，在车辆充电期间，由于动力电池可能产生很高的热量，因此车载空调会运行来降低动力电池的温度，此时车辆的高压压缩机也会在充电期间运行，也存在有高电压。当然，环境温度过低，PTC 加热器也会得电工作，给动力电池加热，确保充电正常进行。

3.3.2　新能源汽车高电压的接通与关闭控制

在新能源汽车中，除动力电池外，其他部件都是由整车控制单元或混合动力控制单元通过接触器控制高电压的接通与关闭的，这与家用设备供电一样。动力电池相当于家用外部供电电网，无论家里的总闸是否打开与关闭，其总是有电的；而接触器所起的作用就类似于家用电源的总闸，不同的是家用的总闸是人来控制的，新能源汽车的接触器是通过电脑来控制的。

接触器是一个大功率的电控开关，它用于控制高压导线正、负极导线的接通与断开。接触器通常被布置在动力电池组总成内部或者是独立在一个配电箱中。接触器如果断开，整车仅动力电池上会存在高电压，位于接触器下游的高电压系统部件将没有高电压。

当控制单元通过接触器切断动力电池与高压系统用电部件的连接后(图 3-6)，整车除动力电池外，其他高压用电设备上就不再有高电压，一般是安全的。要特别注意的是，切断动力电池的供电后，有些部件内部的高压电容会残存一定的高压电，也会带来触电危险，因此断电后要等待几分钟，当电容残存的电量放光后，就彻底安全了。

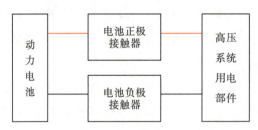

图 3-6　接触器连接形式

无论是纯电动汽车还是混合动力汽车，控制单元控制接触器的接通与关闭的条件如下。

1）接触器接通条件

(1)点火开关开启。

(2)高电压系统自检没有存在漏电等故障。

2）接触器断开条件

(1)点火开关关闭。

(2)高电压系统检测到故障。

系统主要是根据自身设定的检验程序，在以下情况下，会因异常自动切断高压，避免人员触电：

①高压系统自检到部件的互锁开关断开。

②高压系统自检到部件或高压电缆对车辆绝缘电阻过低。

③车辆发生碰撞，且安全气囊已弹出。

3）手动切断动力电池高压

在早期车型上，动力电池上都会设计有一个串联的手动维修开关（目前很多新车型都已经取消了维修开关，还有的车型维修开关仅仅是给电控单元一个信号，控制单元将不会使接触器吸合，高压线路断开，保证安全），用于人工切断整个动力电池的回路，当该开关被断开后，整车的高压部件将不再具有高压，同时动力电池的总输出正负极端口也不再有高压。需要注意的是，手动开关被断开，动力电池包内部的电池及连接线路仍然具有高电压。

由于手动维修开关能够物理上直接切断动力电池的高电压回路，因此汽车制造厂商都会将该开关设计有特殊的锁止结构，避免人为意外触发或者行驶中因为振动等因素断开。

3.3.3　高电压系统的中止与检验

在维修带有高电压的新能源汽车前，务必执行高电压的中止和检验操作，避免因意外高压触电。

1. 高电压的中止

高电压的中止主要是指通过正确的操作步骤来关闭车辆的高压系统。正常情况下，执行高压中止后，车辆除了动力电池外，其他部件应该都不具有高电压。

高压中止的基本步骤如下：

(1)关闭点火开关。

关闭点火开关后，将钥匙放到一个安全的区域，通常应该远离被维修的汽车。

注意：如果是使用按钮启动的车辆，把钥匙拿到离车至少5 m远的地方，防止汽车意外被启动。

(2)断开辅助电池负极端子。

找到12 V辅助电池，断开电池的负极，并固定接地线，以防止接线移动回电池负极端子。

(3)拆除手动维修开关。

找到维修开关并断开。将拆下的维修开关放在口袋中以防止其他人将它安装回车上去，并将裸露的维修开关槽用绝缘胶布封住。

注意：当处理橙色高压组件和线路时，确保带着绝缘橡胶手套。

(4)等待 5 分钟。

拆下维修开关后，必需要等待 5 分钟，使得高电压部件中的电容器进行放电，才可以继续对车辆进行高压检验操作。

2. 高电压的检验

使用万用表测量高电压部件的连接器的各个高压端子，在执行高压中止以后，每个端子对车身的电压应该小于 3 V，且端子正负极之间的电压也应该小于 3 V。如果任一被测量的电压超过 3 V，说明系统内部存在高压黏接情况，需要有经过特殊培训的工程师来进行处理。

警示！在检验高电压端子期间，必须佩戴好个人安全防护设备。

3.4 动力电池拆装准备及步骤

3.4.1 拆装准备及注意事项

警告：高压操作前，维修人员必须穿戴好劳保用品，戴好绝缘手套，穿好高压绝缘鞋。在戴绝缘手套前，必须检查绝缘手套是否有破损的地方，确保手套无绝缘失效。

使用绝缘手套前，务必通过执行以下程序以检查它们是否有破裂、磨损或其他形式的损坏，如图 3-7 所示。确认密封良好后，佩戴绝缘手套。

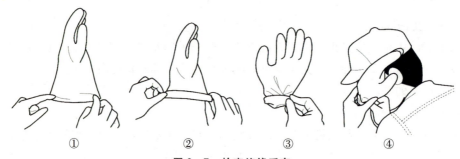

图 3-7 检查绝缘手套

1. 拆卸前准备

必须满足一些前提才允许对高电压的动力电池单元进行有针对性的修理工作，这些前提条件既涉及人员安全也包括特殊工具的要求。

拆卸与分解动力电池总成最重要的特殊工具：

(1)可移动总成升降台及用于拆卸和安装高电压动力电池单元的适配接头套件。

(2)高电压动力电池单元电池模块充电器。

(3)用于修理高电压动力电池单元后进行试运行的专用测试仪。

(4)用于拆卸和安装电池模块的电池举升平台，如图 3-8 所示。

(5)用于松开高电压动力电池单元内部卡子的塑料楔。

(6)隔离带。

(7)带发光条的黄色警示锥筒。

高电压动力电池单元修理工位必须洁净、干燥、无油脂、无飞溅火花。因此必须避免紧靠车辆清洗场所或车身修理工位。如有可能应使用活动隔板或隔离带进行隔离。

警示：只允许具备高电压动力电池单元修理资质的维修人员进行这项工作，而且只有符合检测计划且满足"外部没有机械损伤"的前提条件时，才能打开高电压动力电池单元并根据检测计划更换损坏组件。

图3-8 动力电池举升平台

2. 安全注意事项

(1)为了防止未经授权进入工位及无法确保高电压本质安全或出现不明状态时应使用隔离带。离开工作区域时建议竖立发光黄色警告提示。

(2)拆卸盖板前应清除高电压动力电池单元盖板区域内的残留水分和杂质。

(3)进行每项工作步骤之前、之时和之后应对作业组件仔细进行直观检查。例如拆卸某一组件时应检查由此松开的其他组件是否损坏。

(4)在拔下和插上电池管理单元 BMS 的绝缘监控导线时必须特别小心，因为在较细导线上存在高电压。拔下插头时必须注意，不要拉动导线。并注意插头是否正确锁止，如果未正确锁止，可能会无法识别绝缘故障。

(5)工作中断时应盖上拆下的壳体端盖并通过拧入几个螺栓防止无意中打开。

(6)在高电压组件、连接件上或其附近不要使用带有尖锐刃口或边缘的工具或物体，如螺丝刀、侧面切刀等。

(7)不允许切开高电压导线上的扎线带，可以松开卡子或将高电压导线连同支架部件一起拆卸。

(8)拆卸和安装电池模块时，松开螺栓和进行拆卸时必须注意，不要松开电池模块上的塑料盖板，下面装有导电电池接触系统。

(9)如果高电压动力电池单元内部有杂质，明确原因后应对相关部位进行仔细清洁，允许使用酒精、玻璃清洗液、蒸馏水清洁剂和吸尘器。

(10)电解液的主要部分结合在固体阴极材料锂镍锰钴氧化物内和固体阳极材料石墨内。高电压动力电池单元内的自由电解液量非常小。出现泄漏情况时可能会释放电解液和溶剂蒸气。接触皮肤或眼睛后需用大量清水进行冲洗并马上就医。发生火灾时会产生易燃气体、污浊气体和对健康有害的物质，例如一氧化碳、二氧化碳、氢气和碳氢化合物,注意切勿吸入!应供给充足新鲜空气。呼吸停止时应进行人工呼吸并马上就医。发生火灾时应通知消防部门,立即清理区域并保护事故地点,在不造成人员伤害的情况下进行灭火并使用相应灭火剂。

(11)穿戴好劳保用品。

3.4.2 吉利帝豪 EV300 动力电池总成拆卸步骤

(1)选用 10 mm 扳手拧松蓄电池负极线固定螺栓,取下负极线,并对负极端子做好防护,如图 3-9 所示。

注意事项:

①拆卸蓄电池负极前,必须确保点火开关处于关闭状态,并将车钥匙放在口袋。

②必须等待 15 分钟后方可进行下一步操作。

③拆卸高压零部件前,必须做好防护措施。

④拆卸高压零件时,必须使用绝缘工具。

图 3-9 拆除负极线及做好防护

(2)拆除充配电总成与电池包连接的高压直流线束,如图 3-10 所示,并做好高压接插件的安全防护。

图 3-10 充配电总成高压直流线束

(3)将车辆举升至合适的高度,目测观察动力电池包底部有无明显磕碰、划伤、漏液、变形等情况,如有请联系生产厂商,在确保安全的前提下拆装动力电池。

(4)用棘轮扳手、接杆、10 mm套筒拆卸底盘两侧的护板固定螺栓，拧下全部固定螺栓后取下护板。

(5)拆卸动力电池前方防护钢梁。

(6)拆卸动力电池冷却水管，如图3-11所示，排空水管积水。注意冷却水不要洒在电气接插件上，洒在地面需及时清理。

图3-11　动力电池冷却水管

(7)拆卸动力电池低压控制线束插接器，如图3-12所示。

图3-12　动力电池低压线束

(8)拆卸动力电池直流充电线束插接器和输出供电接插件，如图3-13所示。

图3-13　动力电池充电和输出线束

(9) 拆卸动力电池搭铁线，如图 3-14 所示。

图 3-14　拆除电池搭铁线

(10) 将动力电池举升平台推入车辆底部、动力电池正下方。

注意事项：

① 动力电池举升支架放置的位置，必须在动力电池正下方。

② 动力电池举升支架放置的位置，不能挡住需要拆卸的螺栓。

③ 动力电池的中心应与举升平台的举升重心重合，否则由于动力电池包过重，举升平台受力变形，可能会导致拆卸时螺纹滑丝、动力电池和车身不平行等情况。

(11) 锁止动力电池举升平台，以免平台移动。

注意事项：

为防止在拆卸动力电池时，动力电池举升支架随意滑移，必须踩下两个滑动轮制动器。

(12) 动力电池举升支架调至合适的高度，将动力电池托住。

(13) 选用棘轮扳手、接杆和 18 mm 套筒，按顺序拆卸动力电池总成两侧 18 颗固定螺栓和后部 3 颗固定螺栓，如图 3-15 所示。

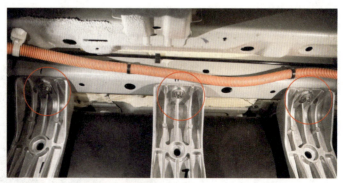

图 3-15　拆卸动力电池螺栓

(14) 降下动力电池至合适高度，松开制动轮，将电池推至合适场地，做好隔离防护。

3.4.3　吉利帝豪 EV300 动力电池总成安装步骤

(1)将动力电池置于动力电池举升台架上，举升动力电池至合适的高度。

(2)检查动力电池右后侧和左前侧的定位销是否安装到车辆下方的定位孔中。

(3)再次举升动力电池台架，使动力电池与车架贴合。

(4)对角旋入动力电池 18 颗固定螺栓和后部 3 颗螺栓。

(5)使用棘轮扳手、接杆、18 mm 套筒按顺序紧固固定螺栓，标准力矩：95±5 N·m。

(6)降下动力电池举升台架，并将其推离放回原位。

(7)安装动力电池搭铁线束并紧固到合适力矩。

(8)安装动力电池高压线束插接器，并将高压线束互锁端口锁紧。

注意事项：在新能源汽车维修中，所有黄色高压线都有高压互锁装置，需互锁到位。

(9)检查动力电池高压线束是否插接到位。

(10)安装动力电池低压控制线束。

(11)检查动力电池低压控制线束是否插接到位。

(12)连接电池冷却水管，并检查是否连接到位。

(13)安装电池前部防撞钢梁并紧固到规定力矩。

(14)安装动力电池两侧防护板，并紧固到合适力矩。

(15)将举升的车辆降至地面。

(16)安装动力电池到充配电总成的接插件。

(18)安装辅助蓄电池负极端子。

(19)加注电池冷却液，并排空管道内的空气。

(20)检查动力电池冷却水管有无渗漏，如有应重新安装，确保无渗漏。

(21)启动车辆，检查上电是否正常；连接诊断仪，读取故障码，判断车辆是否正常。

任务实施

1. 作业说明

本操作任务主要完成对纯电动汽车的动力电池组总成的拆卸和安装。

(1)纯电动车动力电池组总成的拆卸。

(2)纯电动车动力电池组总成的安装。

(3)完成相关检查测试项目，填写工单。

2. **技术标准与要求**

动力电池搭铁线束紧固扭矩	
电池包防撞钢梁紧固扭矩	
动力电池固定螺栓紧固力矩	

注：请学员查阅维修资料后填写。

3. **设备器材**

（1）设备与零件总成。

_____

_____

（2）常用工具、仪表。

_____

_____

（3）耗材及其他。

_____

_____

注：请学员根据场地实际设备器材填写。

4. **作业流程**

（1）做好场地布置，检查工具、设备、仪表、防护用具等功能正常。
（2）按照规定的步骤拆除动力电池。
（3）填写考核工单。
（4）按照规定的步骤安装动力电池，并检查。

5. 填写考核工单

1. 填写车辆信息				
填写车辆信息	车辆识别码			
	里程表读数			
填写动力电池信息	电池种类		物料编码	
	标称电压		电池容量	
	重量		装置型号	
	产品序号		生产日期	
2. 高压系统断电				
查看仪表信息（启动后）	指示灯名称		状态显示	
	READY 指示灯		□ 点亮　□ 不亮　□ 点亮后熄灭	
	系统故障指示灯		□ 点亮　□ 不亮　□ 点亮后熄灭	
记录故障信息（电源管理系统）	故障代码查询(清除故障代码后再次读取)： □ 无 DTC　　□ 有 DTC			
	故障代码信息(清除故障代码后再次读取)： 代码：　　　　　　　　　说明： 代码：　　　　　　　　　说明： 代码：　　　　　　　　　说明： 代码：　　　　　　　　　说明： 代码：　　　　　　　　　说明： 代码：　　　　　　　　　说明：			
3. 拆卸动力电池				
测量高压回路	动力电池包正极与车身之间		实测值：	V
			标准值：	V
	动力电池包负极与车身之间		实测值：	V
			标准值：	V
4. 装车检查				
记录铭牌信息（动力电池）	（动力电池)标称电压			V
	（动力电池)电池容量			A·h
检测绝缘电阻	动力电池包正极与壳体之间		实测值：	
			标准值：	MΩ
	动力电池包负极与壳体之间		实测值：	
			标准值：	MΩ

外观检查	动力电池高压连接器	□ 正常　□ 异常
	动力电池低压连接器	□ 正常　□ 异常
	动力电池箱体	□ 正常　□ 异常
5. 安装动力电池		
扭紧力矩	动力电池两侧固定螺栓	N·m
	动力电池前部固定螺栓	N·m
	动力电池后部固定螺栓	N·m
连接状态	动力电池低压连接器	□ 已锁止　□ 未锁止
	动力电池高压连接器	□ 已锁止　□ 未锁止
6. 性能检验		
查看仪表信息（启动后）	指示灯称	状态显示
	READY 指示灯	□ 点亮　□ 不亮　□ 点亮后熄灭
	系统故障指示灯	□ 点亮　□ 不亮　□ 点亮后熄灭
记录故障信息（电源管理系统）	故障代码查询（清除故障代码后再次读取）： □ 无 DTC　　□ 有 DTC	
	故障代码信息（清除故障代码后再次读取）： 代码：　　　　　　　　说明： 代码：　　　　　　　　说明：	

自我测试

(1)简述吉利帝豪 EV300 轿车动力电池的拆装步骤。

(2)简述动力电池拆装过程中都用了哪些高压安全防护。

(3)简述发现有人触电后的应急处理流程。

新能源汽车动力驱动电机电池技术

> 拓展学习

电动汽车换电技术

新能源汽车发展迅猛，但是其续驶里程不理想，充电时间较长，这些问题制约着其进一步发展。现在大部分的电动汽车用充电的方式补能，电动汽车充电有快充和慢充两种模式。在慢充的状况下，一辆电动汽车充满电需要6到10小时的时间，而快充时，想要充满电量的85%只需1到1.5小时，采用超级快充的电动汽车充电只需40分钟。但是电动汽车的充电时间还是比加油时间长，这让很多用户不能接受。为了解决新能源汽车用户在用车过程中遇到的充电速度慢及充电桩难找等问题，很多汽车企业提出了解决方案，也就是换电。

换电就是更换电池技术，把电动汽车上电量不足的动力电池换成满电的电池，如图3-16所示。电动汽车的动力电池体积大、质量大，需要使用专门的换电设备，一般是在专业的换电站完成，整个换电过程在3到5分钟内完成。

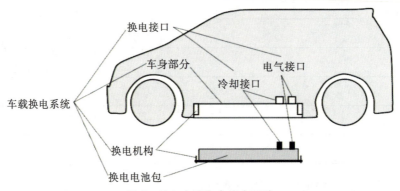

图3-16 电动汽车换电系统

换电模式最初是以色列电动汽车生产商Better Place 2007年提出的概念，这个企业和雷诺日产合作，打造了相当大的电动汽车充电站系统。汽车用户驾车进入Better Place换电站，通过机械手臂的操作，三分钟不到就能完成换电，而且是自动走流程。但是Better Place 2013年宣告停止运营，2013年年初特斯拉建造换电站，试图进行换电模式试验，但是费用较高，服务体验不佳，特斯拉的换电模式没有成功。

2006年我国国家电网组织电动汽车充换电设施的研发及实践，确定运营模式是"充电为主体，换电为辅助，集中充电，统一配送"。之后在2008年北京奥运会及2010年上海世博会期间都开展了换电模式营运大巴示范，但是后来在多个地区建设的公交车换电站，推广成效较差。

汽车企业方面，北汽新能源2007年推出相关计划，新造车企业蔚来汽车也在布局换电产业，蔚来汽车建设的 NIO POWER 换电站是专门为私人汽车用户打造的换电站，也是全世界第一个面向私人汽车用户的换电服务系统，如图 3-17 所示。

图 3-17　蔚来换电站

电动车车企对于补电有两种思路，一种是蔚来汽车代表的换电模式，车主 5 分钟即可在蔚来换电站完成换电服务。另一种则是以小鹏汽车为代表的 800 V 快充技术，随着充电的效率越来越高，充电五分钟，续驶 200 km 不是梦。这样看来，随着技术的不断发展，高压快充更有技术优势。不过这个看法并不够全面，当电动车在充电高峰期集中充电时，会让各级配电网保护型跳闸风险增加，尤其是现在高压快充技术的普及，一辆车动则上百千瓦的充电功率，对国家电网设施造成了很大挑战。

而换电站很好地进行了补充，电池也可以通过大数据调整充电时间，做到削峰填谷，有效地节省电费。另外，车辆基本没有额外停留，整体占地面积要比充电站小，整体的效率更高。

不过电动汽车现有的技术方向对于换电模式并不友好，目前像比亚迪发布的电池融合车身技术，这个技术最重要的是提升电池的能量密度，电池作为车身的一部分，这种设计可以说与换电技术完全相悖。

目前，主打换电的蔚来汽车也在全力开发高压充电系统，这也佐证了快充技术是目前车企的充电主攻方向。而换电因为车型、各家电池热管理技术、电池性能方面很难做到统一，各家车企要想统一电池进行模块化设计更难，所以换电技术未来更多的应用应该在商用车范围，比如电动货车、电动出租车、汽车租赁行业等，毕竟这种模式更注重效率和时间成本。

动力电池性能检测维修

任务引入

一辆比亚迪秦 EV 电动汽车高压无法上电，经省级技能大师检查发现，仪表动力系统故障警告灯、动力电池过热指示灯常亮，且中央仪表提示"请检查动力电池"。判断是动力电池系统方面的问题，要求利用检测、诊断仪器检测动力电池性能。

学习目标

（1）掌握动力电池相关参数的概念。
（2）掌握新能源汽车对动力电池的要求。
（3）了解动力电池性能检测的方法。
（4）掌握秦 EV 电动汽车仪表指示灯的含义。
（5）能通过维修手册查阅动力电池的相关数据标准值。
（6）能使用解码器读取动力电池相关的数据流，并分析是否异常。
（7）能够合理选择、规范使用工具。
（8）培养规范、安全的操作习惯，具备严谨求实、团结协作的能力。
（9）了解"刀片电池"技术，并通过该技术的学习增强民族自豪感。

知识准备

4.1 动力电池的基本参数

4.1.1 电动势和电压

1）电动势

电动势是指组成电池的两个电极的平衡电位之差。

2）端电压

端电压是指电池正极与负极之间的电位差。

3）开路电压

开路电压是电池在无负荷情况下的端电压。

4）工作电压

工作电压是在有负载情况下实际的放电电压。例如，铅酸蓄电池的工作电压为 1.8～2 V；镍氢电池的工作电压为 1.1～1.5 V；锂离子电池的工作电压为 2.75～3.6 V。

5）终止电压

电池充放电结束时的电压称为终止电压，分为充电终止电压和放电终止电压。

4.1.2　内阻

电流通过电池内部时受到阻力，使电池的工作电压降低，该阻力称为电池内阻。由于电池内阻的作用，电池放电时端电压低于电动势和开路电压。充电时充电的端电压高于电动势和开路电压。电池内阻是化学电源的一个极为重要的参数。它直接影响电池的工作电压、工作电流、输出能量与功率等，对于一个实用的化学电源，其内阻越小越好。

电池内阻不是常数，在放电过程中由于活性物质的组成、电解液浓度和温度的变化及放电时间变化，电池内阻也会发生变化。电池内阻包括欧姆内阻和电极在电化学反应时所表现出的极化内阻，两者之和称为电池的全内阻。

欧姆内阻主要由电极材料、电解液、隔膜的内阻及各部分零件的接触电阻组成。

极化内阻是指化学电源的正极与负极在电化学反应进行时由于极化所引起的内阻。它是电化学极化和浓差极化所引起的电阻之和。极化内阻与活性物质的本性、电极的结构、电池的制造工艺有关，尤其与电池的工作条件密切相关，放电电流和温度对其影响很大。

4.1.3　容量和比容量

容量是指电池在充足电以后，在一定的放电条件下所能释放出的电量，以符号 C 表示，其单位为安时（A·h）或毫安时（mA·h），容量与放电电流大小有关，与充放电截止电压也有关系。电池的容量可分为理论容量、额定容量、实际容量和标称容量。

1）理论容量

理论容量是指假设电极活性物质全部参加电池的电化学反应所能提供的电量，它是根据法拉第定律计算得到的最高理论值。

2）额定容量

额定容量也称保证容量，是指设计和制造电池时，按照国家或相关部门颁布的标准，保证电池在一定的放电条件下能够放出的最低限度的电量。

3)实际容量

实际容量是指电池在一定的放电条件下实际放出的电量。它等于放电电流与放电时间的乘积,对于实用中的化学电源,其实际容量总是低于理论容量,通常比额定容量大 10%～20%。

4)标称容量

标称容量(或公称容量)是用来鉴别电池容量的近似值。一般指电池 0.2 C 放电时的放电容量。

4.1.4 能量与能量密度

能量是指电池在一定放电制度下所能释放出的电能,单位常用 W·h 或 kW·h 表示。电池的能量分为理论能量和实际能量。

能量密度是指单位质量或单位体积的电池所能输出的能量,相应地称为质量能量密度(W·h/kg)或体积能量密度(W·h/L),也称为质量比能量或体积比能量。在电动汽车应用方面,电池的质量比能量影响电动汽车的整车质量和续驶里程,而体积比能量影响到电池的布置空间。

4.1.5 功率与功率密度

功率是指在一定的放电制度下,单位时间内电池输出的能量,单位为 W 或 kW。

功率密度又称比功率,是单位质量或单位体积电池输出的功率,单位为 W/kg 或 W/L。比功率是评价电池及电池包是否满足电动汽车加速和爬坡能力的重要指标。

4.1.6 荷电状态

荷电状态(state of charge,SOC),描述了电池的剩余电量,其值为电池在一定放电倍率下,剩余电量与相同条件下额定容量的比值。荷电状态值是个相对量,一般用百分比的方式来表示,SOC 的取值为 0≤SOC≤100%。

4.1.7 放电深度

放电深度(depth of discharge,DOD)是放电容量与额定容量之比的百分数。

4.1.8 循环使用寿命

循环使用寿命是指以电池充电和放电一次为一个循环,按一定测试标准,当电池容量降到某一规定值(一般规定为额定值的 80%)以前,电池经历的充放电循环总次数。循环使用寿命是评价电池寿命性能的一项重要指标。

4.1.9 自放电率

自放电率是指电池在存放时间内,在没有负荷的条件下自身放电,使得电池的容量损失的速度,用单位时间(月或年)内电池容量下降的百分数来表示。

4.1.10 输出效率

电池实际上是一个能量存储器,充电时把电能转变为化学能储存起来,放电时再把化学能转变为电能释放出来,供用电装置使用。电池的输出效率通常用容量效率和能量效率来表示。电池的容量效率指电池放电时输出的容量与充电时输入的容量之比,电池的能量效率指电池放电时输出的能量与充电时输入的能量之比。通常,电池的能量效率为55%～75%,容量效率为65%～90%。对电动汽车而言,能量效率是比容量效率更重要的一个评价指标。

4.1.11 抗滥用能力

抗滥用能力指电池对短路、过充、过放、机械振动、撞击、挤压及遭受高温和着火等非正常使用情况的容忍程度。

4.1.12 成本

电池的成本与电池的技术含量、材料、制作方法和生产规模有关,目前新开发的高比能量、高比功率的电池,如锂离子电池,成本较高,使得电动汽车的造价也较高。开发和研制高效、低成本的电池是电动汽车发展的关键。

4.1.13 放电制度

放电制度是电池放电时所规定的各种条件,主要包括放电速率(电流)、终止电压和温度等。

(1)放电电流是指电池放电时电流的大小。放电电流的大小直接影响电池的各项性能指标,因此,介绍电池的容量或能量时,必须说明放电电流的大小,指出放电的条件。放电电流通常用放电率表示,放电率是指电池放电时的速率,有时率或倍率两种表示形式。

(2)电池放电时,电压下降到不宜再继续放电的最低工作电压称为终止电压,其值与电池材料直接相关,并受到电池结构、放电率、环境温度等多种因素影响。

4.2 新能源汽车对动力电池的要求

(1)比能量高。为保证电动汽车的续驶里程,电动汽车的动力电池须尽可能储存多的能量,同时电动汽车的重量不能过大,电池的安装空间也受整车分布限制,因此动力电池必须有足够的比能量。

(2)比功率大。为满足电动汽车在加速、上坡、负载等行驶条件下的动力要求,电池必须具备大的比功率。

(3)连续放电率高,自放电率低,电池能够适应快速放电的要求。

(4)充电技术成熟,时间短,充电技术通用性强,能够实现快速充电。

(5)适应车辆运行环境。电池能在除常温外的其他条件下正常稳定地工作,不受环境温度影响,不需要特殊的加热、保温系统。能够适应电动汽车行驶过程中的振动。

(6)安全可靠。电池应干燥、洁净,电解质不会渗漏腐蚀接线柱、外壳。不会引起自燃或燃烧,在发生碰撞等事故时,不会对乘员造成伤害。废电池能够回收处理及再生利用,电池中的有害重金属能够集中回收处理。电池组可采用机械装置进行整体拆解、更换,线路连接方便。

(7)长寿命、免维护。电池的循环寿命不低于1000次,在使用寿命限定期间内,不需要进行维护与修理。

4.3 动力电池的性能检测

常用的动力电池性能指标的检测方法,包括荷电状态(SOC)、内阻、容量、循环寿命、一致性等检测方法。

1. SOC 检测

只有准确知道电池的荷电状态,才能更好地使用电池。因为电池组的 SOC 和很多因素相关且具有很强的非线性,从而给 SOC 实时在线估算带来很大的困难,还没有一种方法能十分准确地测量电池的荷电状态。目前主要的测量方法有开路电压法、安时计量法、内阻法等。

1)开路电压法

利用电池的开路电压与电池的 SOC 的对应关系,如图 4-1 所示,通过测量电池的开路电压来估计 SOC。开路电压法比较简单,但是,开路电压法适用于测试稳定状态下的电池 SOC,不能用于动态的电池 SOC 估算。

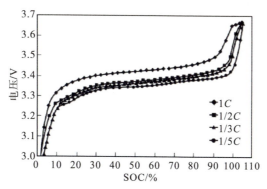

图 4-1 开路电压与电池的 SOC 的对应关系

2)安时积分法

安时积分法是通过负载电流的积分估算 SOC 的方法,该方法实时测量充入电池和从电池放出的电量,从而能够给出电池任意时刻的剩余电量。实现起来较简单,受电池本身情况的限制小，宜于发挥实时监测的优点，简单易用、算法稳定，成为目前电动汽车上使用最多的 SOC 估算方法，其公式：

$$\text{SOC}(t) = \text{SOC}(t_0) + \frac{1}{C_N}\int_{t_0}^{t} \eta i \, dt$$

式中，$\text{SOC}(t)$——初始状态下的荷电量；

C_N——电池额定容量；

η——充放电效率；

i——瞬时电流值。

3）内阻法

电池的 SOC 与电池的内阻有一定的联系，可以利用电池内阻与 SOC 的关系来预测电池的荷电状态。

2. 内阻检测

内阻是电池最为重要的特性参数之一，绝大部分老化的电池都是因为内阻过大而无法继续使用。通常电池的内阻阻值很小，一般用毫欧来度量。不同电池的内阻不同，型号相同的电池由于各电池内部的电化学性能不一致所以内阻也不同。对于电动汽车动力电池而言，电池的放电倍率很大，在设计和使用过程中尽量减小电池的内阻，确保电池能够发挥其最大功率特性。

锂离子电池的内阻不是固定不变的常数，而是在使用过程中受荷电状态（SOC）和温度等因素的影响。

内阻测量是一个比较复杂的过程，目前主要有两种方法，即直流放电法和交流阻抗法。

1）直流放电法

直流放电法是对蓄电池进行瞬间大电流放电（一般为几十到上百安培），然后测量电池两端的瞬间压降，再通过欧姆定律计算出电池内阻的方法。

2）交流阻抗法

交流阻抗法是一种以小幅值的正弦波电流或者电压信号作为激励源，注入蓄电池，通过测定其响应信号来推算电池内阻的方法。该方法的优点在于测量时间较短，不会因大电流放电对电池本身造成太大的损害。

3. 容量检测

常用电池容量测试仪检测电池容量。电池容量测试的标准流程：放电阶段→搁置阶段→充电阶段→搁置阶段→放电阶段。用专用的电池充放电设备，在特定温度条件下，蓄电池以设定好的电流进行放电，至蓄电池电压达到技术规范或产品说明书中规定的放电终止电压时停止放电，静置一段时间，然后再进行充电。

充电一般分为两个阶段，先以固定电流恒流充电，在蓄电池电压达技术规范或产品说明书中规定的充电终止电压时转恒压充电，此时充电电流逐渐减小，在充电电流降至某一值时停止充电,充电后静置一段时间。在设定好的环境下以固定的电流进行放电,直到放电终止电压为止,用电流值对放电时间进行积分计算出容量。

4. 寿命检测

电池在使用过程中容量会逐渐损失,导致锂离子电池容量损失的原因很多,有材料方面的原因,也有生产工艺方面的因素。一般认为,当蓄电池用旧只能充满原有电容量80%的时候,就不再适合继续在电动汽车上使用,可以进行梯次利用、回收、拆解和再生。

电池的寿命有循环寿命和日历寿命之分,其中应用最多的是循环寿命。

常规的循环寿命测试方法基本上就是容量测试充放电过程的循环,典型的方法是将蓄电池充满电,在特定温度和电流下放电,直到放电容量达到某一预先设定的数值,如此连续重复若干次。再将电池充满电,将电池放电到放电截止电压检查其容量。如果蓄电池容量小于额定容量的80%,终止试验,充放电循环在规定条件下重复的次数为循环寿命数。

5. 一致性检测

电池容量分为单元电池的容量和电池组的容量,在现有的动力电池技术水平下,电动汽车必须使用多块电池构成的电池组来满足使用要求。由于同一类型、同一规格、同一型号电池间在开路电压、内阻、容量等方面的参数值存在差别,即电池性能存在不一致性,使动力电池组在电动汽车上使用时,性能指标往往达不到单电池原有水平,使用寿命缩短,严重影响其在电动汽车上的应用,有必要对电池组的一致性进行测试与评价。

电池开路电压间接地反映了电池的某些性能,保证电池开路电压的一致,是保证性能一致的一个重要方面。一般采用的方法是将电池静置数十天,测其满电荷电状态下贮存的自放电率及满电状态下不同贮存期内电池的开路电压,通过观察自放电率和电压是否一致来对电池的一致性进行评价。

4.4 秦EV组合仪表指示灯含义

比亚迪秦EV电动汽车组合仪表指示如图4-2所示,其指示灯含义如表4-1所示。

图4-2 秦EV组合仪表指示

表 4-1 秦 EV 指示灯信息表

图标	名称	图标	名称
	转向指示灯	OK（绿色）	OK 指示灯
	远光灯指示灯	ECO（绿色）	经济模式指示灯
	小灯指示灯	SPORT（绿色）	运动模式指示灯
	后雾灯指示灯	(P)（红）	电子驻车状态指示灯
	驾驶员座椅安全带指示灯		ESP 故障警告灯
	SRS 故障警告灯		ESP OFF 指示灯
	ABS 故障警告灯		胎压故障警告灯
	驻车故障警告灯		动力电池电量低警告灯
（红色）	EPS 故障警告灯	(A)	AVH 工作指示灯
	智能钥匙系统警告灯		雪地模式指示灯
（绿色）	定速巡航主显示指示灯	（红色）	动力电池充电连接指示灯
SET（绿色）	定速巡航主控制指示灯	（红色）	动力系统故障警告灯
	车门和行李箱状态指示灯		防盗指示灯
	主告警灯		动力电池过热指示灯

续表

图标	名称	图标	名称
（红色）	充电系统充电警告灯		动力电池故障指示灯
（黄色）	动力电池电量低指示灯		

任务实施

1. 作业说明

比亚迪秦 EV 电动汽车动力电池系统发生故障，首先应对动力电池的性能进行检测，通过性能检测可为下一步的故障诊断提供可靠的数据信息，动力电池的性能检测包括绝缘电阻的检测，读取动力电池温度、电压等参数数据流。

2. 技术标准与要求

蓄电池标称电压	
动力电池标称电压	
容量	
电量	

注：请学员查阅维修资料后填写。

3. 设备器材

(1) 检测仪器。

_____

_____

(2) 常用工具。

_____

_____

(3) 耗材及其他。

_____

_____

注：请学员根据场地实际设备器材填写。

4. 作业流程

4.1 电池管理器绝缘电阻的检测

1)实训车辆安全防护

(1)安装车内四件套(座椅套、方向盘套、换挡杆护套、脚垫),并检查驻车制动。

(2)安装车外三件套(左、右翼子板护围,前格栅布),并放置车轮挡块。

(3)铺设绝缘垫,穿戴绝缘工具(绝缘手套、绝缘鞋),并使用绝缘检测仪检测绝缘电阻。

2)直流母线电压的检测

(1)操作启动开关使电源模式至 OFF 状态。

(2)断开蓄电池负极电缆。

(3)断开直流母线。

(4)断开动力电池高压线线束连接器。

(5)等待 5 分钟。

(6)用万用表检测端子 1 与端子 2 之间的电压,标准电压:≤5 V。

注意:直流母线插孔较近,严禁万用表针头短接和触碰任何非目标测量金属部件。佩戴绝缘手套。

3)动力电池绝缘电阻的检测

(1)操作启动开关使电源模式至 OFF 状态。

(2)断开蓄电池负极电缆。

(3)断开直流母线。

(4)拆卸动力电池高压线线束连接器。

(5)将高压绝缘检测仪的挡位调至 1000 V。

(6)用高压绝缘检测仪测量动力电池高压线线束连接器中正极端子与车身接地之间的电阻,标准电阻大于或等于 20 MΩ。

(7)用高压绝缘检测仪测量动力电池高压线线束连接器中负极端子与车身接地之间的电阻,标准电阻:大于或等于 20 MΩ。

4.2 动力电池温度、电压数值读取

(1)操作启动开关使电源模式至 OFF 状态,连接诊断仪至车辆诊断接口。

(2)操作启动开关使电源模式至 ON 状态,检查诊断仪与车辆连接情况。

(3)打开诊断仪软件。

(4)选择车辆品牌、年限。

(5)访问动力电池管理系统,选择电池温度、电压等数据,读取实际值。

(6)记录数据,判断是否正常。

(7)关闭点火开关,取下测试接头,复位诊断仪。

5. 填写考核工单

一、查询并记录车辆信息							
品牌		整车型号		生产日期		行驶里程	
驱动电机型号				额定功率			
动力电池额定电压				额定容量			
车辆识别码							
二、数据流的读取							
1. 通过查阅维修手册获取标准值 　　电池包实际 SOC 标准值：_____ 　　电池组总电压标准值：_____ 　　电池组平均温度标准值：_____ 　　绝缘电阻标准值：_____ 　　最大允许充电功率标准值：_____ 　　最大允许放电功率标准值：_____ 　　最低单节电池电压标准值：_____							
2. 读取数据流，并判断是否正常 　　电池包实际 SOC 实际值：_____　　□是　□否 　　电池组总电压实际值：_____　　□是　□否 　　电池组平均温度实际值：_____　　□是　□否 　　最大允许充电功率实际值：_____　　□是　□否 　　最大允许放电功率实际值：_____　　□是　□否 　　最低单节电池电压实际值：_____　　□是　□否							
三、动力电池系统绝缘电阻检测，并判断是否正常							
动力电池高压线线束连接器中正极端子与车身接地之间电阻：_____　　□是　□否							
动力电池高压线线束连接器中负极端子与车身接地之间电阻：_____　　□是　□否							

自我测试

(1) 简述能量密度的概念。

(2) 简述功率密度的概念。

(3) 简述荷电状态(SOC)的概念。

> 任务4
> 动力电池性能检测维修

拓展学习

"刀片电池"技术

"刀片电池"是比亚迪生产的新一代磷酸铁锂电池，也就是"超级磷酸铁锂电池"。由于单体外形比较扁平，故称为"刀片电池"。其电芯实物厚度为 13.5 mm，长度为 960 mm，高度为 90 mm，其外壳材料是铝，如图 4-3 所示。与过去新能源汽车常用的锂电池如厚重的方形、圆柱柱体形及软包装电池相比，在形状上有一定的区别。"刀片电池"通过增大电芯长度，以阵列的形式插入电池包，改进电池性能。

图 4-3 "刀片电池"实物图

"刀片电池"采用磷酸铁锂（$LiFePO_4$）作为正极材料，用铁做电池原料，单体电芯工作电压可达 3.2 V。具有能量密度高，功率密度高，循环或使用寿命长，一致性好，可靠性高，高低温性能好，环境适应性强，安全性好，自放电率低，价格低廉，绿色环保等性能特点。

"刀片电池"的创新点有以下几点。

1. 电芯结构工艺

"刀片电池"电芯制作方式采用叠片式，就是将正负极极片、隔膜裁成规定尺寸，随后将正极极片、隔膜、负极极片叠合成小电芯单体，然后将小电芯单体叠放并联起来组成一个大电芯。传统电池电芯的制作方式为卷绕式。卷绕式是将分条后的极片固定在卷针上，随着卷针转动，将正极极片、负极极片及隔膜卷成电芯的工艺方式。电池电芯结构工艺的不同导致电池性能的不同。

1）电池内阻不同

叠片式工艺生产的电芯具有较低内阻，而卷绕式的内阻较高。因为卷绕式的电芯通常是单一极耳，而叠片式的电芯可以看成是多极耳式，大大降低了其内阻。内阻不同造成成品电池在充放电循环中产生的热量不同及电池容量衰减快慢不同，叠片式的电池容量衰减得更慢。

2）电池寿命不同

随着充放电循环的持续进行，电池内部会产生热量继而影响电池的温度。叠片式电池内部的温度分布较为均匀；而卷绕式电池由于极片与隔膜之间只有单方向的热传递方式，出现内部高温、外部低温的温度梯度分布现象，温度分布不均匀导致电池在充放电过程中，高温位置活物质率先失活，不能进行脱嵌锂离子的功能，进而影响到其他位置的快速衰减，影响电池的性能。

3) 电芯内部所受应力不同

叠片式电芯极片隔膜之间受力面积一致，无明显应力集中点，电池在使用过程中也不会出现某个部位急剧破坏。卷绕式电芯的边缘处是应力集中的地方，极片弯折处更易出现微短路、电击穿及析锂现象。应力集中点是电池失活的首要位置，这也导致卷绕式电池的循环寿命降低。

4) 电池倍率性能不同

叠片式电池相当于多极片并联起来，更容易在短时间内完成大电流的放电，有利于电池的倍率性能。而卷绕式工艺则正好相反，单一极耳导致倍率性能略差。

5) 电池容量密度不同

叠片式电池由于其内部空间利用的较为充分，容量密度更高，但成本也高。卷绕式电池，电芯两边为圆形且卷绕最后两层隔膜占据了一定厚度，故容量密度较低。因此，"刀片电池"需要从其他地方减少费用，从而平摊成本。

2. 电芯散热能力

"刀片电池"还有一个优点，就是散热性能好。电池材料对温度特别敏感，这也是制约电池快充时间的主要原因，所以散热是电芯一项很重要的性能指标。"刀片电池"采用长面积设计，具有较大的散热面和较薄的厚度，可有效改善电流流向所带来的热量的聚集。研究发现随着电芯厚度不断减小，电芯和电池包快充时的温升越来越小，散热性能越来越好。"刀片电池"极芯压实密度更高，厚度也更薄，所以散热性能较为理想。

3. 电池能量密度与空间利用率

"刀片电池"通过增长电芯长度，减少电芯结构冗余设计和电芯数量，有效提高电芯的体积能量密度和电池包的体积能量密度，最终提高车辆的续驶里程。根据研究发现，在一定的电池宽度和高度下，电池电芯长度从208 mm增加至435 mm，能量密度相差不大，但是长度增加至945 mm，能量密度提升了10%。

另外新能源汽车的电池空间是极为宝贵的，为了营造一个高舒适性的环境，会尽可能把汽车空间留给乘员，而不断压缩电池空间。电池空间利用率越高，说明可以布置的电池越多，续驶里程就会相应提升。目前电池能量密度的提升还仅限于通过增大电池尺寸等手段，想要通过化学体系的变革来达到质变，还需要不少时间。

电池包的"瘦身"主要有以下几种方式。

1) 优化排布结构

从外形尺寸方面，可以优化系统内部的布置，让电池包内部零部件排布更加紧凑高效。

2)拓扑优化

通过仿真计算在确保刚强度及结构可靠性的前提下,实现减重设计。通过该技术,可以实现拓扑优化和外形优化,最终帮助实现电池箱体轻量化。

3)材料选择

可以选择低密度材料,如电池包上盖从传统的钣金上盖逐步转变为复合材料上盖,可以减重约35%;电池包下箱体从传统的钣金方案逐步转变为铝型材,减重约40%,轻量化效果明显。

4)整车一体化设计

从结构上看,比亚迪"刀片电池"把梁和电池结合为一体,将电池固定在电池包的边框上让电池同时变成自支撑结构件,直接支撑电池包的梁,电芯与箱体紧紧结合为一体,这样的设计可以使搭载"刀片电池"的电池包的空间利用率达到60%以上,与传统电池包的利用率相比,刀片电池的空间利用率提高了50%,因可搭载更多的电池,续驶里程已达到三元锂电池的同等水平。在大幅提升体积能量密度的同时,由于去掉了"模组"这一层中间结构,使得电池系统的复杂度大幅下降,由此也带来了更高的产品稳定性和更低的故障率。

4. 电池包结构强度

电池结构设计的主要目的不仅是提高能量密度,更要给单体提供支撑和防护,需要考虑电连接和防护、机械支撑等因素。

"刀片电池"简化了模组从而提高了空间利用率和电池能量密度。减少了模组构件并没有使电池过薄而强度不够,由于电池的去模组和无梁化结构,使之成为一个刚性整体,反而大大提升了电池包的强度。实验得出,刀片电池能够承受 80 Hz 的振动强度、60 g 的碰撞加速度、800 kN 的挤压强度和 445 kN 的抗压强度。

5. 电池包轻量化

对于新能源汽车而言,实现轻量化最大的好处就是能通过减轻车辆装备质量,来降低整车能耗,从而在不增加电池容量的基础上,实现续驶里程的增长;车辆的轻量化也是必然的趋势。整车重量是影响电动车续驶的巨大因素。新能源汽车每减少 100 kg 重量,续驶里程可提升 10%~11%,还可以减少 20% 的电池成本及 20% 的日常损耗成本。同样的续驶里程,"刀片电池包"的尺寸更小、重量更轻,有利于整车的轻量化。

6. 电池包安全性

1)"刀片电池"材料分析

"刀片电池"采用的是更加安全、更加稳定的磷酸铁锂材料。该材料稳定性很强,有优秀的耐高温性,电热峰值可达 500 ℃ 左右,没有氧气的释放,自然着火的概率也很低。另外,在锂离子脱嵌时,晶体不会发生重新排列,因此有着很好的可逆性与循环性,在 1C/1C 的充放电条件下,电压保持在正常范围内,普遍充放电可在 3000 次以上，电池容量还可以维持较长时间的较高水平。

三元材料在温度不足200 ℃时就会开始分解并放出大量热；而磷酸铁锂材料要在温度接近500 ℃时才会开始分解，且在分解过程中不释放氧气，放热速率也远低于三元材料，所以不易发生热失控，也更不容易起火燃烧。可以得出，磷酸铁锂材料有四大优势。第一是放热反应的启动温度非常高，材料在500 ℃以下时表现出很强的稳定性。磷酸铁锂的热稳定性是目前车用锂电池中最好的，电热峰值大于350 ℃，当电池温度处于500～600 ℃的高温时，其内部化学成分才开始分解。三元锂电池的热稳定性较差，300 ℃左右就开始分解，因此对电池管理系统的要求非常高，需要防过温保护装置和电池管理系统来保护电池的安全。所以在高温条件下，磷酸铁锂的安全性相对较高。第二是放热很慢，电池包在极端情况下，温度上升很慢。第三是产热少，产热少意味着刀片电池在碰撞的过程中，释放的热量很少。第四是磷酸铁锂材料在分解的时候不释放氧气，间接地减少燃烧的风险。

2) 动力电池安全性测试分析

汽车安全法规包含了多种严格的动力电池安全性测试，包括针刺测试、挤压测试、炉温测试、过充测试等。下面介绍"刀片电池"在这些安全性测试中的性能表现。

针刺测试要求用钢针将动力电池电芯刺穿，造成电芯内部的大面积短路，从而引发电池热失控，进而测试电池的安全性能。针刺实验的方法是将动力电池充满电，用直径为5～8 mm的耐高温钢针，要求针尖的圆锥角为45°～60°，针的表面光洁、无锈蚀、氧化层及油污，以(25±5) mm/s的速度，从垂直于电池极板的方向贯穿，贯穿位置宜靠近所刺面的几何中心，钢针停留在电池中，观察1小时，不起火、不爆炸才算合格。

在同样的测试条件下，三元锂电池在针刺瞬间出现剧烈的温度变化，表面温度迅速超过500 ℃，并发生剧烈燃烧现象；传统块状磷酸铁锂电池在被穿刺后无明火、有烟，表面温度达到了200～400 ℃；刀片电池在穿透后无明火、无烟，电池表面的温度仅为30～60 ℃。

挤压测试模拟汽车在极端碰撞的情况下，使电池形变甚至到达断裂、泄漏的程度，在实验中，刀片电池也没有着火，仅仅是冒烟。一种保护框架在正常状态下包裹于电池外侧，具有能够活动的结构，在受到撞击时产生形变，起到保护电池的作用，该装置最高可承受16.2 m/s的撞击速度。

炉温测试评测电动汽车周围环境有火情或者火灾时，电池是否还能保持原有的稳定性。把电池加热到300 ℃(5 ℃/min)，观察到刀片电池仍然没有爆炸和起火。

过充测试模拟充电桩、汽车和电池三级保护全部失效的情况下，电池被持续过充。单体蓄电池按充电方法充电；再以11 A电流恒流充电至电压达到企业技术条件中规定的充电终止电压的1.5倍或充电时间达1 h后停止充电；观察1 h。在测试中，刀片电池在过充260%后也没有起火或爆炸。

3) 电池包热管理

"刀片电池"电池管理系统(BMS)为一套保护动力电池使用安全的控制系统,时刻监控电池的使用状态,通过必要措施缓解电池组的不一致性,为新能源车辆的使用安全提供保障。其防护设计主要考虑内部短路防护、外部短路防护、过充防护、过放防护。BMS监测内容包括单体电压、总电压、电流、温度、绝缘、状态量、高压互锁等,对监测的数据进行处理给出电压、电流、容量、功率等告警信息,基于告警信息进行过充、过放、过流、过温等保护,此外基于监测数据和相关算法给出剩余电量、剩余寿命、功率承受能力数值,当电池一致性差异过大时还可进行主动、被动均衡,此外热管理、电池功率限制、调试诊断等也是BMS的必备功能。

除了BMS系统外,比亚迪首次提出电池包顶部冷却的设计。一种是液冷设计,把水冷板放在整个电池包的上面,与模组顶板直接接触,对电芯侧面窄边进行冷却;为提高导热效率,模组顶板与电芯侧面之间有导热板,整个包的温度差控制在1 ℃以内。水冷采用U形水道设计或并行设计。与此同时,电芯的另一侧面与模组底部之间有隔热层,以隔绝电芯与外界的热交换,起到保温作用,可采用保温棉。另外一种为风冷设计,在电池包上面设置风道,风道位于电池上盖与车底盘之间,设计有导热翅片,用于增强上盖的散热面积,以提高导热板与单体电池之间的热传导效率,底板和电芯之间设置有导热绝缘层,增大底部散热。

4) 电池包低温性能

低温环境下,磷酸铁锂电池的性能要劣于三元锂电池。但刀片电池组中全部采用了液冷式热管理系统,再在电芯的上下部分采用了大面积的保温材料,以保证热管理系统可以良好运作。同时,在极片材料上,比亚迪采用了纳米化的磷酸铁锂,通过减小材料粒径缩短锂离子的迁移路径,改善了电池组的低温功率性能。基于这些设计,刀片电池组在-20 ℃的环境下,依然可以保持常温90%的放电能力。而在充电时间和充电功率方面,在-10 ℃时,刀片电池的充电速度要比三元锂电池慢15分钟左右,差距有,但相差不大。

7. 电池的其他方面

1) 电池续驶里程

比亚迪"王朝家族"的旗舰级轿车其综合工况下的最高续驶里程达到605 km,最快百公里加速为3.9 s。此外,刀片电池33 min可将电量从10%充到80%、支持比亚迪汉3.9 s百公里加速、瞬间最大功率可达363 kW,约500马力。

2) 电池包寿命

在电池包寿命方面,磷酸锂铁优于三元锂。磷酸铁锂电池的完全充放电循环次数大于3500次后电量才会衰减到原有的80%。也就是说如果每天充放电一次,磷酸铁锂电池也要将近10年才出现明显衰减现象。而三元锂电池比磷酸铁锂电池寿命短一些,完全充放电循环大于2000次会开始出现衰减现象,也就是大概在6年的时间,当然通过电池管理和车辆电控系统也可以稍微延长一点电池寿命。

3)电池包成本

在电池成本上,磷酸铁锂电池也有巨大优势,它没有贵重金属(镍钴金属元素),所以在生产成本上较低。三元锂电池使用了镍钴锰多种材料,并且高镍电池的生产需要比较严格的工艺环境,目前成本比较高。新能源汽车的综合成本中电池系统的总成价格已经占到了整车成本的40%左右。而以磷酸铁锂为主导的新能源乘用车重新走到了舞台中央。2019年,我国动力电池成本为0.6~1元/Wh,磷酸铁锂电池的成本约为0.69元/Wh以下。电池包内组件的减少、重量的减轻,电池的生产成本比原来降低了20%~30%。不难看出,刀片电池的成本几乎处于行业最低水平。通过高体积能量密度利用率实现较大的电池容量,再加上刀片电池的安全性,整体来看,与传统动力电池相比,刀片电池将具有很强的竞争力。

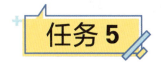

动力电池性能故障诊断分析

任务引入

一辆比亚迪秦 EV 电动汽车高压无法上电，仪表故障灯常亮，且中央仪表提示"请检查动力电池"，经省级技能大师判断是电池管理系统方面的问题，要求利用诊断仪器进行进一步故障诊断。

学习目标

（1）掌握动力电池系统的功用和组成。
（2）掌握动力电池管理器的功用。
（3）了解电池均衡技术。
（4）掌握动力电池系统常见故障的诊断方法。
（5）能通过维修手册查阅动力电池系统电路图和相关数据标准值。
（6）能使用诊断仪读取故障代码，并结合电路图使用检测设备检测与分析故障原因。
（7）能够合理选择、规范使用工具。
（8）培养规范、安全的操作习惯，具备严谨求实、团结协作的能力。
（9）了解升压充电技术，并通过该技术的学习增强民族自豪感。

知识准备

5.1 动力电池系统概述

5.1.1 动力电池系统的功用

动力电池系统是新能源汽车主要的动力能源之一，它为整车驱动和其他用电器提

5.1.2 动力电池系统的组成

动力电池系统又称为动力电池包，由单体电芯、动力电池模组、电池管理器、动力电池箱和辅助元器件组成。

1. 单体电芯

单体电芯是组成电池模组的最基本元素，单体电芯一般按形状可分为圆柱、方体两种。

2. 动力电池模组

动力电池组又称动力电池模块，就是用导电连接件通过串联或并联的方式将若干个单体电芯联成一个能够输出高电压、大电流的电源，并通过工艺将结构固定在设计位置，可以说模组的作用就是连接、固定和安全防护。

3. 电池管理器

电池管理器又称为动力电池管理系统，它是动力电池保护和管理的核心部件。动力电池管理器通过对动力电池电压、电流及温度的检测实现对动力电池 SOC 估算、过电压过电流保护、充放电控制、动力电池热管理和故障警报等功能。

4. 动力蓄电池箱

动力蓄电池箱是用于支撑、固定和包围动力电池系统的组件，主要包括上下盖和下托盘，还有辅助元器件，如过渡件、护板和螺栓等，动力蓄电池箱有承载及保护动力蓄电池组及电气元件的作用，其材料常为铸铝和玻璃钢。

5. 辅助元器件

辅助元器件主要包括动力蓄电池系统内部的电子元器件及电子元器件以外的辅助元件。

电子元器件又包括熔断器、接触器、分压接触器、接插件、紧急开关和烟雾传感器等；电子元器件以外的辅助元件又包括密封条、绝缘材料等。

5.2 电池管理器的功用

动力电池管理器保证高压供电系统绝缘安全，防止电池热失控，实现电池对外部负载上下电控制、实现制动能量回馈；保障电池充放电过程安全、合理；实现电池信息与仪表和远程控制终端的交流通信等。

1. 数据采集

电池管理系统的所有算法均以采集的动力电池数据作为输入，采样速率、精度和前置滤波特性是影响电池系统性能的重要指标。电动汽车电池管理器的采样速率一般要求大于 20 Hz(50 ms)。

2. 电池状态计算

电池状态计算主要包括 SOC 和 SOH 两方面。SOC 用来提示动力电池组剩余电量，是计算和估计电动汽车续驶里程的基础。SOH 是用来提示电池技术状态，预计可用寿命等健康状态的参数。

SOC 是防止动力电池过充和过放的主要依据，只有准确估算电池组的 SOC 才能有效提高动力电池组的利用效率，保证电池组的使用寿命。在电动汽车中，准确估算蓄电池 SOC 主要有保护蓄电池、提高整车性能、降低对动力电池的要求及提高经济性等作用。

3. 能量管理

能量管理主要包括以电流、电压、温度、SOC 及 SOH 为条件的充电过程控制和以 SOC、SOH 及温度等参数为条件的放电功率控制两个部分。

4. 安全管理

安全管理主要用于监视电池电压、电流、温度等是否超过正常范围，防止电池组过充、过放。现在在对电池组进行整组监控的同时，多数电池管理系统已经发展到可以对极端单体电池进行过充、过放、过温等安全状态管理。

安全管理系统主要有烟雾报警、绝缘检测、自动灭火、过电压和过电流控制、过放电控制、防止温度过高及在发生碰撞的情况下断开电源的功能。

5. 热管理

热管理主要用于在电池工作温度超高时对电池进行冷却或在低温时对电池进行加热，使电池处于适宜的工作温度范围内，并在电池工作过程中保持电池单体间温度均衡。对于大功率放电和高温条件下使用的电池，电池的热管理尤为必要。

热管理主要有电池温度的准确测量和监控、电池组温度过高时有效散热和通风、低温条件下快速加热、存在害气体产生时有效通风等功能，保证电池组温度场的均匀分布。

6. 充电控制

电池管理器中具有一个充电管理模块，它能够根据电池的特性、温度高低及充电机的功率等级，控制充电机给电池进行安全充电。

7. 均衡控制

由于电池的一致性差异导致电池组的工作状态由最差电池单体决定。在电池组各个电池之间设置均衡电路，实施均衡控制是为了使各单体电池充放电的工作情况尽量一致，提高整体电池组的工作性能。

8. 在线故障诊断

在线故障诊断包括故障检测、故障类型判断、故障定位和故障信息输出等。故障检测是指通过采集到的传感器信号，采用诊断算法诊断故障类型，并进行早期预警。

9. 通信功能

通过电池管理器实现电池参数和信息与车载设备或非车载设备的通信，为充放电控制、整车控制提供数据依据是电池管理器的重要功能之一，根据应用需要，数据交换可采用不同的通信接口，如模拟信号、PWM 信号、CAN 总线等。

5.3 电池均衡技术

锂离子电池组内单体电池不一致性是指电池组内各串并联单体之间的性能差异现象。在使用过程中单体电池的不一致性会随使用时间被逐渐放大，从而导致某些单体电池性能加速衰减，整个电池组的性能由最差的单体电池决定，对于容量较小的单体电池，每次都是满充满放，这种对电池的过度使用会缩短单体电池寿命，最终导致整个动力电池组寿命的降低。

5.3.1 造成单体电池不一致性的原因

(1)电动车的制造过程中，电池容易被制造技术所影响，电池的组成材料分布不均匀造成电池内部构造和材质上的不一致性。而且电池出厂后在放置时，会受到存储环境和自放电现象的影响，使得单体电池的差异程度越来越大。

(2)对电池进行充放电操作时，因为各单体电池本身已有差异性，所以单体电池充放电速率是不一样的，电池组必然会产生过充电和过放电现象，从而加剧各单体电池的不一致性。

5.3.2 电池均衡控制

通过电池管理器来管理电池组，其中最重要的一项技术是均衡管理技术。即在电池组使用过程中检测各单体电池参数，尤其是电压和电量，掌握电池组中单电池不一致性发展规律，通过均衡策略判断电池的不一致性，然后通过均衡技术使得能量较高的电池释放能量或者能量较低的电池补充能量，不断避免使用过程中的不一致，提高电池寿命。电池均衡技术主要分为主动均衡和被动均衡两种。

1. 被动均衡

被动均衡又被称作能耗均衡，被动均衡的均衡方式主要是将能量高的电池能量通过能耗的方式释放掉。电阻放电均衡是一种常见的被动均衡方式，当电池满足均衡条件时，开关闭合，形成放电回路。这种均衡方式的优点是结构简单、成本低，但是其缺点也是显而易见的，电池放电会产生大量能耗及热量，均衡效率低。

2. 主动均衡

主动均衡又称作非能耗均衡，它的特点是能量直接在单体电池间转移，主动均衡的效率较高，不会造成能量浪费，并且不会散发过多的热量。常见的主动均衡方式主要采用电容(电感)、变压器等元件。

5.4 动力电池系统常见故障分析

动力电池系统故障，则整车无法高压上电。根据诊断仪读取故障码的不同，可将常见的故障原因归纳为以下几种情况。

(1)故障码"BIC1～10 电压采样电路故障""BIC1～10 电压采样断线故障""BIC1～10 温度采样电路故障""BIC1～10 温度采样断线故障""BIC1～10 均衡电路故障"，数据流不显示温度和电压，此时判定可能是采集器或模组故障。

可将发现故障的采集器和正常的对调：

①若故障采集器依然故障则判定采集器故障。

②若对调后改为新换的采集器故障则判定模组故障。

(2)故障码"BIC1～10 CAN 通信超时故障"，此时判定可能是采集器供电故障。

①车辆上 ON 挡电，先清除故障码，OFF 挡电拔插蓄电池负极后重新上电，若还出现的话则先确认 BIC 侧面通信接插件是否插好。

②确认连接 10 个 BIC 的通信线束是否有破损和断线，若无则检测 BIC 供电是否正常，检查上一个 BIC 供电是否正常，若异常则可能为线束故障或上一 BIC 故障，若正常则查询该 BIC 是否有电源供出，若该 BIC 无电源供出则为该 BIC 故障导致，需更换 BIC。

注：BIC 供电为 10♯至 1♯，若中间某个 BIC 供电异常则会导致后续 BIC 均会出现 CAN 通信超时故障。

③若仪表报"请检查动力系统"，诊断仪读取高压 BMS 报"严重漏电故障"，整车无法上"READY"电。整车上 ON 挡电，若 BMS 仍报漏电则为电池包漏电。可按以下步骤处理：

a. OFF 挡，拔掉 8♯电池模组接触器接插件，再上 ON 电，诊断仪读取系统故障，如果不漏电，判断 8♯、9♯、10♯电池模组漏电；如果漏电，则排除 8♯、9♯、10♯电池模组故障，需检查 1～7♯电池模组。

b. OFF 档，拔掉 6♯电池模组接触器接插件，再上 ON 电，诊断仪读取系统故障，如果不漏电，判断 6♯、7♯电池模组漏电；如果漏电，则排除 6♯、7♯电池模组故障，需检查 1～5♯电池模组。

c. OFF 档，拔掉 4♯电池模组接触器接插件，再上 ON 电，诊断仪读取系统故障，如果不漏电，判断 4♯、5♯电池模组漏电；如果漏电，则排除 4♯、5♯电池模组故障，需检查1～3#电池模组。

d. OFF档，拔掉2#电池模组接触器接插件，再上ON电，诊断仪读取系统故障，如果不漏电，判断2#、3#电池模组漏电；如果漏电，则排除2#、3#电池模组故障，判定1#电池模组漏电。

铁电池组：1、3、5可以互换，2、4可以互换，6、8可以互换，7、9可以互换。

(4) 常温下整车行驶时，若仪表SOC在目标点以下，经常出现无法回馈的现象，常温下，用诊断仪跟车路试，若发现某一节单体电芯一回馈就超过3.55 V(0 ℃以下为3.45 V)，一放电就变得比其他电芯低，则判定此电芯异常，需更换相应模组。

(5) 若仪表上点亮动力电池过热灯，用诊断仪跟车路试，读取高压电池管理器数据流，常温下若读取到部分电池单体温度在车辆放电时温度相比其他单体偏高，静止时温度又与其他单体温度趋于一致，则可能模组的动力串联线固定螺母没有打紧或绝缘层被连接片夹住，依次检查10个模组的连接片。（提示：过温报警是基于对电池保护而设定，并非故障。）

(6) 诊断仪读取驱动电机控制器故障码为"高压欠压故障"，若驱动电机控制器报"高压欠压故障"，但BMS不报该故障，则可能是分压接触器不吸合或动力连接引出断开或配电箱主保险断开，可按以下步骤处理：

整车上ON挡电，让分压接触器吸合，测量电池包的正负极，若有总电压，则检查高压配电箱，若无总电压可能是分压接触器或者动力连接线或者电池包内保险问题。

① 检查动力串联线。

② 检测分压接触器和保险，（测量带分压接触器模组的两端电压）：若高压BMS数据流显示分压接触器吸合，且分压接触器接插件连接良好，对应模组两端仍无电压，则为分压接触器问题，更换相应电池模组；若高压BMS数据流显示分压接触器断开，则检查对应分压接触器是否供电正常。

(7) 若仪表报"请检查动力系统"，读取高压BMS报"放电主接触器烧结故障"，可按以下步骤处理：

① 清除故障码多次重新上电(20次)，读取障是否仍报该故障码，若不报则为管理器误报。

② 若仍报该故障码则测量高压配电箱电池正极和电控正极是否导通，若导通则为主接触器烧结，此时更换配电箱；若无烧结仍报故障码则除管理器误报之外，还需检查驱动电机控制器与DC是否有故障。

(8) 电池管理器报"高压互锁故障"，首先查询各高压模块互锁接插件否存在断路，可按以下步骤处理：

① 测电池管理器互锁输入端是否有信号，若有信号输入仍然报高压互锁，更换BMS看故障是否重现。

② 若电池管理器互锁输入端无信号输入，检查高压配电箱互锁针脚、互锁接插件

是否有歪斜、虚接和松脱；若无以上情况则检测线束。

（9）电池管理器报"正极接触器回检故障""负极接触器回检故障""预充接触器回检故障""充电接触器回检故障"，检测高压配电箱低压保险是否熔断。

①若熔断则更换配电箱低压保险。

②若正常，则测量各接触器电源是否正常及 BMS 各控制脚是否有拉低，若也正常，则可能为接触器本身问题，更换配电箱，若 BMS 控制脚未拉低则需检查 BMS 及线路。

（10）电池管理器报"分压接触器 1 回检故障""分压接触器 2 回检故障""分压接触器 3 回检故障""分压接触器 4 回检故障"，可按以下步骤处理：

①整车上 ON 挡电，拔下接插件测量故障接触器的电源及控制脚拉低是否正常，若不正常则为 BMS 或线束故障，查 BMS 电源、搭铁及线束；若正常，则转查接插件是否异常（如是否有针脚虚接等）。

②若上述都正常则可能为模组内部接触器故障或内部线路异常，尝试更换模组。

任务实施

1. 作业说明

比亚迪秦 EV 电动汽车高压无法上电，仪表故障灯常亮，且中央仪表提示"请检查动力电池"，说明该车动力电池系统发生故障，常见的故障原因有电池管理器供电故障、电池管理器接地故障、电池管理器通信故障、高压互锁故障、严重漏电故障、高压欠压故障、接触器故障、电芯故障、采集器或模组故障等。故障诊断时应遵循先简后繁、先易后难的原则。

现需要对动力电池管理器及相关元件进行电路检测，才能确定故障原因，帮助客户排除车辆故障。

2. 技术标准与要求

蓄电池电压	
动力 CAN_H 电压	
动力 CAN_L 电压	
终端电阻阻值	

注：请学员查阅维修资料后填写。

3. 设备器材

（1）检测仪器。

(2)常用工具。

_____

_____

(3)耗材及其他。

_____

_____

注:请学员根据场地实际设备器材填写。

4. 作业流程

4.1 读取故障代码

1)实训车辆安全防护

(1)安装车内四件套(座椅套、方向盘套、换挡杆护套、脚垫),并检查驻车制动。

(2)安装车外三件套(左、右翼子板护围,前格栅布),并放置车轮挡块。

(3)铺设绝缘垫,穿戴绝缘工具(绝缘手套、绝缘鞋),并使用绝缘检测仪检测绝缘电阻。

2)连接诊断仪器访问BMS读取故障码

(1)操作启动开关使电源模式至OFF状态,连接诊断仪至车辆诊断接口。

(2)操作启动开关使电源模式至ON状态,检查诊断仪与车辆连接情况。

(3)打开诊断仪软件。

(4)选择车辆品牌、年限等信息。

(5)点击"快速检测"查看动力电池系统故障,并记录于作业单。

(6)操作启动开关使电源模式至OFF状态,取下测试接头,复位诊断仪。

4.2 动力电池管理器动力CAN总线电压、终端电阻的检测

1)BK45(A)、BK45(B)插头引脚信息的确认

电池管理器线束插头BK45(A)、BK45(B),如图5-1所示,填写表5-1。

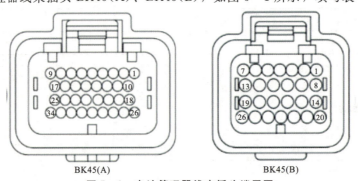

图5-1 电池管理器线束插头端子图

任务5 动力电池性能故障诊断分析

表 5-1　电池管理器线束说明

元件名称	针脚号	线束颜色/导线编码	线束说明			
电池管理器	BK45(A)/28		◎CAN_H	◎CAN_L	◎电源线	◎接地线
	BK45(B)/1		◎CAN_H	◎CAN_L	◎电源线	◎接地线
	BK45(B)/2		◎CAN_H	◎CAN_L	◎电源线	◎接地线
	BK45(B)/8		◎CAN_H	◎CAN_L	◎电源线	◎接地线
	BK45(B)/16		◎CAN_H	◎CAN_L	◎电源线	◎接地线
	BK45(B)/17		◎CAN_H	◎CAN_L	◎电源线	◎接地线
	BK45(B)/28		◎CAN_H	◎CAN_L	◎电源线	◎接地线

注：请学员参阅维修手册和电路图填写。

2)电池管理器动力CAN总线电压的检测

(1)操作启动开关使电源模式至ON状态，使用数字万用表_____挡，对万用表进行校零。

(2)校零后选择_____挡，将万用表红表笔插入电池管理器_____号端子上，黑表笔连接电源接地，进行测量。

(3)读取数值，此数值即为电池管理器动力CAN_H线电压。

(4)万用表红表笔插入电池管理器_____号端子上，黑表笔连接电源接地，进行测量。

(5)读取数值，此数值即为电池管理器动力CAN_L线电压。

(6)将测试值与标准值比较，判断电池管理器动力CAN总线电压是否正常。

(7)取下表笔，复位万用表，操作启动开关使电源模式至OFF状态。

3)电池管理器动力CAN总线终端电阻的检测

(1)断开蓄电池负极。

(2)拔下电池管理器线束插头BK45(B)。

(3)使用万用表红表笔插入电池管理器_____号端子上，黑表笔连接_____号端子，进行测量。

(4)读取数值，此数值即为电池管理器动力CAN总线终端电阻。

(5)将测试值与标准值比较，判断电池管理器动力CAN总线终端电阻是否正常。

(6)取下表笔，复位万用表，恢复电池管理器线束插头。

4.3　电池管理器电源和搭铁端子电压的检测

(1)操作启动开关使电源模式至ON状态。

(2)使用背插针连接电池管理器_____号端子，并连接万用表红表笔，黑表笔接地，进行测量。

(3)读取数值，此数值即为电池管理器常供电源电压。

(4)用背插针连接电池管理器_____号端子，并连接万用表红表笔，黑表笔接地，进行测量。

(5)读取数值，此数值即电池管理器 IG3 电源电压。

(6)校零后选择_____挡，用背插针连接电池管理器_____号端子，并连接万用表红表笔，黑表笔接地，进行测量。

(7)读取数值，此数值即搭铁端子电阻。

(8)将测试值与维修手册标准值比较，判断供电线路是否正常。

(9)取下红黑表笔，复位万用表，操作启动开关使电源模式至 OFF 状态。

4.4 电池管理器电源线路的导通性检测

(1)操作启动开关使电源模式至 OFF 状态，断开蓄电池负极，拔下电池管理器 BK45(A)、BK45(B)线束插头。

(2)取出数字万用表，选择_____挡，将万用表红表笔对应线束插头_____号端子，黑表笔对应_____保险丝下游，进行测量。

(3)读取数值，此数值即为电池管理器(A)常火电源线束电阻值。

(4)将万用表红表笔对应线束插头_____号端子，黑表笔对应_____保险丝下游，进行测量。

(5)读取数值，此数值即为电池管理器(B)常火电源线束电阻值。

(6)将万用表红表笔对应线束插头_____号端子，黑表笔对应_____号保险丝下游，进行测量。

(7)读取数值，此数值即电池管理器 IG3 电源线束电阻值。

(8)将测试值与维修手册标准值比较，判断线路是否正常。

(9)复位万用表，恢复电池管理器 BK45(A)、BK45(B)线束插头，并连接蓄电池负极。

5. 填写考核工单

一、查询并记录车辆信息							
品牌		整车型号		生产日期		行驶里程	
驱动电机型号				额定功率			
动力电池额定电压				额定容量			
车辆识别码							
二、检测过程							
1. 电池管理器的端子信息和标准值分别在维修手册中的＿＿＿＿页。 2. 记录故障代码。 　代码1：＿＿＿＿，含义：＿＿＿＿＿＿＿＿＿＿＿＿ 　代码2：＿＿＿＿，含义：＿＿＿＿＿＿＿＿＿＿＿＿ 　代码3：＿＿＿＿，含义：＿＿＿＿＿＿＿＿＿＿＿＿ 　代码4：＿＿＿＿，含义：＿＿＿＿＿＿＿＿＿＿＿＿							
3. 填写测得的数值： 　电池管理器动力 CAN_H 线电压：＿＿＿＿V；动力 CAN_L 线电压：＿＿＿＿V； 　电池管理器动力 CAN 总线终端电阻：＿＿＿＿Ω； 　电池管理器常供电电压：＿＿＿＿V；IG3 电源电压：＿＿＿＿V。							
4. 绘制电池管理器电源控制原理图，并标注端子信息。 							
5. 与标准值比较是否正常： 　电池管理器动力 CAN 线电压：　　　　　　　　　□是　□否 　电池管理器动力 CAN 总线终端电阻电阻值：　　□是　□否 　电池管理器常供电电压：　　　　　　　　　　　□是　□否 　电池管理器 IG3 电源电压：　　　　　　　　　　□是　□否 　电池管理器电源线束电阻值：　　　　　　　　　□是　□否 　若不正常请分析可能的原因（若正常则不填写）＿＿＿＿＿＿＿							

自我测试

(1) 简述电池管理系统的功用。

(2) 简述电池管理系统的组成。

(3) 简述电池管理器的功用。

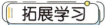

升压充电技术

1. 升压充电技术基本介绍

汉 EV 是比亚迪第一款使用刀片电池的车型,也是所谓高电压平台车型,其电池包额定电压为 570 V,这款车的一个重要卖点就是"升压充电",现有常见快充桩充电电压为 500 V,汉 EV 车内电控可以将电压升高至 600 V 以上,用高电压给电池包充电。

2. 升压充电工作原理

为了解决这个问题,比亚迪采用了电机升压充电架构,即使用了复用驱动系统功率器件组成的升压充电拓扑结构,其原理图如图 5-2 所示。

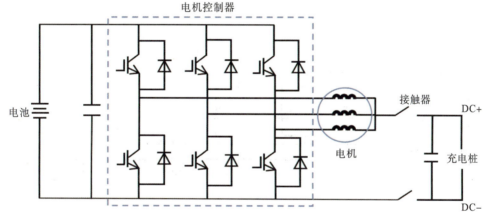

图 5-2 复用驱动系统功率器件组成的升压充电原理图

驱动复用的含义正是如此。比亚迪的充电回路设计得很巧妙,没有将充电桩直流输入的电源 DC+和 DC-直接接到电池包两根直流母线上,而是利用了 IGBT 逆变桥及电机定子绕组,搭出了一个 Boost 升压电路。图中接触器断开时,这就是一个普通的电机驱动回路;接触器闭合时,这就是一个充电回路。这种设计的好处是,三相 IG-BT、续流二极管和电机绕组都可以并联在一起使用,功率足够大,并且不需要额外的散热回路和安装空间。

从原理图中,可以看出直流充电经过了电机控制器然后进入动力电池,其充电回路为直流充电桩(500 V)→直流充电口→车载充电机→电机总成→车载充电机→动力电池。

比亚迪复用驱动系统功率器件组成的升压充电电路工作原理:当使用 500 V 充电桩时,下半桥 IGBT 周期性导通,与上半桥续流二极管及电机绕组形成 Boost 升压电路，为额定 570 V 电池包充电，其充电电路如图 5-3 所示。

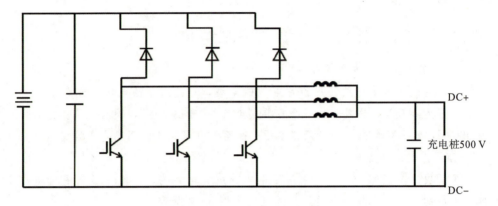

图 5-3　500 V 充电桩充电电路

当使用 750 V 充电桩时，下半桥 IGBT 截止，充电桩电源通过电机绕组及上半桥续流二极管直接为额定 570 V 电池包充电，其充电电路如图 5-4 所示。

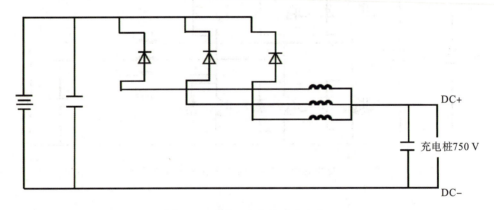

图 5-4　750 V 充电桩充电电路

至于 500 V 充电桩与 750 V 充电桩的切换控制条件，可以通过快充接口的 CAN 总线在充电握手阶段判断。

任务 6

动力电池管理系统部件检测与维修

任务引入

一辆 2018 款吉利帝豪 EV450 电动汽车出现动力电池单体电压过低,动力电池性能下降的故障现象。维修技师通过故障码和数据流信息的分析,怀疑可能是动力电池管理系统控制器有故障,需对动力电池管理系统的控制器进行检测维修。

学习目标

(1)掌握动力电池管理系统的结构组成。

(2)掌握动力电池管理系统的控制功能。

(3)掌握动力电池管理系统的电路特点。

(4)掌握动力电池管理系统组成部件故障的常见故障原因。

(5)掌握动力电池管理系统组成部件故障的检测诊断方法。

(6)能够分析动力电池管理系统的相关电路。

(7)能够合理选择、规范使用工具对动力电池管理系统控制器进行性能检测。

(8)能够按照维修工艺规范对动力电池管理系统控制器进行维修。

(9)增强职业荣誉感和责任感,培养敬业精神及吃苦耐劳、团结合作、严谨细致的工作态度,具有良好的身体素质和心理素质。

(10)通过动力电池管理系统控制器的检测与维修任务的实施培养团队协作精神与精益求精的工作作风。

> 知识准备

6.1 动力电池管理系统的概述

动力电池系统由动力电池、动力电池管理系统、动力电池箱、辅助元器件等组成，如图6-1所示，其中动力电池管理系统（简称BMS）是动力电池的核心技术之一，也是新能源汽车中非常重要的一个电控系统，是一套用来对动力电池进行监测、保护和运行管理的系统。

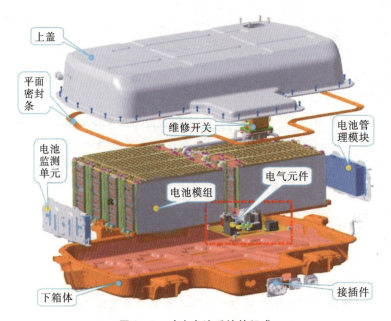

图6-1 动力电池系统的组成

动力电池管理系统通过对动力电池及其单体电池状态进行监测、运算分析、能量控制、均衡控制、故障自诊断等，保持动力电池的正常运行、保证车辆运行的安全和提高动力电池的寿命。动力电池管理系统是动力电池与整车控制器及驾驶员之间的沟通桥梁，向整车控制器（VCU）上报动力电池的各项信息并在仪表上显示出来，动力电池管理系统在整车控制架构中的定位如图6-2所示。

任务6
动力电池管理系统部件检测与维修

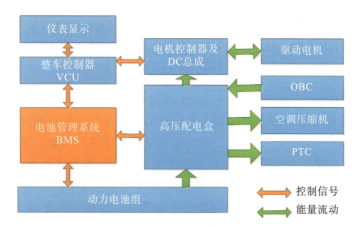

图6-2 动力电池管理系统在整车控制系统中的定位

6.1.1 动力电池管理系统的组成

动力电池管理系统的组成及其架构如图6-3所示,一般包括从控模块(CSC)、主控模块(BMU)、高压配电盒、电流传感器和热管理系统五个部分。集中式动力电池管理系统将从控模块与主控模块集成在一起,成为一个整体。

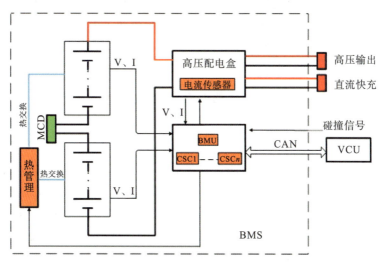

图6-3 动力电池管理系统的组成及其架构

1. 从控模块

单体电池监测电路(cell supervising circuit,CSC)一般做成一个专用的集成数据采集模块,负责对动力电池模组中各单体电池电压、温度和采样线的异常情况进行监测。为了达到动力电池系统布线的最小化,各单体电池的均衡电路也在这个模块中完成。

一个动力电池模组对应一个丛控模块,动力电池包是由多个动力电池模组组成的,因此动力电池管理系统也就需要有多个丛控模块。有些动力电池管理系统将该模块称为电池信息采集器(battery information collector,BIC)。

2. 主控模块

主控模块(battery management unit,BMU;battery management controller,BMC)是动力电池管理系统的大脑,通常集成有动力电池总电压检测、绝缘检测模块,负责收集丛控模块、总电压、总电流、动力电池绝缘性监测的数据,通过CAN总线系统与整车控制器(VCU)、车载充电机(OBC)等进行交互,控制高压配电盒中的继电器等,完成车辆预充、上电、下电和充放电控制。当动力电池存在过电压、欠电压、过热、过电流时,采取安全保护措施。对动力电池SOC、SOH、SOP进行估算,在仪表上显示动力电池SOC状态并对动力电池进行充放电管理和均衡管理。根据电池工作温度、热管理系统温度等信号,对动力电池热管理系统进行控制,确保动力电池安全、高效运行。

3. 高压配电盒

高压配电盒主要包括主正继电器、主负继电器、预充继电器、预充电阻、熔断器等,有些车型还包括充电继电器。高压配电盒的继电器接收控制单元指令,完成整车预充、上电、下电过程,在短路、过热或故障情况下切断动力电池输出。熔断器的额定电压要求大于动力电池系统的最高工作电压,额定电流通常为高压回路最大负载电流的1.5~3倍。

4. 电流传感器

一般动力电池管理系统都设有独立的电流传感器,通常置于高压配电盒内,负责对动力电池工作过程的总电流进行检测。

5. 热管理系统

热管理系统是动力电池管理系统的重要组成部分之一,以锂离子电池为例,理想的工作温度是20~40 ℃,当工作温度低于20 ℃时,随着温度的降低,电池内阻迅速增大,电池的效率及可用于驱动的功率也会迅速降低,0 ℃时,这种低效率差别可达30%,低于-20 ℃时差别更大。工作温度大于40 ℃时,锂离子电池老化加快,寿命下降。经验显示工作温度每升高10 ℃,电池循环寿命减半。如果持续工作温度为40 ℃,预期循环寿命为8年,持续工作温度为50 ℃时,循环寿命只有4年。除此以外,热管理系统还要尽可能确保各单体电池的均匀冷却,一般来说,同一位置单体电池间的温差不得超过5 ℃。

6.1.2 动力电池管理系统的功用

动力电池管理系统BMS的主要功用:数据采集、状态估算、能量管理、安全保护、热管理、数据通信与显示、故障诊断，如图6-4所示。

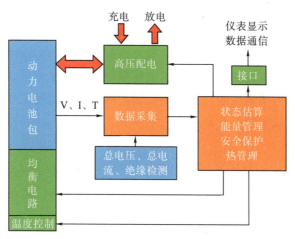

图6-4　动力电池管理系统的主要功用

1. 数据采集

动力电池管理系统所有的控制均源于准确的数据采集，所采集数据包括单体电池电压、温度、总电压、总电流、绝缘电阻、高压互锁信号、碰撞信号、热管理系统进出水口温度等。

单体电池电压采样周期不超过50 ms(20 Hz)，全温度范围内误差不大于±10 mV。温度采集点需要反映单体电池整体温度的实时变化，采集范围为-40～125 ℃，采样周期不大于1 s，全温度范围内采样误差不大于±2 ℃。总电压分别采集动力电池包输出电压和母线电压，总电压的采样周期不大于10 ms，最大误差不超过±5 V。高压母线总电流采样周期不大于10 ms，最大误差不超过±5 A。绝缘电阻值周期性采样高压上电后或充电时母线正负极和整车车身搭铁点间的绝缘电阻值，测量范围为0～5 MΩ，一般采样周期不大于3 s。按照《电动汽车安全要求》(GB 18384—2020)在最大工作电压下，直流电路绝缘电阻应大于等于100 Ω/V，交流电路绝缘电阻应大于等于500 Ω/V。如果直流与交流的B级电压电路可导电地连接在一起，则应满足绝缘电阻大于等于500 Ω/V的要求。动力电池管理系统还对高压接插件的连接可靠性、维修开关及部件开合状态进行高压互锁检测，确保高压系统安全有效。对整车碰撞信号进行检测，这个信号一般来源于安全气囊的硬线信号或CAN总线系统的碰撞信号。动力电池管理系统对所有采集的数据均通过动力CAN总线系统与整车控制器进行交互。

2. 状态估算

状态估算是动力电池管理系统的重要功能之一，通过采集当前动力电池状态、运行工况和充放电的电量信号，对动力电池的SOC、SOH、SOP进行估算，SOC、SOH

估算精度直接影响动力电池的运行效率和使用寿命，一般要求估算误差不超过 5%。SOC、SOH 信息还会与整车控制器交互，并在仪表上进行显示。

3. 能量管理

能量管理主要包括动力电池充放电管理和均衡管理。动力电池管理系统根据动力电池电量状态对充放电过程的电流和电压进行限制，控制充放电功率。动力电池模组中设置有均衡电路，对单体电池进行均衡控制，确保单体电池工作状态的一致性，提高动力电池的整体性能和使用寿命。

4. 安全保护

动力电池管理系统具备动力电池保护功能，当出现过充电、过放电、过热时对动力电池进行限流、限压、下电控制。监测动力电池绝缘故障、高压互锁故障和碰撞信号，切断高压回路，确保人身和高压系统安全。

5. 热管理

锂离子电池对工作温度的要求非常高，动力电池管理系统必须确保动力电池在最佳温度状态下工作，当动力电池工作温度过高时启动制冷系统进行冷却，过低时通过 PTC 加热器进行加热，并在电池工作过程中保持单体电池间温度的一致性。

6. 数据通信与显示

动力电池管理系统具有与整车控制器(VCU)、车载充电机(OBC)及直流充电桩等进行通信的功能。通信方式包括模拟量、PWM 信号和动力 CAN 总线系统，动力 CAN 总线系统的数据传输速率大于等于 500 kbit/s。为了帮助驾驶员及时准确了解电动汽车动力系统的状态，动力电池管理系统还需将温度、SOC 状态和各种警示信息通过仪表进行显示。

7. 故障自诊断

动力电池管理系统具备故障自诊断功能，系统上电后根据动力电池工作状况、采样线通断等情况进行动力电池及其管理系统自身的故障判断和报警，保存故障信息以便快捷地进行故障排查。

6.2 动力电池管理系统的控制功能分析

6.2.1 动力电池状态检测

1. 单体电池电压监测

单体电池电压是动力电池管理系统的重要控制参数，单体电池电压测量精度对 SOC、SOH 的估算准确性至关重要。单体电池电压的检测方法按采集电路不同分为继电器阵列法、恒流源法、隔离运放采集法、压/频转换电路采集法和线性光耦合放大电路采集法。图 6-5 为单体电池电压采集原理图,控制单元 MCU 控制复用器(MUX)接入第 M 根和第 $M+1$ 根采集线,通过采样保留电路(SH)采集单体电池端电压并输送到 A/D 转换芯片,由 A/D 转换芯片将单体电池电压模拟信号转化成数字信号传送,图 6-6 为实车上单体电池电压采集信号线。

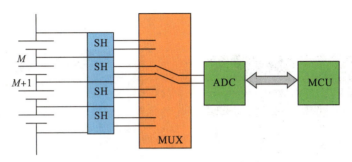

图 6-5 单体电池电压采集原理图

图 6-6 实车上的单体电池电压采集信号线

2. 电池温度监测

电池的工作温度不仅影响电池的性能,而且直接关系到电动汽车使用的安全问题,因此准确采集温度参数是非常重要的。目前使用的电池温度传感器主要有热敏电阻、热电偶两种。

负温度系数热敏电阻成本低,广泛应用于电动汽车动力电池温度采集,图 6-7 为实车上的负温度系数热敏电阻式电池温度传感器。热敏电阻采集法的原理:利用热敏电阻的阻值随温度的变化而变化的特性,用一个定值电阻和一个热敏电阻串联起来构成一个分压器,从而把温度的高低转化为电压信号,再通过 A/D 转换得到温度的数字信息。

3. 电池电流监测

电池的充放电总电流是动力电池管理系统重要的控制参数,电池电流的检测需将电流转换成电压信号进行测量。目前,电动汽车上的电池电流传感器主要采用霍尔效应式电流传感器,如图6-8所示。

图6-7 实车上的热敏电阻式电池温度传感器　　图6-8 电动汽车采用的霍尔效应式电流传感器

霍尔效应式电流传感器是利用霍尔效应原理来检测电流的一种电子元件,可以测量各种类型的电流,从直流电流到交流电流。霍尔效应式电流传感器通过电磁场"感应"得到的电压信号通常较小,只有几个毫伏,因此在输入A/D转换器前,同样需要放大电路来对信号电压进行放大,目前大部分的霍尔效应式电流传感器已将放大电路集成到传感器内部,传感器输出电压信号可直接被利用。

4. 高压绝缘性监测

根据《电动汽车安全要求》(GB 183841—2020),动力电池管理系统必须配备安全监测模块,对高压回路绝缘性进行在线监测。一种高压绝缘性监测系统电路如图6-9所示,包括绝缘测量模块、控制模块(MCU)、绝缘故障报警模块和CAN总线系统通信模块等。绝缘电阻测量模块测量高压母线绝缘性;控制模块处理绝缘测量模块的信息,并根据测量结果发出相应的控制信息;绝缘故障报警模块在系统出现绝缘故障时,警告驾驶员系统检测出该电动汽车存在绝缘故障,应采取相应的保护措施;CAN总线系统通信模块向整车控制器输出系统监测出的绝缘故障信息,用以优化整车控制策略。

绝缘测量模块对高压母线绝缘性检测的方法有漏电电流检测法、低频信号注入法和桥式电阻法(接地检测法)等。绝缘电阻值不小于500 Ω/V为正常,绝缘电阻值为100~500 Ω/V为轻微漏电,绝缘电阻值不超过100 Ω/V为严重漏电。高压回路存在绝缘故障时,动力电池管理系统会上报故障并进行故障警报,严重漏电时,动力电池管理系统还会切断高压回路,确保电动汽车使用人员的安全。

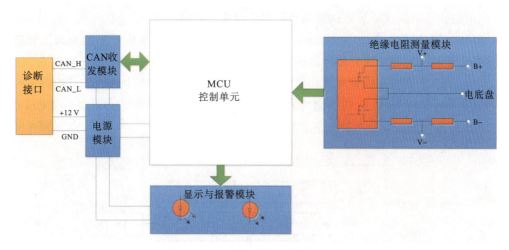

图 6-9　一种高压绝缘性监测电路

图 6-10 为比亚迪 e5 的漏电电流检测法的电路图及直流漏电传感器，直流漏电传感器检测动力电池直流母线负极对地的漏电电流，判断是否存在漏电故障，通过 CAN 总线系统与高压电控总成交互，并向动力电池管理系统控制器发送一般漏电、严重漏电控制信号。直流漏电传感器常用的电流检测元件为霍尔效应式电流传感器。

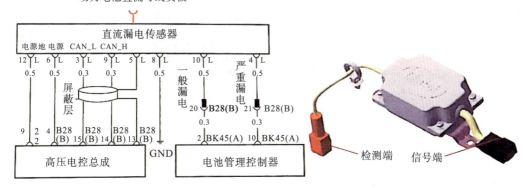

图 6-10　比亚迪 e5 的漏电电流检测法的电路图及直流漏电传感器

5. 高压互锁监测

在 ISO 国际标准《ISO 6469-3：2001 电动汽车安全技术规范第 3 部分：人员电气伤害防护》中，规定电动汽车上的高压部件应具有高压互锁装置。大部分电动汽车上的高压互锁监测功能由动力电池管理系统完成，也有部分车型由整车控制器完成。

电动汽车高压互锁的主要功用如下：

(1)确保高压上电前高压系统的完整性，提高高压系统的安全性。

（2）运行过程中高压回路断开或者完整性受到破坏时，启动安全防护程序。

（3）防止带电插拔高压插接器给高压端子造成拉弧损坏。

高压互锁（high voltage interlock loop，HVIL）就是用低压信号来监测高压回路电气连接完整性与控制功能完整性的回路。某电动汽车高压互锁回路模型图如图6-11所示。该电动汽车高压互锁有两路，其中"VCU→PTC→空调压缩机→VCU"回路不影响整车上高压，但会导致空调不制冷不制热。另一路"VCU→OBC→PDU→DC/DC→VCU"出现故障则会导致车辆无法上高压。

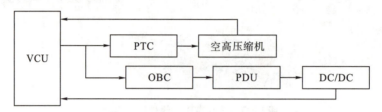

图6-11 某电动汽车高压互锁回路模型

高压互锁通过在高压插接器、维修开关（MSD）、高压部件盒盖中集成的高压互锁两接口等来完成连接状态监测，图6-12为某电动汽车高压插接器的高压互锁接口，当高压插接器插到位后，高压互锁接口闭合；当高压插接器断开后，高压互锁接口断开。

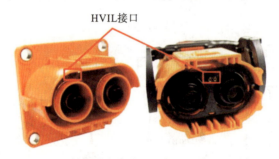

图6-12 某电动汽车高压插接器的高压互锁接口

6. 碰撞信号监测

动力电池管理系统应具备碰撞信号监测功能，能够识别整车发出的碰撞信号，这个碰撞信号是安全气囊发出的硬线信号或是来自CAN总线系统的碰撞信号，动力电池管理系统监测到该信号后，将断开高压继电器、切断高压输出。图6-13为吉利EV450碰撞信号电路图，碰撞传感器信号传给安全气囊控制器ACU，ACU确认碰撞信号后，会在20 ms内给CAN总线系统发送"碰撞解锁和断电信号"，碰撞信号以20 ms为一个周期，共发送3 s。车身控制器和动力电池管理系统连续收到3个以上的信号，就会分别执行解锁和断电功能。在吉利EV450中，动力电池管理系统同时监测安全气囊（ACU）输出的硬线碰撞信号与VCU的碰撞CAN信号，动力电池管理系统就会判断车辆发生碰撞并切断动力电池高压输出。ACU 输出的超信号(硬线信号)线路故障(断路、对地或电源短路)均不会导致动力电池管理系统控制动力电池断电。

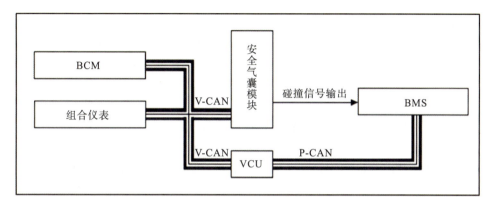

图 6-13 吉利 EV450 碰撞信号电路图

7. 继电器状态监测

高压继电器又称为高压接触器,通过低压电路控制高压回路的通断。继电器烧蚀无法接合会造成动力电池无法正常充放电,继电器粘连不能断开会导致高压无法下电,存在重大安全隐患,因此,动力电池管理系统必须具备继电器状态监测功能。继电器状态检测的方法大同小异,主要通过继电器前后的电压变化来识别继电器的通断状态,继电器状态监测电路如图 6-14 所示。

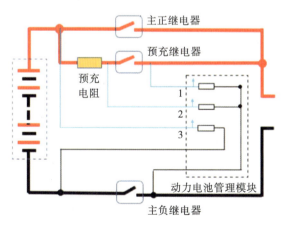

图 6-14 继电器状态监测电路

继电器触点开路检测时,高压供电系统没有上电,监测点 3 电压为动力电池电压。执行上电操作时,主负继电器首先闭合,监测点 2 电压变为动力电池电压,若为 0 V,说明主负继电器触点断开。接着预充继电器闭合,监测点 1 电压变为动力电池电压,若为0 V，说明预充继电器触点断开。之后主正继电器闭合，预充继电器断开。监测点1仍为动力电池电压，若为0 V，说明主正继电器触点开路。高压上电状态时，监测点1、2、3电压均为动力电池电压。

继电器触点粘连检测时，执行下电操作，主正继电器首先打开，监测点1电压应降为0 V，若保持动力电池电压，则主正继电器粘连。主正继电器断开后，主负继电器断开，监测点2电压应降为0 V，若没有降为0 V，主负继电器粘连。

6.2.2 动力电池状态分析

动力电池状态分析是动力电池管理系统的管理核心之一，对于整个动力电池的能量管理、续驶里程预测具有重要的意义。动力电池状态分析包括动力电池荷电状态分析(SOC)、健康状态分析(SOH)、功率状态分析(SOP)、剩余寿命、实时容量等，如图6-15所示。

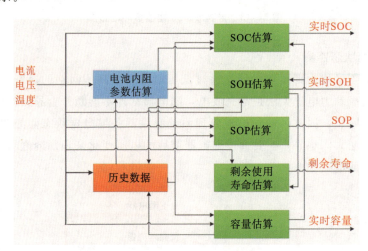

图6-15 动力电池状态项目分析与相互关系

6.2.3 动力电池能量管理

动力电池能量管理主要包括充电管理、放电管理和均衡管理。充电管理指动力电池管理系统与车载充电机或充电桩进行交互，在动力电池充电过程中，对充电电压、充电电流等进行优化控制。放电管理指动力电池管理系统对动力电池放电过程中的状态进行监测，对放电电流等进行控制，发挥动力电池最大效能。例如，当动力电池荷电状态SOC小于10%时，对最大放电电流进行限制，防止电池过放。

动力电池由大量的单体电池通过串联形成，由于单体电池生产工艺、自放电率的先天差异和使用过程中温度、放电倍率不同造成的后天差异，各个单体电池总会有不同程度的不一致性。动力电池的单体电池不均衡会影响动力电池的整体性能。如图6-16所示，由于动力电池的单体电池不均衡，充电时，为防止过充电，达到最高电量单体电池的充电电压时停止充电，导致其余单体电池仍未充满；放电时，为防止过放电，达到最低电量单体电池的放电电压时停止放电，导致其余单体电池电量不能充分利用。动力电池管理系统的均衡控制就是尽量消除单体电池间的不一致性，从而提高动力电池的整体性能和使用寿命。

图 6-16　单体电池不均衡产生的影响

6.2.5　动力电池管理系统通信管理

动力电池管理系统通信包括内部通信与外部通信。动力电池管理系统外部通信主要为主控模块（BMU）与整车控制器（VCU）、电机控制器（MCU）、车载充电机（OBC）的通信，常采用高速率动力 CAN 总线通信方式。BMU 与充电桩的通信采用低速率 CAN 总线通信。电池系统内部的通信主要为主控模块（BMU）与从控模块（CSC）之间的通信，CSC 将实时检测数据向 BMU 上报，如单体过电压/欠电压、通信故障、采样线束断路、单体电池温度过高/过低等，如图 6-17 所示。

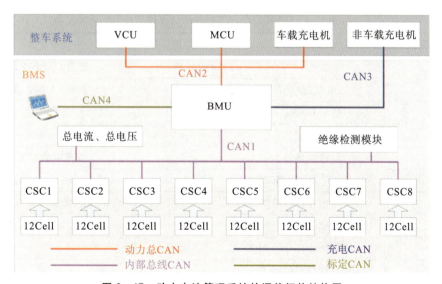

图 6-17　动力电池管理系统的通信拓扑结构图

6.3 动力电池管理系统电路分析

下面以吉利 EV450 动力电池管理系统为例进行其电路分析。

吉利 EV450 动力电池管理系统采用集中式布局，动力电池管理系统控制器集成主控模块(BMU)、从控模块(CSC)、绝缘监测模块、电流监测模块等，与高压配电盒 B-BOX 共同安装在动力电池箱内。动力电池管理系统控制器通过两个低压插接器 CA69、CA70 与外部电路连接。低压插接器 CA69、CA70，如图 6-18 所示，动力电池管理系统控制器插接器的端子定义如表 6-1 所示。

图 6-18 吉利 EV450 动力电池管理系统控制器插接器

表 6-1 吉利 EV450 动力电池管理系统控制器插接器的端子定义

CA69 端子号	端子定义	CA70 端子号	端子定义
1	常电 12 V	1	快充 CCAN_H
2	电源地 GND	2	快充 CCAN_L
3	整车 CAN_H	3	快充 CC2
4	整车 CAN_L	4	快充唤醒
6	碰撞信号	5	快充唤醒 GND
7	点火开关供电(IG2)	11	快充插座负极柱温度＋
9	快充插座正极柱温度＋	12	快充插座负极柱温度－
10	快充插座正极柱温度－		
11	诊断接口 CAN_H		
12	诊断接口 CAN_L		

动力电池管理系统的电路如图 6-19 和图 6-20 所示。

1. 动力电池管理系统控制器电源电路

从图 6-19 可以看出，动力电池管理系统控制器的电源电路有两路。一路由低压蓄电池通过 EF01(10A) 熔丝给 CA69/1 端子供电，此为常供电电源；另一路是 IG2 电源，是动力电池管理系统控制器的唤醒电源。为了节约电能，当动力电池在一定时间内接收不到任何操作信息时，将进入休眠状态，若想唤醒动力电池管理系统控制器，当把点火开关打到"ON"挡或接收到充电唤醒信号时，车身控制器 BCM 控制前机舱熔丝继电器盒中的 IG2 继电器闭合，通过 IF18(10 A) 熔丝给 CA69/7 端子供电，唤醒动力电池管理系统。常供电电源与唤醒电源均通过 CA69/2 端子接地形成回路。

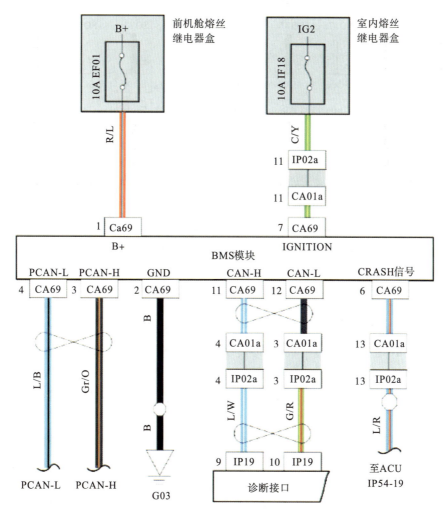

图 6-19 吉利 EV450 动力电池管理系统的电路图 1

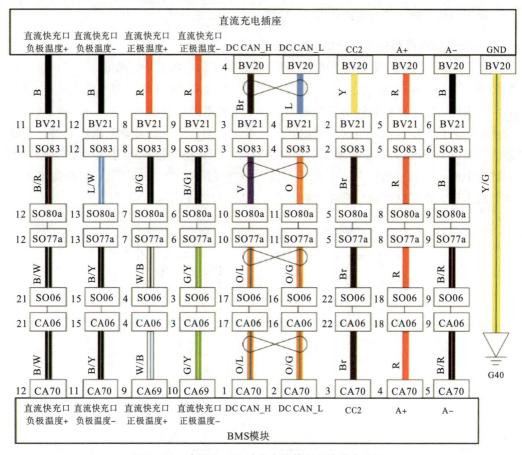

图6-20 吉利EV450动力电池管理系统的电路图2

2. CAN总线系统

动力电池管理系统连接有三路CAN总线系统，分别是动力CAN总线系统、快充CAN总线系统和诊断CAN总线系统。动力电池管理系统通过CA69/3(CAN_H)、CA69/4(CAN_L)与整车控制器(VCU)、电机控制器(PEU)、车载充电机(OBC)、减速器(TCU)等组成动力CAN总线系统，动力CAN总线系统的数据传输速度为500 kbit/s，120Ω的终端电阻分别在动力电池管理系统控制器和电机控制器内，如图6-21所示。

动力电池管理系统通过CA70/1(CAN_H)、CA70/2(CAN_L)分别与直流充电插座BV20/4、BV20/5连接构成快充CAN总线系统，直流充电时动力电池管理系统与充电桩通过快充CAN总线系统进行通信。

动力电池管理系统通过CA69/11(CAN_H)、CA69/12(CAN_L)分别与OBD诊断接口的IP19/9、IP19/10连接，实现OBD诊断CAN总线通信。诊断CAN总线系统的通信线路有故障时,故障诊断仪与动力电池管理系统控制器无法通信。

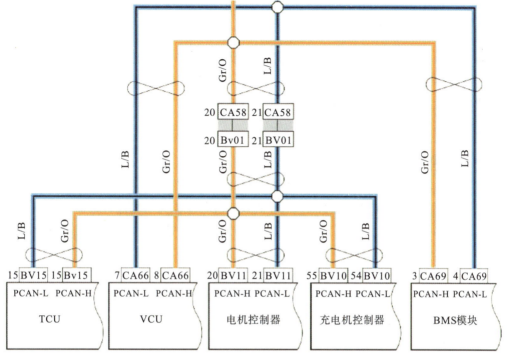

图 6-21 动力电池管理系统控制器连接动力 CAN 总线系统

3. 碰撞信号线

动力电池管理系统通过 CA69/6 与安全气囊 ACU 的 IP54/19 相连,监测车辆发生碰撞时,安全气囊 ACU 传送硬线碰撞信号(PWM 信号)。

4. 直流快充唤醒电源信号

动力电池管理系统通过 CA70/4(A+)、CA70/5(A-)分别与直流充电插座 BV20/8、BV20/9 连接,直流充电枪插入直流充电插座时,给动力电池管理系统提供 12 V 的工作电压,唤醒动力电池管理系统控制器。

5. CC2 直流快充连接确认信号线

动力电池管理系统通过 CA70/3 与直流充电插座 BV20/7 相连,动力电池管理系统控制器通过该信号监测直流充电枪是否连接到车辆直流充电插座上。

6. 直流快充口温度传感器信号

直流充电插座上有两个温度传感器,分别是直流充电口正极温度传感器和负极温度传感器,用于监测直流快充时,充电器正、负极的温度。正极温度传感器由动力电池管理系统的 CA69/9、CA69/10 与直流充电插座 BV21/8、BV21/9 相连。负极温度传感器由动力电池管理系统的 CA70/11、CA70/12 与直流充电插座 BV21/12、BV21/11 相连。

6.4 动力电池管理系统的各组成部件故障分析

动力电池管理系统的各组成部件故障可导致电动汽车无法上电、无法充电等故障。动力电池管理系统常见的组成部件故障：CAN 总线系统通信故障、动力电池管理系统控制器自身故障、单体电池电压采集异常、温度采集异常、电流采集异常、高压绝缘故障、总电压检测故障、高压互锁故障等。

6.4.1 CAN 总线系统通信故障

如图 6-22 所示，吉利 EV450 中动力电池管理系统通过动力 CAN 总线系统与 VCU、OBC 等通信，通过直流快充 CAN 总线系统与直流充电桩进行通信。CAN 总线系统通信故障将导致电动汽车无法上电、无法充电。CAN 总线系统通信故障的常见原因：

(1) CAN 总线对地、对电源短路或 CAN 总线断路、端子退针、虚接等。在保证动力电池管理系统供电电源正常的状态下，可用示波器检测 CAN_H、CAN_L 信号波形，判断 CAN 总线是否导通、是否对地或对电源短路。

(2) CAN 总线系统节点故障。

(3) 动力电池管理系统控制器自身故障。

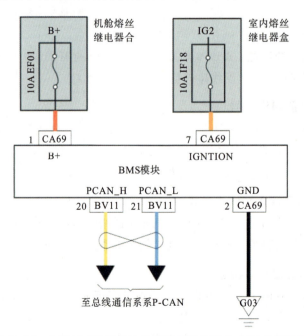

图 6-22　吉利 EV450 动力电池管理系统的动力 CAN 总线系统

6.4.2 动力电池管理系统控制器不能正常工作

动力电池管理系统控制器不工作将导致 CAN 总线系统无法通信、车辆无法上电及无法充电。动力电池管理系统控制器不工作的主要原因：

(1)动力电池管理系统的低压供电电源不正常。应检查低压电源电压是否为 12 V 电压，供电线路熔丝是否熔断。

(2)检查动力电池管理系统控制器插接器连接是否牢靠，是否存在接插件退针或虚接等情况。

(3)检查动力电池管理系统控制器的供电线路是否存在断路、对地短路、虚接。

(4)动力电池管理系统控制器自身故障，分布式动力电池管理系统故障，也可能是从控模块 CSC 故障。

6.4.3 电压采集异常

动力电池管理系统通过从控模块 CSC 采集单体电池电压，单体电池电压过高或过低均会触发动力电池管理系统报警，并实施断电、降低电流、限定功率等措施，表 6-2(以三元锂离子电池为例)为动力电池管理系统 BMS 监测到单体电池电压异常时所采取的措施。

表 6-2　单体电池电压过高或过低警报及措施

名称	电池工作状态	警报	措施
动力电池单体电池电压	放电状态	单节电池电压过低严重报警：<3 V	①大功率设备(主电机、空调压缩机和 PTC)停止放电； ②延迟一定时间切断主正接触器，断开主负接触器； ③仪表灯亮； ④仪表显示报警信息
		单节电池电压过低一般报警：3～3.4 V	①大功率设备(电动机、空调压缩机和 PTC)降低当前电流，限功率工作； ②仪表显示报警信息； ③电压低于一定值时，SOC 修正为 0
	充电状态	单节电池电压过高一般报警：4.1～4.25 V	①禁止动力电池进行充电； ②仪表显示报警信息； ③电压达到一定值时，SOC 修正为 100； ④电动机能量回馈禁止
		单节电池电压过高严重报警：>4.25 V	①延迟一定时间，断开充电接触器，断开主负接触器，禁止充电； ②仪表灯亮； ③仪表显示报警信息

单体电池电压采集异常的可能原因：

(1)单体电池本身存在欠电压或过电压。可将监控电压值与万用表实际测量的电压值对比，如果数值一致则说明单体电池有故障。

(2)采集信号线端子紧固螺栓松动或采集信号线与端子接触不良。螺栓松动或端子接触不良会导致单体电压信号采集不准确，此时可以轻摇采集信号线插接器端子，确认接触不良后，紧固或更换采集信号线。

(3)如果采集电压与实际电压不一致，电压信号采集的从控模块CSC有故障，在集中式动力电池管理系统中则为动力电池管理系统控制器故障。

6.4.4 温度采集异常

电池管理系统通过丛控模块CSC采集动力电池温度，动力电池模组温度过高会导致无法充电、限定电流、限定功率等，温度过低会导致限流、限定功率充电等，见表6-3。

表6-3 电池温度过高或过低警报及措施

名称	电池工作状态	警报	措施
动力电池温度	充放电状态	电池组过热严重报警：>55℃	①充电设备断充电，直到清除报警； ②大功率设备（驱动电机、空调压缩机和PTC）停止用电； ③延迟一定时间切断主正接触器、主负接触器； ④仪表灯亮； ⑤仪表显示报警信息
		电池组过热一般报警：45~55℃	①充电设备降低当前充电电流； ②大功率设备（驱动电机、空调压缩机和PTC）降低当前电流； ③仪表显示报警信息
		电池组低温一般报警：-5~0℃	①限功率充电； ②仪表显示报警信息
		电池组严重低温报警：-10~-5℃	①限功率充电； ②仪表显示报警信息

动力电池温度采集异常的主要原因：

(1)温度传感器故障。

(2)温度传感器相关线路故障。

(3)从控模块CSC或动力电池管理系统控制器自身故障。

对于动力电池采集温度故障，首先通过故障诊断仪读取故障码，看动力电池管理系统控制器是否记录了相关电池温度的故障码；其次可通过故障诊断仪读取动力电池温度状态数据，若动力电池温度异常，则需拆解动力电池模组，测量异常的温度传感器阻值是否与标准值一致，如果不一致，判断温度传感器故障，更换温度传感器。如果一致，检查温度传感器相关线路，如果线路正常，可判断温度采集从控模块CSC故障或动力电池管理系统控制器自身故障。

6.4.5 高压绝缘性故障

发生高压绝缘性故障时，动力电池管理系统按漏电等级采取限定功率、下电等相应的措施，见表6-4。

表6-4 高压绝缘性故障时的警报及措施

电池工作状态	名称	警报	触发条件	措施
充放电状态	碰撞保护	碰撞故障	接收碰撞信号	立即断开主正接触器、主负接触器
	动力电池漏电	正常	$R>500\ \Omega/V$	
		一般漏电报警	$100\ \Omega/V<R\leqslant 500\ \Omega/V$	仪表灯亮，报动力系统故障
		严重漏电报警	$R\leqslant 100\ \Omega/V$	行车中：仪表灯亮，立即断开主正接触器、主负接触器。 停车中： ①禁止上电； ②仪表灯亮，报动力系统故障。 充电中： ①断开交流充电接触器、主负接触器； ②仪表灯亮，报动力系统故障

高压绝缘性故障的主要原因：

(1) 高压器件漏电。

(2) 高压线路或连接器破损。

(3) 动力电池箱进水或电池漏液。

(4) 绝缘检测线路故障。

(5) 动力电池管理系统控制器故障，绝缘误报。

排除高压绝缘性故障时，需要利用绝缘测试仪分别测量动力电池高压器件与车身搭铁点之间的绝缘电阻值，绝缘电阻值应大于20 MΩ。如果绝缘电阻值低于标准值，根据情况进行维修或者更换。也可以采用隔离法诊断此类故障，首先将高压互锁信号线人为短接，在保证高压插头断开的情况下，动力系统的高压还能正常输出，然后分别断开相关的高压线路和高压器件，用绝缘测试仪或故障码、数据流查看漏电警报是否消除。

6.4.6　总电压检测故障

(1)总电压检测与动力电池母线实际输出电压不一致的可能原因：采集信号线与端子间松动或脱落，高压插接器松动，维修开关连接不牢靠等。检查总电压采集信号线检测线路，发现连接不可靠，进行紧固或更换。检查高压回路是否存在连接不良、绝缘故障。

(2)动力电池管理系统控制器自身故障：在对比实际总压与动力电池管理系统监控总压不一致，检测线路正常的情况下，动力电池管理系统控制器故障。

6.4.7　电流显示异常

动力电池管理系统监测动力电池总电池，当动力电池出现过流时，动力电池管理系统将采取限流、限定功率、下电、停止充电等措施，见表6-5。

表6-5　动力电池管理系统过流时的警报及措施

名称	警报	电池工作状态	措施
动力电池	过流报警	电池放电电流	①要求大功率用电设备(电动机、空调压缩机和PTC)降低电流，限功率工作；②如果在过流报警发出后，电流依然在过流状态并持续10 s，断开主正、主负接触器，禁止放电
		电池充电电流	电流在过流状态持续10 s，断开充电接触器，禁止充电
		回馈充电电流	①要求电机控制器限制回馈充电电流；②如果发出过流报警后，电流依然处于过流状态并持续10 s，断开主正、主负接触器

动力电池管理系统电流显示异常的主要故障原因：

(1)电流采集信号线未正确连接，此时会导致电流正负颠倒，更换即可。

(2)电流采集信号线连接不可靠。首先确定高压回路有稳定电流，而当监控电流波动较大时，检查分流器两端电流采集线，发现螺栓松动应立即进行紧固。

(3)检测端子表面氧化情况。首先确定高压回路有稳定电流，当监控电流远低于实际电流时，检测端子或螺栓表面是否有氧化层，有则对其表面进行处理。

(4)动力电池管理系统控制器自身故障。

任务实施

1. 作业说明

一辆 2018 款吉利帝豪 EV450 电动汽车出现动力电池单体电压过低，动力电池性能下降的现象。维修技师通过分析故障码和数据流信息，怀疑故障可能出现在动力电池管理系统控制器中，需对动力电池管理系统控制器进行检测维修。

2. 技术标准与要求

动力电池管理系统控制器线束插接器 CA69/1 与车身搭铁之间的电压标准	
动力电池管理系统控制器线束插接器 CA69/7 与车身搭铁之间的电压标准	
动力电池管理系统控制器线束插接器 CA69/2 与车身搭铁之间的电阻标准	

注：请学员查阅维修资料后填写。

3. 设备器材

(1)设备与零件总成。

_____

_____

(2)常用工具。

_____

_____

(3)耗材及其他。

_____

_____

注：请学员根据场地实际设备器材填写。

4. 作业流程

(1)场地布置、铺设防护四件套、检查安全防护用具和仪表工具、测量绝缘地垫绝缘电阻。

(2)登记测量基本信息。

(3) 车辆的基本检查。
(4) 故障现象确认，读取故障码及数据流。
(5) 检查动力电池管理系统供电电源熔丝是否熔断、是否对地短路。
(6) 检查动力电池管理系统控制器线束插接器侧电源电压。
(7) 检查动力电池管理系统控制器线束插接器侧搭铁端子导通性。
(8) 故障恢复并验证。

自我测试

(1) 简述动力电池管理系统不同 SOC 估算方法的原理及其优缺点。

(2) 分析动力电池管理系统常见组成部件故障的故障原因。

(3) 分析吉利帝豪 EV450 动力电池管理系统电路。

5. 填写考核工单

一、查询并记录车辆信息					
品牌		车辆识别 VIN 码		生产日期	
动力电池型号 及额定容量		驱动电机型号 及额定功率		行驶里程/km	
二、进行基本检查					
项目		检查结果		结果判断	
蓄电池电压				正常□ 异常□	
高压部件及其插接器连接情况				正常□ 异常□	
低压部件及其插接器连接情况				正常□ 异常□	
三、进行动力电池管理系统控制器故障诊断，记录故障现象、相关信息及诊断过程					
1. 读取和清除动力电池管理系统控制器相关故障码并读取数据流					
故障现象					
故障码					
相关数据流					
2. 查询动力电池管理系统控制器的维修手册与电气原理图					
动力电池管理系统控制器线束 插接器针脚定义					
3. 动力电池管理系统控制器故障原因分析					
可能故障原因分析		□供电电源熔丝 □电路线束 □控制器搭铁 □其他			
4. 检测动力电池管理系统控制器供电电源熔丝是否熔断和是否对搭铁短路					
项目		检查结果		结果判断	
电源熔丝 EF01 的电阻				正常□ 异常□	
电源熔丝 IF18 的电阻				正常□ 异常□	
电源熔丝 EF01 的插座端子与车身搭 铁之间的电阻				正常□ 异常□	
电源熔丝 IF18 的插座端子与车身搭 铁之间的电阻				正常□ 异常□	
5. 检测动力电池管理系统控制器的供电线路和搭铁线路					
项目		检查结果		结果判断	
动力电池管理系统控制器线束插接器 CA69/1 与车身搭铁之间的电压				正常□ 异常□	

新能源汽车动力驱动电机电池技术

动力电池管理系统控制器线束插接器CA69/7与车身搭铁之间的电压	正常☐ 异常☐
动力电池管理系统控制器线束插接器CA69/2与车身搭铁之间的电阻	正常☐ 异常☐

6. 故障恢复并验证	
项目	结果判断
仪表显示是否正常	是☐ 否☐
整车能否上电	能☐ 不能☐
动力电池能否交流慢充充电	能☐ 不能☐
连接故障诊断仪，读取故障码，是否还存在故障码	是☐ 否☐

拓展学习

动力电池管理系统控制器的 FPC 应用

柔性电路板（FPC，flexible printed circuit）是以柔性覆铜板为基材制成的一种电路板，具备配线组装密度高、弯折性好、轻量化、工艺灵活等特点。随着汽车电动化、智能化发展，FPC 弯折性、减重、自动化程度高等方面的优势进一步体现，FPC 在车载领域的用量不断提升，应用涵盖车灯、显示模组、BMU/VCU/MCU 三大动力控制系统、传感器、高级辅助系统等相关场景。动力电池管理系统控制器用 FPC 已经在新上市的新能源汽车车型中得到广泛应用，如图 6-23 所示。

图 6-23 FPC 柔性电路板在动力电池管理系统控制器中的应用

采集信号线是新能源汽车动力电池管理系统控制器所需配备的重要部件，具有监控动力电池单体电池的电压和温度，连接数据采集和传输并自带过流保护，保护单体电池异常短路自动断开等功能。动力电池的采集信号线采用传统铜线线束时，常规线束由铜线外部包围塑料而成，连接电池包时每一根线束到达一个电极，当动力电池包电流信号很多时，需要很多根线束配合，对空间的挤占大。动力电池包装配环节，传统线束依赖工人手工将端口固定在电池包上，自动化程度低。相较铜线线束，FPC 由于其高度集成、超薄厚度、超柔软度等特点，在安全性、轻量化、布局规整等方面具备突出优势，此外 FPC 厚度薄，电池包结构定制，装配时可通过机械手臂抓取直接放置电池包上，自动化程度高，适合规模化大批量生产。

利用 FPC 替代传统的动力电池管理系统布线，如图 6-24 所示，既保证了性能的稳定，同时也可以减少了上盖摩擦的风险，这也是目前各家的主流做法，甚至从长远看，主板和从板的电路都可以用芯片替代，而芯片可以装在 FPC 上，能够最大程度提高产品的稳定性、节省空间和降低成本。

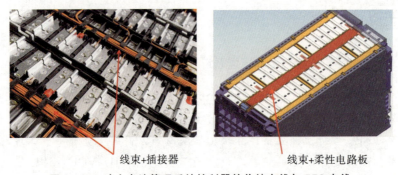

线束+插接器　　　　　　线束+柔性电路板

图 6-24　动力电池管理系统控制器的传统布线与 PFC 布线

任务 7

动力电池管理系统故障诊断分析

任务引入

一辆 2018 款吉利 EV450 电动汽车出现仪表故障灯点亮,显示"电量不足,请及时充电",但车辆无法上电、无法充电的故障现象。通过故障码和数据流信息的分析,怀疑可能是动力电池管理系统有故障。作为一名维修技师,请你对动力电池管理系统进行故障的检测诊断与排除。

学习目标

(1) 掌握动力电池管理系统仪表板故障指示灯的含义。

(2) 掌握动力电池管理系统故障级别分类。

(3) 掌握动力电池管理系统故障级别的名称与编码。

(4) 掌握动力电池管理系统故障分类。

(5) 掌握动力电池管理系统故障的检测方法。

(6) 能够合理选择、规范使用仪器设备对动力电池管理系统进行故障的检测与诊断。

(7) 能够按照维修工艺规范对动力电池管理系统的故障进行排除。

(8) 增强职业荣誉感和责任感,培养敬业精神和吃苦耐劳、团结合作、严谨细致的工作态度,具有良好的身体素质和心理素质。

(9) 通过动力电池管理系统常见故障的检测诊断与排除任务的实施,培养规范的操作流程,培养遵守规范、爱岗敬业、严谨科学的职业精神。

> 知识准备

7.1 仪表板故障指示灯的含义

动力电池管理系统 BMS 出现故障时，仪表盘通常会点亮故障指示灯，相关的指示灯含义见表 7-1。

表 7-1 仪表盘动力电池和充电系统故障指示灯

指示灯图标	指示灯颜色	指示灯含义	指示灯亮起条件
	黄色	动力电池充电提醒（电量不足报警）	点火，当电量低于 30% 时，动力电池充电提醒灯点亮。高于 35%，动力电池充电提醒灯熄灭
	红色	动力电池故障	点火状态下动力电池故障
	红色	动力电池切断	点火状态下，动力电池切断
	红色	充电线连接	充电线连接（充电口盖开启）
	红色	动力电池绝缘电阻低	点火状态下，动力电池绝缘电阻低

7.2 动力电池管理系统的故障类型

动力电池管理系统虽然在设计中采取了许多安全、可靠的方案，但并不能做到万无一失。系统在长时间使用中，由于连接导线、元件、器材的材质性能和产品质量的差异，焊接、安装工艺及使用条件，维护保养水平和自然界客观因素影响等，都有可能产生故障或影响正常工作。

1. 设计失误故障

设计失误故障指的是设计过程中由于方案对接未明确、策略细节不严谨等原因，造成动力电池管理系统不能正常、安全地工作。该类故障一般有一段时间的潜伏期，当出现后需从系统设计角度整体考虑解决方案。

2. 电器元件故障

电器元件故障是指动力电池管理系统中电器元件因自身质量、使用不当、使用损耗等原因，造成电池停止工作。该类故障一般只需要更换相应的电器元件即可恢复。电器元件包括继电器、熔断器、传感器及其线束等。

3. 动力电池管理系统硬件故障

动力电池管理系统硬件故障是指供电故障、通信故障或动力电池管理系统的主控模块、从控模块硬件损坏等造成的系统数据异常或不工作。动力电池管理系统控制器故障只能更换控制器。

4. 动力电池管理系统软件故障

动力电池管理系统软件故障是指动力电池管理系统由于程序设计有误，导致出现误动作、误报故障、误发数据等一系列问题，造成整个动力电池系统工作紊乱，该故障存在较大安全隐患，需对软件进行升级及优化。

5. 电池模组故障

电池模组故障是指由于电池模组自身批次、质量等其他原因，造成的动力电池系统绝缘不良、单体异常、压差过大、温度异常等一系列故障。该类故障需要更换对应电池模组。

6. 其他故障

该类故障在后期运行过程中较少出现，一般有钣金件锈蚀、高低压线束老化、人为故障等。

7.3 动力电池管理系统故障级别

1. 动力电池管理系统故障级别的分类

根据故障对整车的影响，动力电池管理系统故障划分为三个等级：

（1）一级故障（非常严重）。动力电池上报该故障一段时间后会出现安全事故，如起火、爆炸、触电等。动力电池在正常工作下不会上报该故障，动力电池管理系统一旦上报该故障表明动力电池处于严重滥用状态。

（2）二级故障（严重）。动力电池上报该故障时，整车进入跛行、暂时停止能量回馈、停止充电状态。动力电池正常工作下不会上报该故障，动力电池管理系统一旦上报该故障，表明动力电池某些硬件出现故障或动力电池处于非正常工作的条件下。

（3）三级故障（轻微）。动力电池上报该故障对整车无影响或整车进入不同程度的限功率行驶状态。动力电池正常工作状态下可能上报该故障，动力电池管理系统一旦上报该故障表明动力电池处于极限环境温度下或单体电池一致性出现一定劣化等。

2. 动力电池管理系统故障级别的名称和编码

不同级别的故障，有对应的故障名称、故障编码及对整车的影响。各故障级别中，相同的故障名称，根据故障程度级别不同，以不同的故障代码区分。另外，不同批次车辆，相同的故障名称不同故障编码，以诊断仪显示的编码和解释为准。

（1）一级故障名称和编码对照表见表 7-2。

表 7-2 一级故障名称和编码对照表

故障名称	故障代码	对整车的影响
单体电池电压过低	P0004	行车模式：电池放电电流降为 0 A，断高压，无法行车； 车载充电：请求停止充电/停止加热，主正、主负继电器断开； 直流快充：动力电池管理系统发送终止充电，主正、主负继电器断开
电池外部短路（放电过流）	P0006	
电池温度过高	P0007	
电池内部短路	P0014	

（2）二级故障名称和编码对照表见表 7-3。

表 7-3 二级故障名称和编码对照表

故障名称	故障代码	对整车的影响
单体电池电压欠压	P0269	行车模式：限功率至放电电流 25 A
动力电池管理系统内部通信故障	P0279	行车模式：限功率至放电电流 25 A，"最大允许充电电流"调整为 0 A； 充电模式：发送请求停止充电，如果上报故障后 2 s 内未收到响应，动力电池管理系统主动断开高压继电器或加热继电器
动力电池管理系统硬件故障	P0284	
动力电池管理系统与车载充电机通信故障	P0283	车载充电模式：请求停止充电，或请求停止加热，如果上报故障后 2 s 内未收到响应，动力电池管理系统主动断开高压继电器或加热继电器
电池温度过高	P0258	行车模式：限功率至放电电流 25 A，"最大允许充电电流"调整为 0 A
绝缘电阻过低	P0276	行车模式：限功率至放电电流 25 A，"最大允许充电电流"调整为 0 A； 充电模式：发送请求停止充电，如果上报故障后 2 s 内未收到响应，动力电池管理系统主动断开高压继电器或加热继电器
加热元件故障	P0281-1	充电模式：请求停止加热，如果上报故障后 2 s 内未收到响应，动力电池管理系统主动断开加热继电器

(3)三级故障名称和编码对照表见表7-4。

表7-4 三级故障名称和编码对照表

故障名称	故障代码	对整车的影响	恢复条件
电池温度过高	P1043	行车模式：放电功率降为当前状态的50%	重新上电
绝缘电阻过低	P1047	上报不处理	
电池电压不均衡	P1046	行车模式：放电功率降为当前状态的40%	
单体电池电压欠压	P1040		
电池温度不均衡	P1045	上报不处理	
放电过流	P1042	行车模式：放电功率降为当前状态的50%	

7.4 动力电池管理系统故障检测方法

动力电池管理系统故障的原因和故障现象虽然繁杂，但可以按照一定的方法对其进行分类了解常用的检测方法，以便对电池系统的故障进行分析和处理。

1. 直接观察法

直接观察法包括眼看、耳听、鼻闻、手摸等方式；可以通过最直观的方式判断出电池系统的故障点。

2. 拔插法

采样线束、通信线束等一些插件接触不良、松动，可以将这些插件拔出来后再重新插入，大多数情况下可排除因安装、接触不良引起的系统故障。

3. 替换法

替换法是一个比较简单、高效的检测电池系统故障的方法。该方法适用于电器元件的损坏、动力电池管理系统的硬件损坏、电池组故障、高低压线束接触不良等故障，如果故障现象不明显，直接替换关键零部件，测试判断具体故障原因。如单体数据异常，可通过替换采样线束或相应采样板进行直接判断。

4. 比较法

对于一些比较难排除故障的电池系统，为了确定故障部位，可以使用相同车型的另一辆车作比较。当怀疑某些部件有故障时，可分别测试两辆车的相同测试点。比较法的优点是能够通过比较确定大概的故障排查方向。

5. 程序诊断法

对于一些较难分析故障原因的车辆，可通过相应上位机记录测试数据，或者编写测试程序,以此来分析具体故障点,达到排除故障的目的。

7.5 动力电池管理系统故障诊断流程

1. 动力电池管理系统电源故障诊断与排除

1)故障现象

踩下制动踏板,把点开关打到"ON"挡,仪表动力电池电量低指示灯、动力电池故障指示灯、动力系统故障指灯点亮,READY 灯不亮,仪表显示"电量不足,请及时充电",整车无法上电、无法充电,如图 7-1 所示。

图 7-1 动力电池管理系统电源故障仪表显示

2)故障诊断流程

故障诊断步骤如表 7-5 所示。

表 7-5 吉利 EV450 动力电池管理系统电源故障诊断步骤

步骤	操作内容与步骤		结果
1	利用故障诊断仪读取动力电池管理系统的故障码		
	A	连接故障诊断仪,将点火开关置于"ON"挡	
	B	读取动力电池管理系统的故障码	U011287、U110000、110400;与 BMS 通信丢失
2	检查蓄电池电压		
	A	测量蓄电池电压,标准为 11~14 V	
	B	确认电压是否符合标准	否,蓄电池充电或更换
3	检查动力电池管理系统的供电电源熔丝 EF01 和 IF18 是否熔断		否,转入步骤 5

续表

步骤	操作内容与步骤		结果
4	检修熔丝 EF01 和 IF18 线路		
	A	检查熔丝 EF01 和 IF18 线路是否有对地短路现象	
	B	进行线路维修，确认没有线路对地短路故障	
	C	按额定电流值更换熔丝，EF01 10A、IF18 10A	
	D	确认动力电池管理系统是否工作正常	是，系统正常，结束
5	检查动力电池管理系统控制器线束插接器（端子电压）		BMS控制器线束插接器CA69
	A	将点火开关置于"OFF"挡，拆下蓄电池负极	
	B	断开动力电池管理系统控制器线束插接器 CA69	
	C	连接蓄电池负极，将点火开关置于"ON"挡	
	D	测量线束插接器 CA69/1、CA69/7 对车身接地电压（标准为 11~14 V）	
	E	确认电压是否符合标准	否，修理或更换线束
6	检查动力电池管理系统控制器线束插接器接地端子导通性		BMS控制器线束插接器CA69
	A	将点火开关置于"OFF"挡	
	B	测量线束插接器 CA69/2 与车身接地电阻（标准为小于 1 Ω）	
	C	确认电阻是否符合标准	否，修理或更换线束
7	更换动力电池管理系统控制器		
	A	更换动力电池管理系统控制器	
	B	将点火开关置于"ON"挡，确认故障是否排除	是，系统正常，结束

2. 吉利 EV450 动力电池管理系统通信故障的检测诊断与排除

1）故障现象

车辆出现无法上电、无法充电故障。

2）故障诊断流程

故障诊断步骤如表 7-6 所示。

表 7-6 吉利 EV450 动力电池管理系统通信故障诊断步骤

步骤	操作内容与步骤		结果
1	利用故障诊断仪读取动力电池管理系统的故障码		
	A	连接故障诊断仪,将点火开关置于"ON"挡	
	B	读取动力电池管理系统的故障码	U111487:与整车控制器通信丢失
2	检查蓄电池电压		
	A	测量蓄电池电压,标准为 11~14 V	
	B	确认电压是否符合标准	否,蓄电池充电或更换
3	检查动力电池管理系统供电电源熔丝 EF01 和 IF18 是否熔断		否,转入步骤 5
4	检修熔丝 EF01 和 IF18 线路		
	A	检查熔丝 EF01 和 IF18 线路是否有对地短路现象	
	B	进行线路维修,确认没有线路对地短路故障	
	C	按额定电流值更换熔丝,EF01 10A、IF18 10A	
	D	确认动力电池管理系统是否工作正常	是,系统正常,结束
5	检查动力电池管理系统控制器线束插接器(端子电压)		BMS控制器线束插接器CA69
	A	将点火开关置于"OFF"挡,拆下蓄电池负极	
	B	断开动力电池管理系统控制器线束插接器 CA69	
	C	连接蓄电池负极,将点火开关置于"ON"挡	
	D	测量线束插接器 CA69/1、CA69/7 对车身接地电压(标准为 11~14 V)	
	E	确认电压是否符合标准	否,修理或更换线束
6	检查动力电池管理系统控制器线束插接器接地端子导通性		BMS控制器线束插接器CA69
	A	将点火开关置于"OFF"挡	
	B	测量线束插接器 CA69/2 与车身接地电阻(标准为小于 1 Ω)	
	C	确认电阻是否符合标准	否,修理或更换线束

续表

步骤		操作内容与步骤	结果
7		检查动力电池管理系统控制器与VCU之间线束插接器的数据通信线	BMS模块 PCAN_L PCAN_H 4 CA69 3 CA69 8 CA66 7 CA66 PCAN_H PCAN_L VCU
	A	将点火开关置于"OFF"挡	
	B	将蓄电池负极电缆拆下，等待90 s	
	C	断开动力电池管理系统控制器线束插接器CA69	
	D	断开VCU线束插接器CA66	VCU线束插接器CA66
	E	测量动力电池管理系统控制器线束插接器CA69/3与VCU插接器CA66/8之间的电阻（标准为小于1 Ω）	
	F	测量动力电池管理系统控制器插接器CA69/4与VCU插接器CA66/7之间的电阻（标准为小于1 Ω）	
	G	确认电阻是否符合标准	否，修理或更换线束
8		更换动力电池管理系统控制器	
	A	更换动力电池管理系统控制器	
	B	将点火开关置于"ON"挡，确认故障是否排除	是，系统正常，结束

3. 吉利EV450动力电池管理系统碰撞信号故障的检测诊断与排除

1）故障现象

踩下制动踏板，将点火开关置于"ON"挡，仪表中安全气囊故障指示灯和故障提醒警告灯亮起，同时READY指示灯亮起，车辆上电正常，如图7-2所示。踩下制动踏板，操纵变速杆，能进入D位，松开制动踏板，车辆能正常行驶。

图7-2 吉利EV450动力电池管理系统碰撞信号故障仪表显示

2）故障诊断流程

故障诊断步骤如表7-7所示。

表7-7 吉利EV450动力电池管理系统碰撞信号故障检测诊断步骤

步骤	操作内容与步骤		结果
1	利用故障诊断仪读取动力电池管理系统的故障码		
	A	连接故障诊断仪，将点火开关置于"ON"挡	
	B	读取动力电池管理系统的故障码	B10A1：碰撞输出信号对地短路或开路
2	查阅电路图		
	A	查阅电路图	
	B	分析可能故障原因，制订检测步骤	故障原因： ①BMS故障；②BMS与ACU连接线路故障；③ACU故障
3	利用示波器检查碰撞信号电压波形		仪表线束接前机舱线束插接器IP02a
	A	将点火开关置于"OFF"挡	
	B	断开动力电池管理系统控制器与ACU线束中间插接器IP02a	
	C	选择示波器通道1，设置合适量程（幅值为5 V/div，周期为10 ms）	
	D	将点火开关置于"ON"挡，测量IP02a/13与车身搭铁之间的信号电压波形	
	E	判断碰撞信号波形是否正常	正常，转入步骤8

续表

步骤		操作内容与步骤	结果
4		检查 ACU 与中间插接器 IP02a 之间线路断路故障	
	A	将点火开关置于"OFF"挡，拆下蓄电池负极	
	B	断开 ACU 线束插接器 IP54	IP54安全气囊控制模块线束插接器A
	C	测量 IP02a/13 与 IP54/19 之间的电阻（标准为小于 1 Ω）	
	D	确认电阻是否符合标准	否，修理或更换线束
5		检查 ACU 与中间插接器 IP02a 之间线路对车身搭铁短路故障	
	A	测量 IP02a/13 与车身搭铁之间的电阻（标准为无穷大）	
	B	确认电阻是否符合标准	否，修理或更换线束
6		检查 ACU 与中间插接器 IP02a 之间线路对电源短路故障	
	A	测量 IP02a/13 与车身搭铁之间的电压（标准为 0 V）	
	B	确认电压是否符合标准	否，修理或更换线束
7		检查动力电池管理系统控制器线束插接器与中间插接器 CA01a 之间线路断路故障	前机舱线束接仪表线束插接器CA01a
	A	断开动力电池管理系统控制器线束插接器 CA69	
	B	测量动力电池管理系统控制器插接器 CA69/6 与 CA01a/13 之间的电阻（标准为小于 1 Ω）	
	C	确认电阻是否符合标准	否，修理或更换线束
8		检查动力电池管理系统控制器线束插接器与插接器 CA01a 之间线路对车身搭铁短路故障	
	A	测量 CA01a/13 与车身搭铁之间的电阻（标准为无穷大）	
	B	确认电阻是否符合标准	否，修理或更换线束
9		检查动力电池管理系统控制器线束插接器与插接器 CA01a 之间线路对电源短路故障	
	A	测量 CA01a/13 与车身搭铁之间的电压（标准为 0 V）	
	B	确认电压是否符合标准	否，修理或更换线束

续表

步骤		操作内容与步骤	结果
10		更换动力电池管理系统控制器	
	A	更换动力电池管理系统控制器	
	B	将点火开关置于"ON"挡，确认故障是否排除	是，系统正常，结束
11		更换 ACU	是，系统正常，结束

任务实施

1. 作业说明

一辆 2018 款吉利 EV450 电动汽车仪表故障灯点亮，显示"电量不足，请及时充电"，但车辆无法上电、无法充电。通过分析故障诊断仪读取的故障码和数据流信息，怀疑可能是动力电池管理系统有故障。作为一名维修技师，请你对动力电池管理系统故障进行检测诊断与排除。

2. 技术标准与要求

蓄电池电压标准	
动力电池管理系统控制器线束插接器 CA69/1、CA69/7 对车身搭铁之间的电压标准	
动力电池管理系统控制器线束插接器 CA69/2 与车身搭铁之间的电阻标准	
动力电池管理系统控制器线束插接器 CA69/3 与整车控制器 VCU 线束插接器 CA66/8 之间的电阻标准	
动力电池管理系统控制器线束插接器 CA69/4 与整车控制器 VCU 线束插接器 CA66/7 之间的电阻标准	
碰撞信号波形标准	
中间插接器 IP02a/13 与安全气囊控制器线束插接器 IP54IP54/19 之间的电阻标准	
中间插接器 IP02a/13 与车身搭铁之间的电阻标准	
中间插接器 IP02a/13 与车身搭铁之间的电压标准	

动力电池管理系统控制器插接器 CA69/6 与中间插接器 CA01a/13 之间的电阻标准	
中间插接器 CA01a/13 与车身搭铁之间的电阻标准	
中间插接器 CA01a/13 与车身搭铁之间的电压标准	

注：请学员查阅维修资料后填写。

3. 设备器材

(1)设备与零件总成。

_____

_____

(2)常用工具。

_____

_____

(3)耗材及其他。

_____

_____

注：请学员根据场地实际设备器材填写。

4. 作业流程

(1)作业前准备(场地布置、防护装备检查穿戴、仪器设备检查、汽车防护三件套安装)。

(2)记录测量信息。

(3)车辆的基本检查。

(4)确认故障现象，读取故障码和数据流，分析故障范围。

(5)查阅电路图并进行故障原因分析。

(6)用示波器检查碰撞信号电压波形。

(7)检查安全气囊控制模块 ACU 线束插接器 IP54 与中间插接器 IP02a 之间的线路故障。

(8)检查动力电池管理系统控制器线束插接器 CA69 与中间插接器 CA01a 之间的线路故障。

(9)故障恢复并验证。

5. 填写考核工单

一、查询并记录车辆信息				
品牌		车辆识别 VIN 码	生产日期	
动力电池型号 及额定容量		驱动电机型号 及额定功率	行驶里程/km	
二、进行基本检查				
项目		检查结果	结果判断	
蓄电池电压			正常□ 异常□	
高压部件及其插接器连接情况			正常□ 异常□	
低压部件及其插接器连接情况			正常□ 异常□	
三、进行动力电池管理系统故障诊断，记录故障现象、相关信息及诊断过程				
1. 读取和清除动力电池管理系统相关故障码并读取数据流				
故障现象				
故障码				
数据流				
2. 查询动力电池管理系统的维修手册与电气原理图				
动力电池管理系统控制器线束插接器的 相关针脚定义				
安全气囊控制模块 ACU 线束插接器 IP54 的相关针脚定义				
前机舱线束接仪表线束插接器 CA01a 的 相关针脚定义				
3. 动力电池管理系统故障原因分析				
可能故障原因分析		□BMS 故障　　□BMS 与 ACU 连接线路故障 □ACU 故障　　□其他		
4. 用示波器检查碰撞信号电压波形				
项目		检查结果（绘制正常 信号电压波形）	结果判断	
测量 IP02a/13 与车身搭铁之间的信号电 压波形			正常□ 异常□	
5. 检查安全气囊控制模块 ACU 线束插接器 IP54 与中间插接器 IP02a 之间线路故障				

项目	检查结果	结果判断
测量 IP54/19 与 IP02a/13 之间的电阻		正常☐ 异常☐
测量 IP02a/13 与车身搭铁之间的电阻		正常☐ 异常☐
测量 IP02a/13 与车身搭铁之间的电压		正常☐ 异常☐
6. 检查动力电池管理系统控制器线束插接器 CA69 与中间插接器 CA01a 之间线路故障		
项目	检查结果	结果判断
测量 CA69/6 与 CA01a/13 之间的电阻		正常☐ 异常☐
测量 CA01a/13 与车身搭铁之间的电阻		正常☐ 异常☐
测量 CA01a/13 与车身搭铁之间的电压		正常☐ 异常☐
7. 故障恢复并验证		
项目	结果判断	
仪表中安全气囊故障指示灯与故障提醒警告灯是否熄灭	是☐ 否☐	
连接故障诊断仪，读取故障码，是否还存在故障码	是☐ 否☐	

自我测试

(1) 简述动力电池管理系统的故障类型。

(2) 简述动力电池管理系统的故障级别。

(3) 简述动力电池管理系统故障的检测方法。

任务7 动力电池管理系统故障诊断分析

> 拓展学习

wBMS - 无线电池管理系统

ADI 宣布推出业内首款无线电池管理系统（无线 BMS），使汽车制造商能够更加灵活地将电动汽车平台扩展至多种车型实现量产，如图 7-3 所示。作为首款用于量产电动汽车的无线电池管理系统，无线 BMS 将在通用汽车搭载 Ultium 电池平台的量产车辆中首度亮相，图 7-4 为凯迪拉克 LYRIQ 搭载的 wBMS 无线电池管理系统。

图 7-3 无线电池管理系统

图 7-4 凯迪拉克 LYRIQ 搭载的 wBMS 无线电池管理系统

这一系统最大的优势是，ADI 的无线 BMS 免去了使用传统线束的必要，节省了高达 90% 的线束和高达 15% 的电池组体积，提高了设计灵活性和可制造性，同时不会影响电池使用寿命内的里程数和精度。

ADI 公司的无线 BMS 将电源、电池管理、射频通信和系统功能等所有集成电路、硬件和软件整合在单个系统级产品内，通过采用 ADI 公司经过验证的业内领先 BMS 电池单体电芯测量技术，支持 ASIL-D 安全性和模块级安全性。通过提高车辆使用寿命期间的精度，无线 BMS 系统可最大化单体电芯的能量利用率，从而实现优异的车辆续驶里程，并支持安全且可持续的无钴电池化学材料。

任务 8

动力电池控制检测维修

任务引入

某顾客的纯电动汽车出现了无法上高压电的故障,经维修技师综合诊断后,将问题锁定在主继电器和预充继电器上,需要完成继电器的检测任务。

学习目标

(1)掌握动力电池的结构组成。
(2)能够正确进行动力电池的分解和组装。
(3)能够正确进行高压继电器的检测。
(4)能够合理选择和使用工具。
(5)培养团队协作能力。
(6)提高职业认同感和荣誉感。

知识准备

8.1 动力电池系统的结构组成

一个完整的动力电池系统主要由动力电池模组、电池管理系统、辅助元器件及动力电池箱四部分组成,如图 8-1 所示。

新能源汽车动力驱动电机**电池技术**

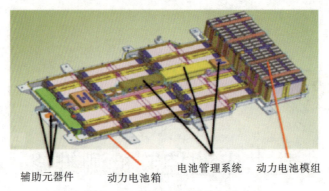

辅助元器件　动力电池箱　电池管理系统　动力电池模组

图 8-1　动力电池系统的组成

8.1.1　动力电池模组

1. 电池单体

电池单体是构成动力电池模块的最小单元（电芯），一般由正极、负极、电解质及外壳等构成。可实现电能与化学能之间的直接转换。

2. 电池模块

电池模块是一组并联的电池单体组合，该组合的额定电压与电池单体的额定电压相等，它是电池单体在物理结构和电路上连接起来的最小分组，可作为一个单元替换。

3. 电池模组

电池模组是由多个电池模块或电池单体串联组成的一个组合体。

8.1.2　电池管理系统

电池管理系统（battery manage system，BMS）由硬件和软件组成，硬件有主控板、从控板及高压盒，还包括采集电压、电流、温度等数据的电子器件；BMS 的软件主要用于监测电池的电压、电流、SOC 值、绝缘电阻值、温度值，通过与整车控制器（VCU）、充电机的通信，来控制动力电池系统的充放电。BMS 是电池保护和管理的核心部件，在动力电池系统中，它的作用就相当于人的大脑。它不仅要保证电池的安全可靠，而且要充分发挥电池的能力和延长电池的使用寿命。作为电池和整车控制器及驾驶人沟通的桥梁，BMS 通过控制接触器控制动力电池组的充放电，并向 VCU 上报动力电池系统的基本参数及故障信息。BMS 通过电压、电流及温度检测等功能实现对动力电池系统的过电压、欠电压、过电流、过高温和过低温保护，以及继电器控制、SOC 估算、充放电管理、均衡控制、故障报警及处理、与其他控制器通信等功能；此外电池管理系统还具有高压回路绝缘检测功能，以及为动力电池系统加热功能。

1. 主控盒

主控盒是一个连接外部通信和内部通信的平台，如图8-2所示，它的主要功能是接收电池管理系统反馈的实时温度和单体电压（并计算最大值和最小值），接收高压盒反馈的总电压和电流情况，与整车控制器通信，与充电机或快充桩通信，控制正主继电器，控制电池加热，唤醒应答，控制充/放电电流。

图8-2　主控盒

2. 高压盒

高压盒，又名绝缘检测盒，作用是监控动力电池的总电压和绝缘性能，如图8-3所示，它的主要功能是监控动力电池的总电压（继电器内外4个监测点）、检测高压系统绝缘性能、监控高压连接情况（含继电器触点闭合状态检查），然后将监控到的数据反馈给主控盒。

3. 电压和温度采集单元

电池电压和温度采集单元的作用是监控动力电池的单体电压、电池组的温度，主要功能是监控每个单体电压、监控每个电池组的温度、电量（SOC）值监测，然后将监控到的数据反馈给主控盒。

图8-3　高压盒

8.1.3　辅助元器件

动力电池的辅助元器件主要包括动力电池系统内部的电子电器元件，如熔断器、继电器、分流器、接插件、紧急开关、烟雾传感器、维修开关及电子电器元件以外的辅助元器件等，如密封条，绝缘材料等。

1. 预充继电器

预充继电器与电阻在充电初期，需闭合预充继电器进行预充电，预充完成后断开预充继电器。预充继电器与电阻如图8-4所示。

图 8-4 预充继电器与电阻

2. 电流传感器与熔断器

电流传感器的类型为无感分流器,如图 8-5 所示,在电阻的两端形成毫伏级的电压信号,用于监测母线充、放电电流的大小。熔断器主要用于防止能量回收时过电压、过电流或放电时过电流,如图 8-6 所示。

图 8-5 电流传感器

图 8-6 熔断器

8.1.4 动力电池箱

动力电池箱是支撑、固定、包围电池系统的组件,主要包含上盖和下托盘,还有辅助元件，如过渡件、护板、螺栓等，动力电池箱有承载及保护动力电池组及电气元件的作用。

1）电池箱的技术要求

电池箱体用螺栓连接在车身底板下方，其防护等级为IP67，螺栓拧紧力矩为80~100 N·m。动力电池的箱体如图8-7所示。整车维护时需观察电池箱体螺栓是否松动，电池箱体是否破损或严重变形，密封法兰是否完整，确保动力电池可以正常工作。

2）外观要求

电池箱体外表面颜色要求为银灰或黑色，哑光；电池箱体表面不得有划痕、尖角、毛刺、焊缝及残余油迹等外观缺陷，焊接处必须打磨圆滑。

图8-7 动力电池的箱体

8.2 常见车型动力电池的参数与结构组成

8.2.1 比亚迪动力电池的参数与结构组成

以比亚迪e6为例，动力电池组由11个动力电池模组，共96节电池单元组成。如图8-8所示，比亚迪e6采用的电池类型是磷酸铁锂（$LiFePO_4$），每个电池单元的单体电压约为3.3 V，利用96节电池单元串联后，可以形成约316.8 V左右的总电压。

注意：$LiFePO_4$（磷酸铁锂）电池的标称电压是3.2 V、终止充电电压是3.6 V、终止放电电压是2.0 V。

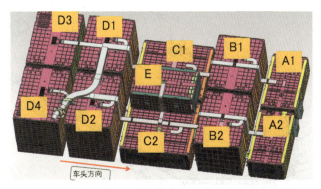

图8-8 比亚迪e6动力电池组总成及电池模组位置

在e6的动力电池组总成中，可以分别对11个电池模组进行标记和命名，即A1、A2、B1、B2、C1、C2、D1、D2、D3、D4和E，其中：

A1、A2、E——每个电池模组由4个电池单元串联；

B1、B2——每个电池模组由 10 个电池单元串联；

C1、C2——每个电池模组由 8 个电池单元串联；

D1、D2、D3、D4——每个电池模组由 12 个电池单元串联。

8.2.2 吉利帝豪 EV450 动力电池的参数与结构组成

以吉利帝豪 EV450 为例，其动力电池的参数见表 8-1。

表 8-1 吉利帝豪 EV450 动力电池参数表

项目	参数
标称容量/(A·h)	150
标称电压/V	346
工作电压范围/V	266～408.5
总能量/(kW·h)	51.9
成组方式	95S1P
重量/kg	384
尺寸(L×W×H)/mm³	1985×1080×287
充电功率/kW	90
放电功率/kW	150
防护等级	IP67

动力电池的外部结构如图 8-9 所示。

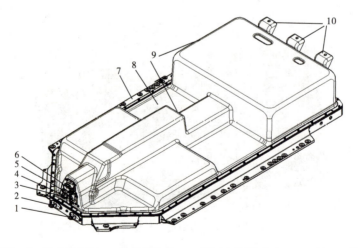

1—出水口接头；2—进水口接头；3—快充连接器；4—低压连接器(灰色)；5—低压连接器(黑色)；
6—高压连接器；7—下箱体；8—箱盖；9—防爆阀；10—后支架。

图 8-9 吉利帝豪 EV450 动力电池外部结构

动力电池内部包含 17 个模组，其中，电池后部的 10 个模组是大模组，每个模组由 6 个单体电池串联，前部和中部的 7 个模组是小模组，每个模组由 5 个单体电池串联，单体电池总数为 95，如图 8-10 所示。

图 8-10　吉利帝豪 EV450 动力电池内部结构

8.3　动力电池的分解与组装

8.3.1　作业要求

本任务主要包括吉利帝豪 EV450 动力电池分解与组装操作。
(1) 动力电池分解。
(2) 动力电池组装。

8.3.2　准备工作

(1) 防护装备：安全防护装备。
(2) 车辆、台架、动力电池组。
(3) 专用工具、设备：动力电池分解专用工具，动力电池专用测试仪，绝缘拆装组合工具，装配楔。
(4) 手工工具：无。
(5) 辅助材料：警示标示和设备，绝缘地胶，清洁剂。

8.3.3　操作步骤

本操作任务主要完成对纯电动汽车的动力电池组的分解与组装。
绝大多数车型动力电池的分解和组装必须由生产厂家或专业人员完成，以下仅以吉利帝豪 EV450 为例介绍动力电池的分解与组装过程。
1) 分解前工位准备
(1) 工位洁净。

(2)远离溢出液体。
(3)工位上没有工具或其他物体。
(4)建议使用独立空间,从空间上与其他工位隔开或使用隔离带进行空间隔离。
(5)附近没有飞溅火花,否则应竖起相应隔板。
2)分解
(1)拆卸电池包上盖螺栓。
(2)拆卸维修开关面板,如图8-11所示。

图8-11 拆卸维修开关面板

(3)拆卸高低压接插件面板,如图8-12所示。

图8-12 拆卸高低压接插件面板

(4)取下电池包上盖,如图8-13所示。动力电池包内部结构如图8-14所示。

图 8-13 取下动力电池上盖　　图 8-14 吉利帝豪 EV450 动力电池内部结构

注意事项：

(1) 必须遵守安全规定并断开电池模块与壳体上所固定导线之间的高电压导线。

(2) 分解电池模块或电池监控模块及元件前，必须打印元件位置图供参考。按照位置图使用防水笔对所有电池模块和电池监控电子装置进行编号。

(3) 松开相关电池模块上的螺栓并取下隔板。如有必要可松开大范围的环形导线束。

(4) 拔下相关电池模块的高电压插头并稍稍弯向一侧，从而确保能够非常顺畅地抬出电池模块。

(5) 使用磁套筒头松开电池模块的螺母，小心抬出电池模块（包括电池监控电子装置），为了便于操作可使用专用工具抬出，此时要注意电池模块之间的高电压导线能否顺畅通过。将电池模块底部向下以防滑倒方式放在一个洁净平面上。

3）组装

(1) 使用专用工具小心抬起电池模块（包括电池监控电子装置），在此要注意相邻部件，特别是高电压导线。使用磁套筒头安装电池模块的螺母并按规定力矩拧紧。将导线束的插头与电池监控电子装置连接在一起。安装并固定拆下的隔板。插上相关电池模块的高电压插头。连接电池模块与壳体上所固定导线之间的高电压导线。

(2) 检查所有密封面并清除可能存在的污物。

(3) 安装动力电池上盖。

(4) 安装维修开关面板和高低压接插件面板。

4）安装后续检查及完善

(1) 使用专用测试仪进行最终测试。安装前必须使用专用测试仪进行测试。连接用于压力接口、高电压插头和 12 V 车载网络插头的检测接口。

(2) 进行总测试。首先进行密封性测试，随后进行耐压强度、绝缘电阻和绝缘监控测试。

（3）将动力电池安装在车上。在第二个人的帮助下使用总成升降台将动力电池移回车辆下方。抬启动力电池单元时必须注意锁止件和中间位置，而且不允许将总成升降台抬得过远。安装动力电池组上的固定螺栓，拧入电位补偿螺栓。

8.4 动力电池内的继电器、熔丝和电流传感器

8.4.1 动力电池内的主继电器

主继电器主要包含主正继电器和主负继电器，主正继电器如图8-15所示。其作用是控制回路的通断。

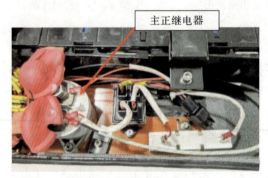

图8-15 主正继电器

8.4.2 动力电池内的预充继电器

预充继电器与电阻结构如图8-16所示，在充、放电初期闭合预充继电器进行预充电，预充完成后断开预充继电器。由BMS控制预充继电器闭合或断开。例如，充电初期需要给各电池单体进行预充电，确定电池单体无短路；放电初期需要低电压、小电流给各控制器电容充电，当电容两端电压接近电池总电压时，闭合总正继电器。

图8-16 预充继电器与电阻

8.4.3 动力电池内的加热继电器与熔丝

加热继电器与熔丝如图 8-17 所示。在充电过程中，当电池单体温度低于设定值时，BMS 控制加热继电器闭合，通过熔丝接通加热膜电路。

慢充前温度低于 0 ℃，启动加热模式：闭合加热片，待所有电池单体温度高于 5 ℃后，停止加热，启动充电程序，充电过程中若出现电池单体温度差高于 20 ℃，则间歇停止加热，待加热片温度差低于 15 ℃，则重启加热片。加热过程中，正常情况下充电桩电流显示为 4~6 A。

快充前温度小于或等于 5 ℃，启动加热模式：电池单体温度数据与慢充相同；如果充电过程中最低温度小于或等于 5 ℃，则停止充电，也不重新启动加热模式。

图 8-17　动力电池加热继电器与保险(熔丝)

8.4.4 电流传感器

高压母线设置了电流检测器件，目前有串联在母线上的无感分流器(图 8-18)和套装在母线外部的霍尔传感器。两种传感器都是把检测到的母线电流发送到主控盒，用于控制母线输出不能过电流，充电和能量回收时电流不能过大。

图 8-18　无感分流器

8.5 动力电池各继电器的检测

下面以比亚迪 e5 为例进行动力电池各继电器电阻、电压和波形的检测说明。

8.5.1 接触器电阻的检测

（1）电阻检测的条件：下电（关闭点火开关）→断开蓄电池负极→断开高压维修开关→拔下动力电池高低压插头。继电器线圈电阻检测如图 8-19 所示。线圈电阻标准值如表 8-2 所示。

如果检测到各继电器线圈的电阻偏差很大，则说明其有问题，检查电路是否异常，若有异常应更换该继电器。

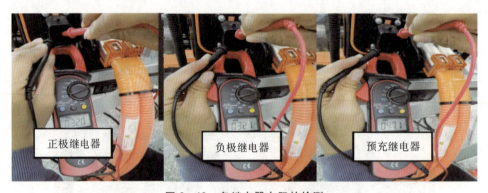

图 8-19 各继电器电阻的检测

表 8-2 各继电器线圈引脚号和标准电阻值

序号	元件名称	引脚号	电阻值/Ω
1	正极继电器	BK51-18 与 BK51-19	32.0
2	负极继电器	BK51-06 与 BK51-13	32.0
3	预充继电器	BK51-20 与 BK51-28	47.0

8.5.2 动力电池各继电器电压的检测

检测条件：打开点火开关，不拔下插头。启动瞬间各继电器电压变化情况如表 8-3 所示。

打开点火开关后，各继电器的电源正极线电压都是从 12 V 变到 13.6 V，开始 12 V 是蓄电池的电压，当上电成功，DC/DC 变换器参与工作后变成 13.6 V。其中预充继电器的控制线（BK51-28）与搭铁的电压是(12→0→12→13.6)V，说明有预充过程，预充完成，否则检查其电路、元件是否异常或者车是否有故障；而负极继电器和正极继电器的控制线电压都是(12→0)V，否则检查其电路、元件是否异常或者车是否有故障。

表 8－3　动力电池各继电器电压检测

序号	元件名称	引脚号	电压值(变化)/V
1	预充继电器	BK51－20 与搭铁	12→13.6
		BK51－28 与搭铁	12→0→12→13.6
2	负极继电器	BK51－06 与搭铁	12→13.6
		BK51－13 与搭铁	12→0
3	正极继电器	BK51－18 与搭铁	12→13.6
		BK51－19 与搭铁	12→0

8.5.3　继电器波形的检测

检测条件：打开点火开关与关闭点火开关。

1. 预充继电器

预充继电器正常波形如图 8－20 所示，其在打开点火开关后的波形如图 8－20(a) 所示，图 8－20(b) 中的 A 点是开始打开点火开关的波形，B 点是开始预充的波形，C 点是预充结束的波形，D 点是预充继电器工作结束后瞬间产生的峰值电压(一般带线圈的元件在停止工作时会产生瞬间的峰值电压)的波形，E 点是由高电位变低电位后产生振动的波形，F 点是恢复正常(13.6 V)的波形。其中 AB 段是预充的准备状态的波形，BC 段是预充过程的波形，DEF 段是波动过程(缓冲)的波形。

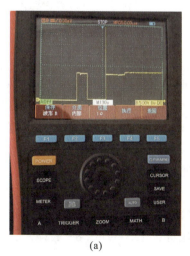
(a)

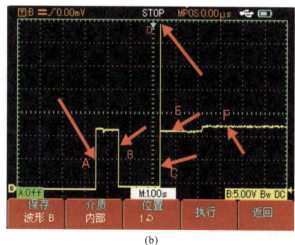
(b)

图 8－20　预充继电器正常波形

移动示波器里的光标显示 AB 段预充准备的时间是 1.00 s(图 8－21(a))；BC 段真

正预充过程的时间是 1.84 s(图 8-21(b));而预充继电器准备状态的电压是 12.4 V(图 8-21(c));预充继电器在停止工作后产生的峰值电压为 35.2 V(图 8-21(d))。

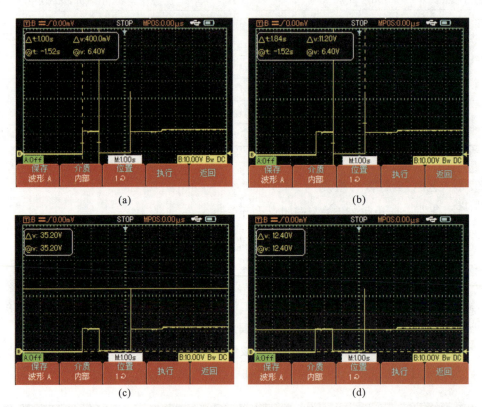

图 8-21 预充继电器波形分析

2. 负极继电器

负极继电器波形如图 8-22 所示。图 8-22(a)里的 A 点是打开点火开关后,负极继电器开始进入预备状态的波形,B 点是负极继电器开始闭合进入工作状态的波形,C 点是关闭点火开关后负极继电器开始断开的波形,F 点是负极继电器断开停止工作后产生的峰值电压的波形,D 点是从高电位变低电位的振动状态的波形,E 点是负极继电器恢复不工作状态的波形。其中 AB 段是负极继电器进入工作前的准备状态的波形,准备时间为 1.28 s(图 8-22(a)),准备状态下的电压是 12.00 V(图 8-22(c));而 FDE 段是负极继电器停止工作后的缓冲状态的波形,其缓冲时间为 1.60 s(图 8-22(b));负极继电器在关闭点火开关停止工作后产生的峰值电压可达 42.8 V(图 8-22(d))。

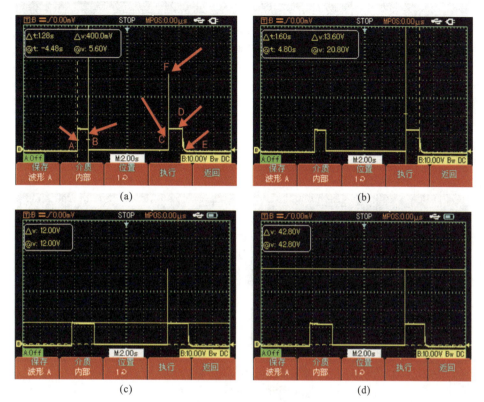

图 8-22 负极继电器波形

3. 正极继电器

正极继电器的波形如图 8-23 所示。图 8-23(a)里的 A 点是打开点火开关后，正极继电器开始进入预备状态的波形，B 点是正极继电器开始闭合进入工作状态的波形，C 点是关闭点火开关后正极继电器开始断开的波形，D 点是正极继电器断开停止工作后产生的峰值电压的波形，E 点是从高电位变低电位的振动状态的波形，F 点是正极继电器恢复不工作状态的波形。其中 AB 段是正极继电器进入工作前的准备状态的波形，准备时间为 2.64 s(图 8-23(a))，准备状态下的电压为 12.00 V(图 8-23(c))；而 DEF 段是正极继电器停止工作后的缓冲状态的波形，其缓冲时间为 2.40 s(图 8-23(b))；正极继电器在关闭点火开关停止工作后产生的峰值电压可达 42.60 V(图 8-23(d))。

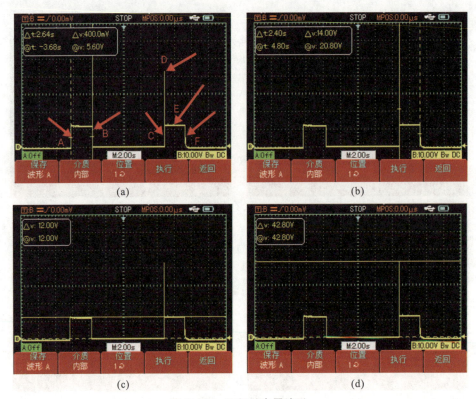

图 8-23 正极继电器波形

通过上面的分析可知,同时打开点火开关后,负极继电器进入闭合工作状态需要 1.28 s,而正极继电器进入闭合工作状态需要 2.64 s,由此可见,同时打开点火开关后,负极继电器进入闭合工作状态的时间要比正极继电器进入闭合工作所需要的时间短。在上电过程中,一般是总负继电器先接合,总正继电器后接合,而在下电时,一般是总正继电器先断开,总负继电器后断开。正负极继电器波形对比如图 8-24 所示。

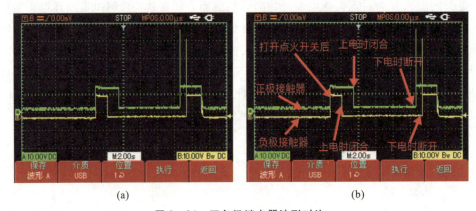

图 8-24 正负极继电器波形对比

预充继电器与负极继电器波形对比如图 8-25 所示。绿色线是同时打开点火开关后负极继电器工作状态的波形，黄色线是同时打开点火开关后预充继电器工作状态的波形。从图 8-25(b)中可以看出预充继电器进入闭合需要 1.0 s，从图 8-25(c)中可以看出负极继电器进入闭合需要 1.36 s，即负极继电器闭合要比预充继电器闭合慢 0.36 s（图 8-25(d)）。

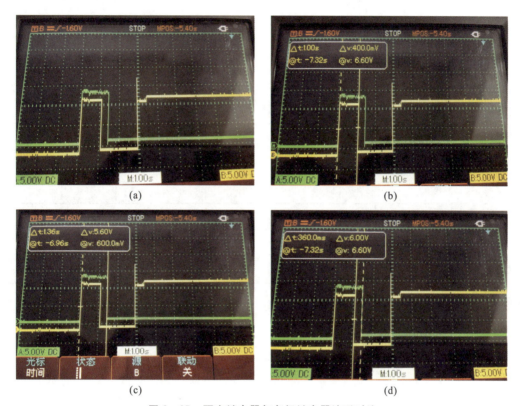

图 8-25　预充继电器与负极继电器波形对比

综上所述，蓄电池包内部的三个继电器的工作顺序：在上电的时候是预充继电器先闭合，负极继电器再闭合，正极继电器最后闭合；而下电的时候是正极继电器先断开，负极继电器后断开。

任务实施

1. 作业说明

一辆电动汽车出现了高压无法上电的故障，经过初步检查怀疑是主继电器或预充继电器故障，故须对继电器进行检测。本作业需要对动力电池进行分解，然后完成继电器的检测。

新能源汽车动力驱动电机**电池技术**

2. 技术标准与要求

正极继电器线圈电阻标准值	
负极继电器线圈电阻标准值	
预充继电器线圈电阻标准值	

注：请学员查阅维修资料后填写。

3. 设备器材

(1) 设备与仪器。
_____
_____

(2) 拆装工具等。
_____
_____

(3) 耗材及其他。
_____
_____

注：请学员根据场地实际设备器材填写。

4. 填写考核工单

一、查询并记录动力电池信息					
电池型号		电池重量		额定容量	
额定电量		额定电压		生产厂家	
二、动力电池的分解与接触器的检测					
1. 动力电池的分解与组装步骤 2. 继电器的检测方法 					
所检测的元件					
主正继电器				正常□ 异常□	
主负继电器				正常□ 异常□	
预充继电器				正常□ 异常□	

新能源汽车动力驱动电机电池技术

自我测试

(1)动力电池的结构组成包括哪些?

(2)主正、主负、预充继电器的闭合顺序是什么?

(3)如何进行主继电器和预充继电器的检测?

石墨烯电池

由于磷酸铁锂、三元锂电池都存在一定的缺点，所以科学家们都在寻找另一种性能更好的电池材料来满足动力电池的要求，其中一种就是石墨烯电池。

石墨烯电池是利用锂离子可在石墨烯表面和电极之间快速大量穿梭运动的特性，通过改进现有的锂离子电池而开发出的一种电池。通过在电极中添加石墨烯，可以改变电极的化学和物理性质，从而改善了电池的充放电速率特性和容量。改进的放电速率意味着石墨烯电池具有更高的最大输出功率。

石墨烯电池在电池容量、能耗等方面都有着很大的优势，主要表现在以下四个方面：

(1) 储电量大。石墨烯电池的储电量是目前市场最好产品的三倍，如三元锂电池（以最先进的为准）的比能量数值为 180 W·h/kg，而石墨烯电池的比能量则超过 600 W·h/kg。

(2) 行驶里程长，充电时间短。石墨烯电池的续驶能达到 1000 km，而充电时间约为 8 min。

(3) 使用寿命长。与传统的电池相比，石墨烯电池的寿命更长，其使用寿命是锂电池的两倍，是氢化电池的四倍，在高温下更耐用。

(4) 重量轻。基于石墨烯的固有特性，其电池的重量为传统电池的一半，可以提高装载该电池的机器的效率。

任务 9

高压供电电路故障诊断分析

任务引入

一辆纯电动汽车出现无法上高压电的故障现象，需对高压配电系统故障进行诊断与排除。

学习目标

(1) 了解高压配电系统的组成和电气要求。
(2) 能阐述高压配电控制策略。
(3) 能阐述高压配电系统常见故障的检修流程。
(4) 能正确对高压配电系统常见故障进行诊断与排除。
(5) 养成规范操作的职业素养。
(6) 培养一丝不苟、精益求精的工匠精神。

知识准备

9.1 高压配电系统概述

电动汽车电气系统主要包括高压配电系统、低压电气系统和CAN总线通信网络系统等，低压电气系统与传统车类似，为12 V或24 V的低压电气系统，普通乘用车通常是12 V低压电气系统。高压配电系统负责将动力电池与驱动电机、PTC、电动空调压缩机、车载充电机、充电接口等各高压电气部件连接，完成高压电的输入输出。高压配电系统主要包括高压继电器、预充电阻、电流/电压传感器、高压线缆、接线板、熔丝、手动维修开关(MSD)、高压接插件等。一种典型的电动汽车高压电气系统架构如图 9-1 所示。

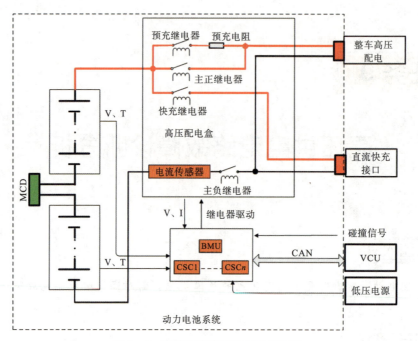

图 9-1　电动汽车高压电气系统架构

9.2　高压配电系统电气要求

电动汽车动力电池的额定电压通常较高，按《电动车辆高压系统电压等级》（GB/T 31466—2015）的规定，可选择 144 V、288 V、346 V、400 V、576 V 等，因此要求高压配电系统除了满足电动汽车动力系统电能分配需求外，还需确保高压系统安全、可靠、稳定运行。电动汽车高压配电系统须符合相关的技术标准要求，这些技术要求主要包括高压电气部件标识、高压电气绝缘与防护要求、高压电气耐压要求、接触防护要求、预充保护、安全泄压保护、过载与短路保护、高压电磁保护等。

9.2.1　高压电气部件标识

《电动汽车安全要求第 1 部分：车载可充电储能系统》（GB/T 18384.1—2015）的第 4 节对电动汽车标识和标记作出了明确的要求，要求动力电池包外部及内部高压电气部件的第一可视面或者清晰醒目位置应设置高压危险标识，高压危险标识颜色底色为黄色，边框应使用黑色，如图 9-2 所示。为了能警示用户与维修人员在保养与维修过程中注意这些高压部件，要求高压线缆、高压连接器采用橙色，以起到区分和警示作用。

图 9-2　高压危险标识

9.2.2 高压电气绝缘与防护要求

《电动汽车安全要求》(GB 18384—2020)对电动汽车高压电气回路绝缘性做出了规定，要求 B 级电路(AC：30 V<U≤1000 V，DC：60 V<U≤1500 V)在最大工作电压下，直流电路绝缘电阻应不小于 100 Ω/V，交流电路绝缘电阻应不小于 500 Ω/V，若是直流与交流的组合电路，要求绝缘电阻不小于 500 Ω/V。

高压电气系统的绝缘性与使用环境密切相关，水、水蒸气、尘土等进入高压电气部件、高压插接器内部，会导致高压回路绝缘失效。因此，高压电气部件除了要满足绝缘要求外，还应满足防护要求。高压电气系统的带电部件应具有屏护防护功能，包括采用保护盖、防护栏、金属网板等来防止发生直接接触。这些防护装置应牢固可靠，并耐机械冲击。在不使用工具的情况下，它们不能被打开、分离。其中，带电部件在任何情况下都应由至少能提供《外壳防护等级(P 代码)》(GB 4208—2017)中 IP××D 防护等级的壳体来防护。第一个×代表防尘等级，有 0~6 共 7 个等级，6 最高；第二个×代表防水等级，有 0~8 共 9 个等级，8 最高，一般高压电气部件的防护等级需为 IP65D 以上。

同时规定，高压连接器在不使用工具的情况下，应无法打开。高压连接器分开后，应满足 IP××B 的防护等级要求。对于装有高压维修断开装置的车辆，高压维修断开装置在不使用工具的情况下，应无法打开或拔出。高压维修断开装置打开或者拔出后，其中的 B 级电压带电部分和充电插座满足《外壳防护等级(P 代码)》(GB 4208—2017)中规定的 IP××B 的防护等级要求。

此外，标准还要求高压电气系统要具备绝缘失效检测功能，一般通过动力电池管理系统(BMS)进行监测。

9.2.3 高压电气耐压要求

依据《电动汽车用驱动电机系统第 1 部分：技术条件》(GB/T 18488.1—2015)，在高压线束或部件脱开的情况下，对车体耐电压：AC2500 V/50 Hz/1 min，漏电流不超过 10 mA，不应发生介质击穿现象。

9.2.4 接触防护要求

1. 直接接触防护要求

按《电动汽车安全要求》(GB 18384—2020)，直接接触防护是指通过绝缘材料、外壳或遮栏实现人体与 B 级电压带电部件的物理隔离，外壳或遮栏可以是导体也可以是绝缘体。遮栏或外壳、连接器、高压维修断开装置(维修开关)提供直接接触触电防护，只能通过工具才能打开或者去掉；若遮栏或外壳、连接器、高压维修断开装置在不使用工具的情况下可以打开或者去掉，则要求有某种方法使其中的 B 级电压带电部分在遮栏或外壳、连接器、高压维修断开装置打开后 1 s 内至少满足如下两种要求之一：交流电路电压的有效值应降到不超过 30 V(AC)(rms)，直流电路电压应降到不超过 60 V(DC)；B 级电路存储总能量小于 0.2 J。

2. 间接接触防护要求

1）绝缘阻值要求

按《电动汽车安全要求》(GB 18384—2020)，在最大工作电压下，直流电路绝缘电阻应不小于 100 Ω/V，交流电路应不小于 500 Ω/V。如果直流和交流的 B 级电压电路可导电地连接在一起，则应满足绝缘电阻不小于 500 Ω/V 的要求。

2）绝缘监测功能

车辆应有绝缘电阻监测功能，并能通过绝缘监测功能验证试验。在车辆 B 级电压电路接通且未与外部电源传导连接时，该装置能够持续或者间歇地检测车辆的绝缘电阻值，当该绝缘电阻值小于制造商规定的阈值时，应通过一个明显的信号装置（例如声或光信号）提醒驾驶员，并且制造商规定的阈值应符合上述要求。进行绝缘监测功能验证试验时，车辆 B 级电压电路应处于接通状态，且绝缘监测功能或设备已启动。测试中应使用可调节电阻器（例如变阻箱等），可调节电阻器的最大电阻值大于等于 10 MΩ。

绝缘监测功能验证试验具体步骤如下：

（1）在常温下，按照整车绝缘电阻测试方法（与前述动力电池包绝缘电阻测试方法一致），测出当前整车绝缘电阻值为 R_i，并记录较小测量电压 U_1 所在的动力电池包(REESS)高压侧。

（2）按照被测车辆的正常操作流程使车辆进入"可行驶模式"（高压上电）。

（3）若步骤①中，U_1' 在动力电池包的正极端，如图 9-3 所示，将可调节电阻器并联在动力电池包正极端与车辆电平台之间。相反，若 U_1' 在动力电池包的负极端，则将可调节电阻器并联在动力电池包的负极端与车辆电平台之间。开始测量时，将可调节电阻器的阻值设置为最大值。

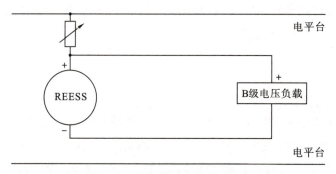

图 9-3 绝缘监测功能验证试验

(4)按照绝缘电阻值的要求,若最小绝缘电阻的要求为 100 Ω/V,则将可调节电阻器的阻值减小到目标值 R_x,R_x 按照式 9-1 计算得到:

$$1/[1/(95U_{REESS})-1/R_i] \leqslant R_x \leqslant 1/[1/(100U_{REESS})-1/R_i] \quad (9-1)$$

最小绝缘电阻的要求为 500 Ω/V,则将可调节电阻器的阻值减小到目标值 R_x,R_x 按照式 9-2 计算得到:

$$1/[1/(475U_{REESS})-1/R_i] \leqslant R_x \leqslant 1/[1/(500U_{REESS})-1/R_i] \quad (9-2)$$

式中,U_{REESS} 为动力电池包当前总电压,单位为伏(V)。

(5)观察车辆是否有明显的声或光报警。

3)电位平衡要求

《电动汽车安全要求》(GB 18384—2020)规定了电位平衡要求,所有高压电气部件必须与整车电平台实现等电位连接,如图 9-4 所示。等电位连接所用的导体要求其颜色是黑色,便于维修和拆卸时辨认。等电位连接的螺栓或线束还需满足一定截面积大小的要求,一般要求等电位连接的导线或螺栓其截面积总和需大于等于动力电池系统中高压线缆的截面积。此外要求所有的高压电气部件安装时应避免相互摩擦,防止发生绝缘失效。尤其是高压线缆的布置需要考虑安全间隙,并进行必要的固定和绝缘防护,应避免在行车过程中与可导电部件发生摩擦。等电位连接应满足以下要求:

(1)外露可导电部分与电平台间的连接阻抗应不大于 0.1 Ω;

(2)电位均衡通路中,任意两个可以被人同时触碰到的外露可导电部分,即距离不大于 2.5 m 的两个可导电部分间的电阻应不大于 0.2 Ω。

若采用焊接的连接方式,则视作满足上述要求。

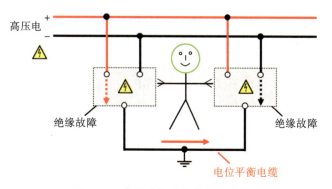

图 9-4 高压电气设备等电位连接

9.2.5 预充保护

由于整车端高压电气系统中存在大量的容性负载(尤其是逆变器),直接接通高压主回路的瞬间,电容相当于短路,高压回路会产生上万安培的高压电流冲击,导致高压继电器等部件损坏,为了避免接通瞬间的大电流冲击,高压电气系统需具有预充保护功能，如图 9-5 所示。

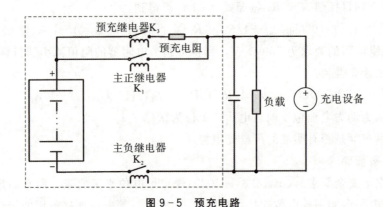

图 9-5 预充电路

预充过程中，先闭合主负继电器 K_2，再闭合预充继电器 K_3，动力电池与预充电阻构成回路，降低了电流。当容性负载端电压达到动力电池端电压的 90% 以上时，接通主正继电器 K_1，再切断预充继电器 K_3，预充完成。通常，要求预充电时间不超过 1000 s，并且在短时间内的频繁上下电时不能出现预充电阻过热损坏的现象。预充电过程中，动力电池管理系统（BMS）应能对整车端高压回路的绝缘、短路状态进行判断和失效保护。

预充电阻的选择由预充时间、容性负载的电容大小、预充完成负载端电压决定，如式 9-3 所示。

$$R = \frac{t}{C \times \ln\left(\frac{U_B}{U_B - U_t}\right)} \tag{9-3}$$

式中，U_B 为动力电池端电压；U_t 为预充完成时容性负载端电压；C 为容性负载电容；t 为预充完成时间。

假设 $U_B = 400$ V，$U_t = 95\% U_B$，$C = 800$ μF，$t = 300$ ms，则

$$R = \frac{0.3}{800 \times 10^{-6} \times \ln\left(\frac{400}{400 - 400 \times 0.95}\right)} = 125 \Omega \tag{9-4}$$

9.2.6 安全泄压保护

由于整车端高压电气系统中存在大量的容性负载，断开高压主回路之后仍存在较高的电压和残余电能。为避免可能带来的危害，通常要求整车高压电气系统具有主动能量泄放电路，当电动汽车正常下电或发生碰撞切断高压输出时，主动能量泄放电路应能在 5 s 内降低高压母线电压至 DC 60 V 以下，确保人员安全。有些车型还带有被动能量保护功能，在主动泄放失效的情况下，在 2 min 内将高压母线电压降低至 DC 60 V 以下。此外，为了确保高压作业安全，在电动汽车高压电路检修时，下电后要求等待

5 min并验电后再操作。

9.2.7　过载与短路保护

高压电气系统中的所有零部件都必须满足典型使用工况的动力负载要求，并且能满足一定的过流能力，不允许在规定的行驶工况条件下出现过热导致高压部件绝缘层熔化、烧蚀或者冒烟的情况。同时，应合理地控制过流时间，防止整个动力系统因为长时间过载而发生过热起火事件。当高压电气系统中发生瞬时大电流或者短路时，要求能自动切断高压回路，以确保高压附件设备不被损坏，避免发生电池的热失控，保证驾乘人员的安全。高压电气系统设计可以设置过载或短路的保护部件，例如设置熔断器等。

9.2.8　高压电磁保护

高压线缆布置和接插件选型应考虑电磁兼容需求。高压线缆设计时，主回路动力线缆与信号线尽量采用隔离或分开布线；电池包外部连接用高压线缆、高压接插件选型要求接地和屏蔽隔离。

9.3　高压配电系统器件

9.3.1　高压继电器

1. 高压继电器的组成结构与工作原理

电动汽车在工作时，需要将动力电池与高压电气设备进行可靠连接与断开，由于高压回路存在高电压、大电流的状况，因此这个通断需要由高压继电器完成，如图9-6所示。

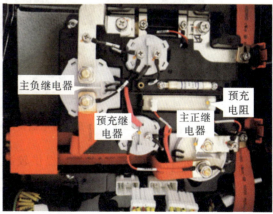

图9-6　高压继电器

新能源汽车动力驱动电机电池技术

高压继电器也称为高压接触器,是一种以低压小电流电路控制高压大电流电路的"自动开关",低压驱动电路在电动乘用车中通常为 12 V 的低压电路。高压继电器主要由低压线圈、活动铁芯、绝缘壳体、回位弹簧、高压触点、高压接线柱、密封气室等组成,如图 9-7、图 9-8 所示。当需要接通高压回路时,控制器给低压线圈供电,活动铁芯带高压触点向上运动,高压继电器闭合,接通高压回路;当需要断开高压回路时,控制器给低压线圈断电,活动铁芯在回位弹簧的作用下复位,高压触点分离,断开高压回路。

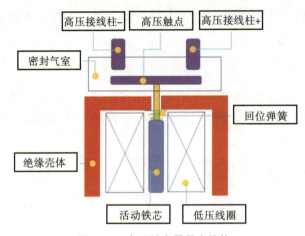

图 9-7 高压继电器基本结构

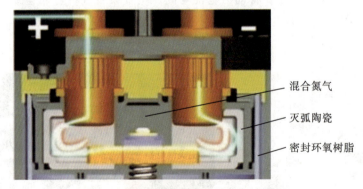

图 9-8 高压继电器高压触点密封气室

高压继电器闭合运行期间不必一直提供较高功率,经常在成功闭合后将线圈电流降到一个维持量。这通常由高压继电器控制器通过一个频率为 15~20 kHz 的 PWM 脉宽调制信号来实现。PWM 控制信号的频率不能太低,否则会有嗡嗡的交流噪声,并且可能会导致触点产生微小移动而损坏。

根据车型及动力系统的不同,电动汽车上所使用的高压继电器规模与形式也存在

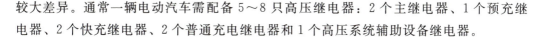

较大差异。通常一辆电动汽车需配备 5~8 只高压继电器：2 个主继电器、1 个预充继电器、2 个快充继电器、2 个普通充电继电器和 1 个高压系统辅助设备继电器。

2. 高压继电器的基本要求

因为电动汽车工况多变，高压上电或充电时会产生冲击电流，加速行驶会产生过载电流，短路时会产生短路电流，所以要保证高压继电器的可靠接通、快速分离，要求高压继电器耐高压、耐负载、抗冲击、分断能力强和灭弧能力强。

1）耐高压

电动汽车的工作平台电压都较高，因此要求高压继电器能够承受较高的工作电压，并且在高压带载中实现可靠的闭合与断开。

2）耐负载

电动乘用车驱动电机的额定功率一般在 30 kW 以上，以 300 V 高压电平台为例，其额定工作电流为 100 A，急加速等超负荷工况时，电流可达 200 A 以上，因此要求高压继电器的耐负载能力强，要具备额定负载电流数倍的瞬时过载能力。

3）抗冲击

由于电动汽车高压回路带有较大的容性负载，高压继电器开关触点断开瞬间，容性负载产生巨大冲击电流，这个电流一般是负载额定电流的数倍至数十倍。这个冲击电流极易导致高压继电器触点粘连，触点分离失效，高压无法下电。高压继电器需具备较强的抗冲击电流能力。

4）分断能力强

汽车在运行过程中使用工况复杂，在紧急情况下，如电气系统短路时，回路中的瞬间电流骤升，此时要求继电器在极限大电流下能够顺利地切断电路，而不发生触点粘连或继电器爆炸等异常状况，防止电池过放短路起火或爆炸的安全危害。这就要求继电器触点具有良好的分断能力。

5）灭弧能力强

电弧是高压继电器触点闭合与分断动作过程中不可避免的问题，它大大降低了高压继电器触点的使用寿命。采用一些特殊的快速灭弧手段降低电弧能量，可减少对继电器触点的损害，延长产品的使用寿命。目前高压继电器灭弧的最主要形式有三种，分别是将高压触点置于密封气室、密封气室抽真空或充注惰性气体，据此高压继电器可分为真空型和充气型两种。

真空型高压继电器的真空状态只是理想状态，实际会残留一些杂氧，杂氧在有电弧情况下和铜电极生成氧化铜，使接触电阻增大，给继电器带来失效风险。

充气型高压继电器是目前采用的主要形式，常用的充注气体为氢气、氮气和氟化硫。充气除了对电弧有收缩作用，还可以起到冷却和有效防止开关材料被腐蚀的作用。

还有一种灭弧措施是利用磁吹的原理给开关触点设置灭弧磁铁。磁吹的原理：电弧在洛伦兹力的作用下，向两边的灭弧区移动，从而达到灭弧的效果，如图9-9所示。

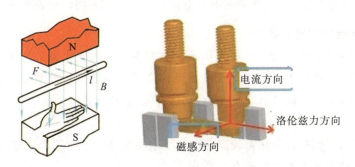

图9-9 磁吹灭弧原理

要注意，当灭弧磁场垂直于负载电流方向时，正向电流使得电弧向外偏离，起到灭弧作用，但反向电流会使电弧向中心聚集，电弧加强，触点被烧蚀。因此高压继电器在使用、更换时，正、负接线柱不得接反，如图9-10所示。在有些高压继电器中通过调整灭弧磁场的方向，将电弧尽量向接线柱两侧引，防止反向电流烧毁触点。

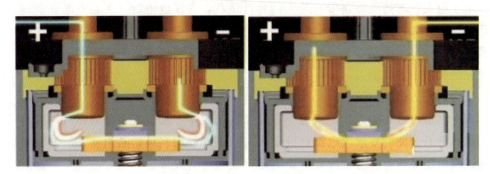

图9-10 反向电流对磁吹灭弧的影响

3. 高压继电器诊断与维修

(1)电器线圈故障不能产生磁力。使用万用表测量继电器线圈电阻，检查其阻值是否正常，正常阻值在50Ω左右(具体值需查询对应车型的标准值)。如果不正常需要更换继电器总成；还可以使用加电测试的方法对继电器线圈进行检测，具体方法是利用外部电源给继电器线圈通电，观察继电器是否有吸合的声音，如果有，说明继电器线圈正常。

(2)继电器触点烧蚀或触点粘连。在继电器线圈不供电时，测量高压触点的两个连接点之间的电阻，正常值应该为无穷大；给继电器线圈供电后，测量高压触点的两个连接点之间的电阻，正常值应该小于1Ω。如果测量值不正确，需要更换继电器总成。

9.3.2 高压熔丝

高压熔丝又称为高压熔断器，其主要作用是在高压回路发生过载或短路现象时，对高压线缆及高压电气设备起到安全保护作用，避免出现动力电池、高压线缆等过热爆炸或起火。高压熔丝外部为耐高温的陶瓷包裹，熔丝材料主要是由铝锑合金等低熔点合金制成的。当高压回路的电流超过额定电流后，熔丝金属材料温度会升高，当升高到熔点温度后熔断，起到保护作用。车用高压熔丝需根据熔丝的工作环境温度、负载电流、短路电流、额定电压和尺寸等进行选择。一般来说，要求高压熔丝的额定电压大于动力电池系统最高工作电压，额定电流为高压回路负载电流的1.5～3倍。图9-11为电动汽车使用的额定电压500 V、额定电流200 A的高压熔丝。

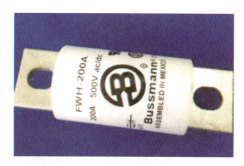

图9-11 高压熔丝

高压熔丝一般安装在动力电池内部、高压配电盒内部及某些控制模块内部（如电动空调压缩机、PTC）等。可以通过万用表测量电阻或者电压的方法判断高压熔丝的好坏，高压熔丝两端正常阻值应该小于1 Ω，在通电情况下熔丝两端电压应该相同。如果熔丝异常，更换单独的熔丝或零部件总成。注意：有些熔丝允许单独更换，如高压配电盒内的熔丝；有些熔丝在高压用电设备内部，由于涉及高压密封、高压安全等问题，不允许单独更换。

9.3.3 高压线缆及插接器

1. 高压线缆

电动汽车的高压线缆主要用于连接高压动力电池、逆变器、电动空调压缩机、三相发电机和电动机、PTC等高压用电设备，传输电能，如图9-12所示。因高压电缆承载的电流较大，故高压线缆的线径比较大；电动汽车高压线缆要在车内的较小空间布置，必须有良好的柔软性；高压线缆处于车上的高振动环境，必须有良好的耐磨性；高压线缆尽量布置于车底，做好防电磁干扰和屏蔽，而且必须有良好的机械防护和固定。

图9-12 电动汽车高压线缆

高压线缆分为带屏蔽层和不带屏蔽层两种，带屏蔽层高压线缆主要用于电流方向和大小交替变换的电路中，如电动汽车驱动电机的高压线缆。考虑到防止对其他电路产生电磁干扰和电磁辐射，电动汽车大部分的高压线缆为带屏蔽层的高压线缆。

如图 9-13 所示，带屏蔽层的高压线缆由导体、绝缘层、屏蔽层（带隔离层）、护套组成。高压线缆护套为橙色，警示操作人员属于高压元器件，操作时注意防止高压电击。高压线缆的外保护套包括波纹管和热缩套，波纹管同样为橙色，热缩套采用不同的颜色对线缆极性进行区分，正极为红色，负极为蓝色，U 相为黄色，V 相为绿色，W 相为红色。

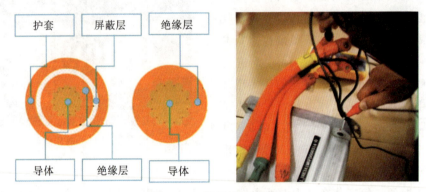

图 9-13 高压线缆结构

高压线缆的导体采用圆形裸铜线，分为单芯和多芯，电流越大导体的截面积越大。金属导体包裹有绝缘材料，为耐热 120～200 ℃级别的无卤素 XLPE 交联聚乙烯绝缘材料。护套多为耐热 105～180 ℃的环保 TPE 材料。高压线缆应该具有抗干扰、易于弯折、环保阻燃、耐油等特点。

高压线缆的故障形式主要有断路、短路、接触不良和绝缘故障。

（1）断路：高压线缆断路会导致电力传输中断，首先检查高压线缆外观有没有破损，插头是否插牢，如果高压线缆外观正常，可以使用万用表电阻挡测量导线两端的阻值来检查导线的好坏。高压线缆正常阻值应该小于 1 Ω，如果阻值过大需要更换高压线缆。

（2）短路：当动力电池供电系统的主熔丝断路的时候，在更换熔丝之前需要检查高压线是否存在短路故障。当电动汽车动力系统的高压线缆短路时，会导致动力电池瞬间大电流放电，此时动力电池和高压线束的温度迅速升高，将会导致动力电池高压主熔丝断路。

（3）接触不良：高压线缆接触不良会导致线束或者插头出现异常发热的情况。当线束或插头出现异常发热时，需要检查其是否存在接触不良故障。根据情况进行修复或者更换。

（4）绝缘故障：高压线缆绝缘故障时，首先检查高压线缆外观有没有破损，如果没有破损，使用绝缘电阻表测量高压线缆与车身搭铁之间的绝缘阻值，正常值大于 20 MΩ。

2. 高压插接器

高压插接器是一种借助于电信号或机械力的作用使电路接通、断开的功能性元件，由固定端电插接器（插座）和自由端电插接器（插头）组成，如图 9-14 所示。

图 9-14　电动汽车高压插接器

高压插接器的结构一般包括接触对、密封圈、对接锁止机构、支架、外壳、定位机构、高压互锁机构、屏蔽机构、绝缘结构等。一般的端接方式有焊接、压接、过孔连接、螺钉连接等。

安装方式也多种多样，包括面板式、电缆式、螺母式、穿墙式等。总体结构上需要考虑操纵适宜性，包括操纵空间大小、防误操纵结构、连接到位指示等。内部结构需要考虑接触件的可拆卸性、接触件的种类和结构形式等。

高压插接器的性能应符合 SAE_J1742 标准的要求，插接器与所连接电气设备的插座匹配，除了线环、铜接头外，还应具有主动锁止功能，在拆卸时注意解除锁止功能。高压插接器在结合状态时，一般防护等级不小于 IP65。

9.3.4　手动维修开关 MSD

手动维修开关（manual service disconnect, MSD）是保证高压电气安全的关键部件之一，是实现高压系统电气隔离的执行部件，在关键时刻用于切断高压动力回路，以保障维修和驾乘人员安全。通常会将主回路的高压熔丝内置于 MSD 中，如图 9-15 所示。

当需要进行维修时，拔出 MSD 就可以有效地物理切断动力电池系统的高压输出，从而保障维修人员的安全；在运行过程中，如果发生短路则可以起到熔断保护的作用。MSD 在高压电气系统中的布置位置要兼顾在整车上的安装和插拔空间的便利

图 9-15　手动维修开关 MSD

性，主要有两种方式，如图 9-16 所示。一种是布置在高压电气回路的电池模组中心附近，在整车上通常布置在扶手箱下方，拆卸扶手箱后可拔出，如比亚迪 e5，也有些车

型布置于座椅下方的地板上。另一种是布置在高压电气回路的正极附近,如特斯拉 Model S60。

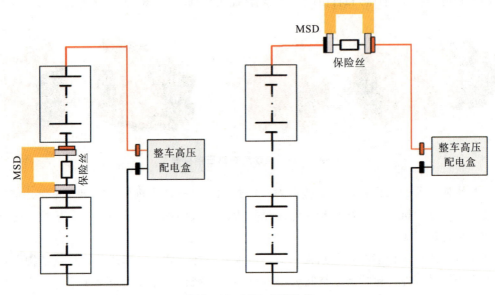

图 9-16 MSD 布置位置

手动维修开关的主要故障如下:

(1)维修开关断路或接触不良。

手动维修开关断路会导致动力电池没有高压输出,可以利用万用表电阻挡测量维修开关的两个金属插头的阻值来检查开关的好坏,维修开关正常阻值应该小于 $1\,\Omega$,如果阻值过大需要更换维修开关。维修开关接触不良会导致动力电池输出电压低,可能会导致用电设备工作不正常。当动力电池有高压输出时,如果维修开关异常发烫,说明维修开关接触不良,需要更换维修开关。

(2)主熔丝断路。

主熔丝断路会导致动力电池没有高压输出,当主熔丝断路时,需要检查动力电池主高压回路是否存在短路故障。

9.3.5 高压配电盒

电动汽车通常将高压电气系统的主正继电器、主负继电器、预充继电器、预充电阻、熔丝、电流传感器、继电器监测采集线、总电压采集线等集成为一个电箱内,完成动力电池电源的输出与分配,称之为高压配电盒。不同车型的高压配电盒组成与布置位置不同,有的车型独立成一总成,安装于前机舱内,如比亚迪 e6 等。有的车型将高压分配盒与其他控制器集成,如比亚迪 e5 将高压配电盒与 VTOG 双向交流逆变式电机控制器、车载充电机 OBC、DC/DC 变换器集成为高压电控总成，如图 9-17 所示。

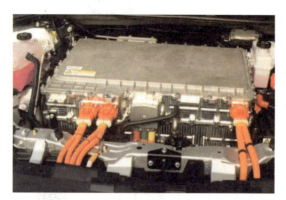

图 9-17　比亚迪 e5 高压电控总成

吉利 EV450 将高压配电盒(B-BOX)安装于动力电池包内，动力电池包输出的高压在车载充电机内进行分配，如图 9-18 所示。

图 9-18　吉利 EV450 高压配电盒 B-BOX 位置

9.4　比亚迪 e5 高压配电系统

比亚迪 e5 电动汽车高压配电系统包括动力电池包、高压电控总成、PTC、压缩机、驱动电机和交直流充电插座，高压配电系统如图 9-19 所示。

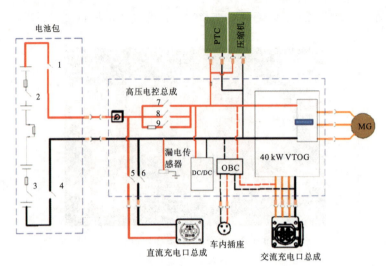

1—正极接触器；2，3—电池包分压接触器；4—负极接触器；5—直流充电正极接触器；
6—直流充电负极接触器；7—主接触器；8—交流充电接触器；9—预充接触器。

图 9-19　比亚迪 e5 高压配电系统

其中，高压电控总成集成了双向交流逆变式电机控制器（VTOG）、车载充电机（OBC）、DC/DC 变换器和高压配电模块、漏电传感器；动力电池包内包含分压接触器，正极接触器和负极接触器；高压配电模块内包括主接触器、交流充电接触器、预充接触器、直流充电正极接触器和直流充电负极接触器。

比亚迪 e5 高压电控总成侧面有 DC/DC 连接端口，与低压铁电池并联，为整车提供 13.8 V 低压工作电源。32 A 熔丝为电动空调压缩机和 PTC 供电线路提供熔断保护。图 9-20 为高压电控总成内部组成与结构。

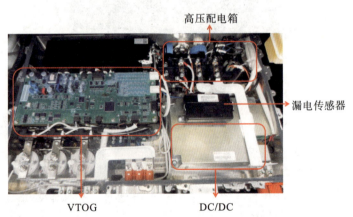

图 9-20　比亚迪 e5 高压电控总成内部组成与结构

如图 9-21 所示，比亚迪 e5 高压配电盒内包括铜排连接片、继电器、霍尔电流传感器、预充电阻，以及动力电池包正、负极输入等，继电器由电池管理系统 BMS 控制。

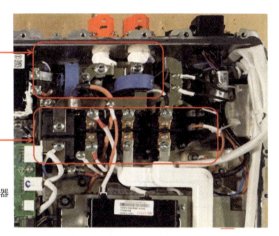

图 9-21　比亚迪 e5 高压配电盒组成与结构

9.5　高压配电系统检修

9.5.1　高压配电系统继电器故障检修

高压配电系统高压继电器故障将导致车辆无法上电、无法充电等故障。高压回路继电器故障的主要形式为无法闭合故障、触点粘连故障，下面以吉利 EV450 主正继电器无法闭合故障为例，对高压供电不正常故障进行诊断与排除。

步骤 1：用故障诊断仪读取故障码。

(1) 连接故障诊断仪，把启动开关置于 ON 挡。

(2) 读取故障码：P1539-07，主正继电器无法闭合。

步骤 2：拆卸动力电池包。

(1) 把启动开关置于 OFF 挡。

(2) 拆下蓄电池负极，做好绝缘防护。

(3) 断开直流母线插接器 BV16，等待 5 min。

(4) 按动力电池包更换操作流程拆下动力电池包。

步骤 3：检查主正继电器。

(1) 检查 BMS 主正继电器监测采集线束是否连接牢固，是否断路或短路，如果是，维修或更换线束。

(2) 用万用表测量主正继电器线圈电阻(标准为 50 Ω 左右)。

(3)确认主正继电器线圈电阻是否符合标准,如果不符合,更换主正继电器。

(4)拆下主正继电器。

(5)用万用表测量主正继电器不工作时正、负接线柱电阻(标准为无穷大)。

(6)确认电阻是否符合标准,如不符合,更换主正继电器。

(7)给主正继电器控制线圈连接12 V工作电压,用万用表测量主正继电器正、负接线柱电阻(标准为小于1 Ω)。

(8)确认电阻是否符合标准,如不符合,更换主正继电器。

9.5.2 电动汽车高压系统漏电故障检修

以吉利帝豪电动汽车高压系统漏电故障为例,对高压系统漏电故障进行诊断与排除,吉利帝豪电动汽车高压电气原理图见图9-22。

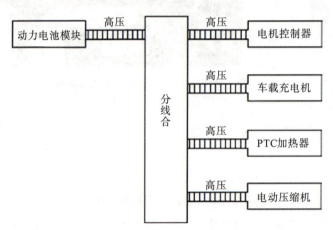

图9-22 高压电气原理图

使用诊断仪读取故障码显示存在高压漏电故障,故进行高压系统漏电故障检测。

步骤1:检查分线盒正极高压线束。

(1)操作启动开关,使电源模式至OFF挡。

(2)拆卸维修开关。

(3)断开直流母线(动力电池侧)线束连接器EP41,如图9-23所示。

(4)用绝缘电阻测试仪测试EP41的1号端子与车身接地之间的绝缘电阻。标准电阻:≥20 MΩ。

(5)确认测量值是否符合标准。

(6)是则转至步骤3;否则进行下一步。

步骤2:依次检查电机控制器、车载充电机、PTC加热器、电动压缩机、充电接口正极对地

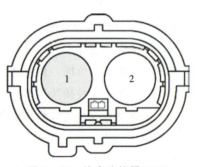

图9-23 线束连接器EP41

电阻。

(1)操作启动开关,使电源模式至 OFF 挡。

(2)拆卸维修开关。

(3)按照上述方法,用绝缘电阻测试仪依次检查电机控制器、车载充电机、PTC 加热器、电动压缩机、充电接口正极与车身接地之间的绝缘电阻。标准电阻:≥20 MΩ。测试时,其他零部件应断开高压接插件。

(4)确认测量值是否符合标准。

(5)不符合则修理或更换故障部件。

步骤 3:检查分线盒负极高压线束。

(1)操作启动开关,使电源模式至 OFF 挡。

(2)拆卸维修开关。

(3)断开直流母线(动力电池侧)线束连接器 EP41。

(4)用绝缘电阻测试仪测试 EP41 的 2 号端子与车身接地之间的绝缘电阻。标准电阻:≥20 MΩ。

(5)确认测量值是否符合标准。

(6)是则转至步骤 5,否则进行下一步。

步骤 4:依次检查电机控制器、车载充电机、PTC 加热器、电动压缩机、充电接口负极对地电阻。

(1)操作启动开关,使电源模式至 OFF 挡。

(2)拆卸维修开关。

(3)用绝缘电阻测试仪依次检查电机控制器、车载充电机、PTC 加热器、电动压缩机、充电接口负极与车身接地之间的绝缘电阻。标准电阻:≥20 MΩ。测试时,其他零部件应断开高压接插件。

(4)确认测量值是否符合标准。

(5)不符合则修理或更换故障部件。

步骤 5:

(1)操作启动开关,使电源模式至 OFF 挡。

(2)拆卸维修开关。

(3)断开直流母线(分线盒侧)线束连接器 EP42,如图 9-24 所示。

(4)用绝缘电阻测试仪测试 EP42 的 2 号端子与车身接地之间的绝缘电阻。标准电阻:≥20 MΩ。

(5)确认测量值是否符合标准。

(6)是则转至步骤 6。

步骤 6:检查动力电池负极高压线束。

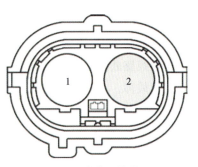

图 9-24 线束连接器 EP42

(1)操作启动开关,打到 OFF 挡。

(2)拆卸维修开关。

(3)断开直流母线(分线盒侧)线束连接器 EP42。

(4)用绝缘电阻测试仪测试 EP42 的 1 号端子与车身接地之间的绝缘电阻。标准电阻:≥20 MΩ。

(5)确认测量值是否符合标准。

(6)不符合则修理或更换线束。

步骤 7:更换动力电池。

(1)操作启动开关,打到 OFF 挡。

(2)断开蓄电池负极电缆。

(3)更换动力电池。

(4)确认故障排除。

9.5.3 电动汽车高压互锁回路故障检修

下面以荣威 ei6 为例进行说明。

1)故障码说明

P0A0C:主高压互锁回路失效——占空比低,P0A0D:主高压互锁回路失效——占空比高。

2)故障诊断运行条件

将点火开关置于 ON 挡。

3)诊断故障码设置条件

P0A0C:主高压互锁回路的信号占空比低于 40%,持续时间超过 5 s。

P0A0D:主高压互锁回路的信号占空比高于 60%,持续时间超过 5 s。

4)诊断故障码清除条件

P0A0C:主高压互锁回路的信号占空比高于 40%,持续时间超过 5 s。经过 40 次唤醒/待机循环后,历史故障码将被清除。

P0A0D:主高压互锁回路的信号占空比低于 60%,持续时间超过 5 s。经过 40 次唤醒/待机循环后,历史故障码将被清除。

5)可能的原因

相关线路故障、连接器故障或接触不良、高压电池包故障、DC/DC 变换器故障、高压互锁故障。

6)诊断测试步骤

(1)使用诊断仪读取相关参数或强制输出,确认故障状态。

①连接诊断仪,将点火开关置于 ON 挡。

②高压互锁回路状态参数来自高压互锁回路的输入信号;高压互锁回路的作用是

用低压回路来判断各个高压部件的接插件是否可靠,当高压回路中的任何一个部件的接插件松动或者断开,高压互锁回路断开,系统均无法上高压电。

高压互锁回路(A)状态:该参数表示高压电池包与车辆(例如 PEB、EDU、空调压缩机)之间的高压互锁回路状态。

高压互锁回路(B)状态:该参数表示高压电池包与车载充电机之间的高压互锁回路状态。

是:转到下一步。

否:检测/更换高压互锁线束。

(2)检验接插件的连接性。

①检查高压电池包的线束连接器 BY123 和 DC/DC 变换器的线束连接器 EB177 是否存在接触不良、腐蚀、污染、变形等现象。

②对于目视有问题的部件进行清洁、维修或更换。

③检修相关部件后,关闭并重新打开点火开关,再次读取故障码,确认故障码是否继续存在。

是:转到下一步。

否:诊断结束。

(3)检测相关线路。

①将点火开关置于 OFF 挡,车辆静置 5 min 以上,操作手动维修开关断开高压电池电源,断开蓄电池负极接线。

②断开 DC/DC 变换器的线束连接器 EB177 和高压电池包的线束连接器 BY123。

③测量高压电池包的线束连接器端子 BY123－6 与高压 DC/DC 变换器的线束连接器端子 EB177－8 之间的电阻是否小于 5 Ω。

如果不在规定范围内,则检修电路开路、电阻过大故障。

④测量高压电池包的线束连接器端子 BY123－6 或高压 DC/DC 变换器的线束连接器端子 EB177－8 与电源之间的电阻是否为无穷大,连接器如图 9－25、图 9－26 所示。

图 9－25　高压电池包-1 连接器(黑色)

图 9－26　高压 DC/DC-信号连接器(黑色)

新能源汽车动力驱动电机电池技术

如果不在规定范围内，则检修电路开路、电阻过大故障。

⑤测量高压电池包的线束连接器端子 BY123-6 或高压 DC/DC 变换器的线束连接器端子 EB177-8 与接地之间的电阻是否为无穷大。

如果不在规定范围内，则检修电路对接地短路故障。

⑥检修相关部件后，关闭并重新打开点火开关，再次读取故障码，确认故障码是否存在。

是：转到下一步。

否：诊断结束。

(4)检测、更换动力电池管理系统。

经过以上检修后如果故障码依然存在，则尝试检测、更换动力电池管理系统或主高压互锁线束。

任务实施

1. 作业说明

一辆纯电动汽车出现了无法上高压电的故障，经初步检查发现车辆存在漏电故障，需要进行进一步的诊断和检测，并完成故障的修复。

2. 技术标准与要求

绝缘电阻标准值	

注：请学员查阅维修资料后填写。

3. 设备器材

(1)设备与仪器。

_____

_____

(2)拆装工具等。

_____

_____

(3)耗材及其他。

_____

_____

注：请学员根据场地实际设备器材填写。

4. 填写考核工单

1. 记录车辆信息					
整车型号		VIN		电机型号	
动力电池额定容量		动力电池额定电压		里程表读数	
2. 故障现象确认					
作业项目		作业内容			
故障现象					
读取故障代码		故障代码		故障含义	
记录主要数据流		数据流		内容	
分析故障范围					
3. 制订故障检测计划					
检测计划					
步骤		检测内容			
1					
2					
3					
4					
5					
6					
7					
4. 故障检测过程					
步骤	检测项目	测量结果		标准值	结果分析
1					
2					
3					
4					
5					
故障确认与排除					

新能源汽车动力驱动电机**电池技术**

自我测试

(1) 高压互锁的作用是什么？

___

(2) 电动汽车的高压漏电保护措施有哪些？

___

(3) 引起电动汽车无法上高压电的原因可能有哪些？

___

拓展学习

动力电池 CTP 与 CTB 结构

1. CTP 结构

CTP 结构指的是在原有的电池化学体系基础上，通过电池单体设计和电池包集成形式的优化，将原有的单体-模组-电池包的三层结构，改进为由大电芯/大模组构成的单体-电池包两层结构。动力电池中有模组，一方面保护、支撑、集成了电芯，另一方面各个模组独立管理了部分电芯，有助于温度控制、防止热失控传播、同时便于维修。但模组的存在，使得整个电池包的空间利用率有所下降，导致了成组效率的低水平。模组越多，零部件越多，成组效率也就越低。在单体能量密度突破 300 W·h/kg 的同时，受限于传统电池包的成组方式，电池系统层面的能量密度仍处于 160 W·h/kg 左右。

因此，将模组做大做少，乃至于无模组，是近年来电池系统工艺设计层面的主要关注点，特斯拉 Model 3 的大模组也反映了这一趋势。简单来说，一种实现方法是像 Model 3 一样，把模组做大，每个模组管理的电芯更多；另一种实现方法是像宁德的 CTP，把模组做大的同时，把电芯做大，一个电芯内包括了多个卷芯，事实上是在电芯内部并联。

但与此同时，正因为模组有着保护电池、降低风险、便于维修的作用，虽然上述去模组化的思路看起来简单，但实现起来却并不容易。无模组意味着更高的工程难度，意味着对电池单体的质量和一致性的要求更高。因此，宁德时代和比亚迪的无模组技术，不仅是电池系统工艺层面的突出创新，更体现了电池单体设计制造的技术水平。

成组效率的提升，使得 CTP 具备了多方面的优点。

长里程：电池包能量密度的提升，直接让整车续驶里程得到改善。在相同的电池化学体系条件下，宁德 CTP 电池包的系统能量密度有着 10%～15% 的提升；而比亚迪刀片电池则将磷酸铁锂电池（LFP）包的体积能量密度提升 50% 至 270 W·h/L 左右，与三元电池（NCM）相比也极具竞争力。

高安全：能量密度是过去数年中电池厂商最为聚焦的电池性能，而在 CTP 之前，能量密度的提升主要是通过三元电池化学体系的改进所实现的，而伴随着高镍体系的不断升级，电池的安全性上所面临的风险随之上升。CTP 在电池包层面对能量密度的提升，意味着在电池单体层面使用安全性成熟的普通三元，甚至磷酸铁锂电池就可以实现充裕的续驶里程。在同样的里程效果下，整车的安全性无疑得到改善。

低成本：从成本来看，由于省去了模组环节的线束、盖板等零部件，整个电池包零件数量减少了 40%，生产效率提升了 50%，CTP 电池包的物料成本与制造成本将得到改进。而如果使用成本更低的磷酸铁锂电池,相较于传统的三元电池包,整个电池包的成本还将进一步下降。

2. CTB结构

CTB结构简单来说就是电池车身一体化。比亚迪CTB结构将电池包上盖与传统结构的车身底板集成,它省略了原来的底板,而是让动力电池的上盖直接充当车身底板。成本进一步降低,同时更好地优化车辆空间和提高续驶表现。是未来电动车的发展方向。因为随着电芯的集成化越来越高,电池与车身能够一体化,就能实现车内空间的最大利用。

除此以外,比亚迪的CTB结构,还通过创新蜂窝形状,带来了更强的安全性。而且,通过CTB的应用可以实现1∶1的整车黄金轴荷配比。通过良好的车身配比,能够为车辆带来更平稳的操控,达到更高性能上限,提供强大基础支撑。

CTB还可使整车扭转刚度提升70%,扭转刚度可超过40 000 N·m/(°)。

任务 10

车载充电系统检查保养

任务引入

小王在某新能源汽车 4S 店工作，客户购买了一辆吉利帝豪 EV 轿车，需要小王给客户展示如何进行充电操作。

学习目标

(1) 能够描述新能源汽车充电的方法及优缺点。
(2) 能够描述新能源汽车的充电操作及注意事项。
(3) 能正确选择充电设备对新能源汽车进行充电。
(4) 能正确记录、分析充电情况并判断充电状态。
(5) 培养服务意识。
(6) 培养自我管理和自主学习能力。

知识准备

10.1 新能源汽车充电的方法及特点

动力蓄电池作为电动汽车的唯一能量来源，需要外部进行充电。当动力蓄电池剩余电量低于30%时，在仪表板上会出现如图 10-1 所示的图标，提醒使用者对电动汽车进行充电。

当剩余电量低于10%时，为保护动力蓄电池，会限速行驶。电动汽车充电是电动汽车使用过程中必不可少的环节，充电快慢影响着电动汽车使用者的出行。根据电动车动力蓄电池组的技术特性和使用性质，存在着不同的充电模式。

新能源汽车动力蓄电池充电的方法主要有常规充电(交流慢充)、快速充电(直流快充)、更换电池和无线充电等方式。

交流慢充和直流快充的区别:

(1)交流充电(慢充)主要由家用电源插头和交流充电桩接入交流充电口,通过车载充电器将 220 V 交流电转为 330 V 直流电(以比亚迪 e6 为例)为动力蓄电池充电。

(2)直流充电(快充)主要由充电站的充电桩将直流高压电直接通过直流充电口(不经过车载充电器)给动力蓄电池充电。

图 10-1 充电提醒标志

10.1.1 慢充充电方式

慢充充电也称为交流充电或常规充电方式,指用充电连接线将电动汽车和交流充电装置连接起来进行充电的方式。根据充电装置的不同,慢充充电又可以分为两类:交流充电桩充电和充电适配器充电。慢充充电模式的缺点是充电时间较长,但其对充电设备的要求并不高,充电器和安装成本较低;可充分利用电力低谷时段进行充电,降低充电成本;更为重要的是可对电池深度充电,提升电池充放电效率,延长电池寿命。充电桩交流充电为标准充电模式时(充电桩充电),在环境温度大于 0 ℃的情况下,车辆从电量报警状态到充满电,大约耗时 8 h。当使用充电适配器充电时,充电功率为 3 kW 左右,为家用标准空调插座(16 A 插座)所能提供的最大安全功率。图 10-2 为壁挂式交流充电桩,可安装在车库内使用。

图 10-2 壁挂式充电桩

常规充电方式的主要适用情况:

①用户对电动汽车行驶里程的要求相对较低,车辆行驶里程能满足用户 1 天的使用需要,在车辆晚间停运时间完成充电。

②由于慢充充电电流和充电功率比较小,因此在居民区、停车场和公共充电站都可以进行充电。

③规模较大的集中充电站，能够同时为多辆电动汽车提供停车场地并进行充电。

常规充电方式的优点：

①尽管充电时间较长，但所用功率和电流的额定值并不关键，充电桩自身和安装成本比较低。

②可充分利用电力低谷时段进行充电，降低充电成本。

近年来，我国电网的高峰负荷增长很快，峰谷差逐年拉大（北京电网峰谷差达40%），造成较多发电资源闲置。电动汽车依靠充电桩可以在夜间低谷充电，有利于改善电网运行质量，减少电网为平衡峰谷差投入的费用，基本上不增加电网的负荷。

③可提高充电效率和延长电池的使用寿命。与快速充电相反，常规充电的充电电流小，有利于提高充电效率和延长电池的使用寿命。

常规充电方式的主要缺点为充电时间过长，难以满足车辆紧急运行的需求。此外，城市的建筑密度也无法满足电动汽车对充电桩的需求，城市建筑结构以高楼为主，地面停车场数量有限，这样会造成部分车充不上电的情况。这种充电方式通常适用于行驶里程大的电动汽车，仅仅利用晚间停运时间进行充电即可满足车辆一天运营的需要。

交流充电的关键技术：

①各种恶劣环境的适应性技术，低温、高热、高湿、风沙、凝露、雨水等。

②充电安全防护技术，漏电、短路、误插拔防护、断线防护、倾倒防护、防误操作等。

③充电桩高互换性技术，物理接口、电气接口、通信协议等，实现充电桩和不同车型的电动汽车充电的兼容互换。

④灵活的计量计费技术，与各种不同运营模式的结合。

⑤友好方便的人机交互技术，适应不同层次、不同水平的操作者。

⑥充电桩的运行管理与综合监控。

⑦有序充电及与电网的互动技术。

1. 交流充电桩充电

将充电连接线直接连接交流充电桩进行充电，如图 10-3 所示。

图 10-3　交流充电桩充电

充电连接线一端是蓝色充电枪,用来连接车辆慢充口;另一端是黑色充电枪,用来连接充电桩。连接车辆端的充电枪有7个针脚,如图10-4所示。

使用自带的充电连接线时,一定要将蓝色充电枪插入车身上的慢充口,将黑色充电枪插入充电桩,然后打开充电桩电源(或打开计费开关)。有些交流充电桩也自带了充电连接线,可以直接连接慢充口进行充电。

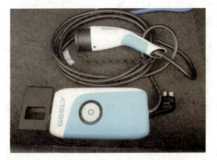

图10-4 连接车辆端的充电枪针脚

2. 通过交流适配器充电

这种充电方式使用家庭用220 V交流电进行充电,将随车配置的交流充电适配器的三相插头插入家庭用电,充电枪插入电动汽车慢充接口即可进行充电,如图10-5所示。

图10-5 慢充适配器(充电连接线2)

充电电流有16 A和32 A两种,16 A电流充电时间一般为6~8 h。32 A电流充电时间一般为4~6 h。因此,用户在使用该类充电方式时一定要注意所用插座允许使用的最大电流,以免发生危险。

3. 慢充口

采用慢充充电方式时,要将充电枪连接到车身左后部位充电口。慢充口位置如图10-6所示。

图10-6 吉利帝豪EV慢充口位置

如果充电口盖板打开，车辆无法正常启动。

检测方法：检查充电口盖能否正常打开与关闭，如图10-7所示。当充电口盖板打开时仪表充电指示灯应常亮，当关闭充电口盖板时仪表充电指示灯应熄灭。

图10-7 充电口盖板

4. 充电接口电气参数值及功能

车辆接口和交流充电接口分别包含7对触头，其电气参数值及功能定义如表10-1所示。

表10-1 触头电气参数值及功能定义

触头编号/标识	额定电压和额定电流	功能定义
1——（L）	250 V 10 A/16 A/32 A	交流电源（单相）
	440 V 16 A/32 A/63 A	交流电源（三相）
2——（NC1）	440 V 16 A/32 A/63 A	交流电源（三相）
3——（NC2）	440 V 16 A/32 A/63 A	交流电源（三相）
4——（N）	250 V 10 A/16 A/32 A	中线（单相）
	440 V 16 A/32 A/63 A	中线（三相）
5——（⏚）	—	保护接地（PE），连接供电设备地线和车辆电平台
6——（CC）	0 V～30 V 2 A	充电连接确认
7——（CP）	0 V～30 V 2 A	控制导引

5. 触头布置形式

供电插头和车辆插座的触头布置方式如图10-8所示。

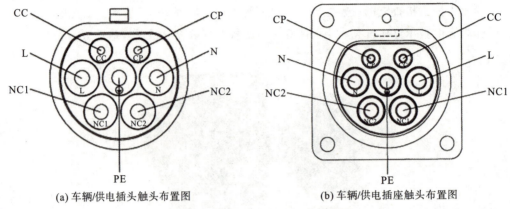

(a) 车辆/供电插头触头布置图　　(b) 车辆/供电插座触头布置图

图 10-8　交流充电接口触头布置图

慢充时，交流电通过充电桩或者适配器后，经慢充口进入车载充电系统，经线束将交流电送入车载充电机，车载充电机将交流电转化为直流电后经高压控制盒，通过高压母线给动力蓄电池进行充电。

10.1.2　快充充电方式

常规充电方式的时间较长，给实际使用带来诸多不便。快速充电方式的出现，为电动汽车的商业化提供了技术支持。

快速充电又称直流快充或应急充电，在短时间（20 min～2 h）内，以较大直流电流为电动汽车提供快速充电服务，一般充电电流为 150～400 A。

快速充电方式的优点是充电时间短。但是，相对常规充电方式，快速充电也存在一定的缺点。

(1) 降低动力蓄电池的使用寿命。

受电池技术影响，目前电动汽车使用最多的是锂电池。锂是比钠还要活跃的金属元素之一，快充易使锂离子太过活跃，导致电池中的电解液发生沉淀，产生气泡现象，甚至会导致电池爆炸等安全事故。因此充电电流不宜过大。

电动汽车充电速度快慢与充电器功率、电池充电特性和温度等紧密相关。在目前的电池技术水平下，即使进行快速充电，也需要 30 min 左右才能充到电池容量的 80%。超过 80% 后，为保护电池安全，充电电流必须变小，继续充电到电池容量的 100% 的时间较长。此外，在冬天气温较低时，电池要求充电电流变小，充电时间会更长些。

传统燃油汽车加油的整个流程为 5～8 min，充电站如果无法提供 15 min 以内的快充充电服务，基本就失去了其社会基础建设的功能性。

(2) 充电站成本较高，盈利模式值得商榷。

充电站的建设需要充电桩、送变电设施、铺设专用电缆及新建监控系统等。不包括建设用地成本，一个充电站的成本在 300 万～500 万元左右。这样的高成本，在电动汽车还没完全普及的情况下，难以维持充电站运营。图 10-9 为具备快速充电功能的电动汽车充电站。

图 10-9　电动汽车充电站

直流充电关键技术：

（1）高性能直流充电器技术，效率、谐波、使用寿命。

（2）直流充电环境适应性技术，宽的温度范围，户外使用时的凝露和风沙防护等。

（3）安全防护技术，漏电防护、短路防护、误插拔防护、断线防护、倾倒防护、防误操作、防止带电插拔等。

（4）充电器的高互换性技术，物理接口、电气接口、通信协议的高度兼容互换。

（5）直流充电与电网的接口、有序充电及与电网的互动技术。

1. 直流充电桩充电

目前，直流充电桩可以提供 100 A 的充电电流。一般直流充电桩带有充电连接线，如图 10-10 所示，可以连接车辆的快充口进行直流充电。

快充充电连接线一端是蓝色充电枪，用来连接车辆，另一端是黑色充电枪，用来连接充电桩。连接车辆端的充电枪有 9 个针脚，对应车身上快充充电口的 9 个针脚槽。采用快充充电方式时，要将充电枪连接到快充接口，如图 10-11 所示。

图 10-10　快充充电连接线

图 10-11　快充口的位置

2. 直流充电接口触头布置方式

车辆插头和车辆插座的触头布置方式如图 10-12 所示。

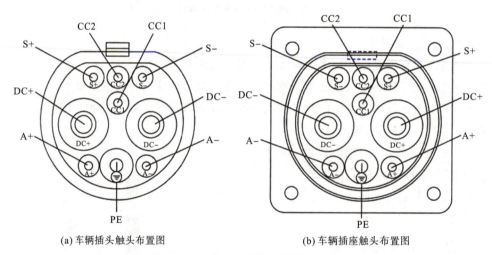

(a) 车辆插头触头布置图　　　　　　(b) 车辆插座触头布置图

图 10-12　直流充电接口触头布置图

3. 车辆接口的电气参数及功能

车辆插头和车辆插座分别包含 9 对触头,其电气参数值及功能定义如表 10-2 所示。

表 10-2　触头电气参数值及功能定义

触头编号/标识	额定电压和额定电流	功能定义
1——(DC+)	750 V 125 A/250 A	直流电源正,连接直流电源正与电池正极
2——(DC-)	750 V 125 A/250 A	直流电源负,连接直流电源负与电池负极
3——(⏚)	—	保护接地(PE),连接供电设备地线和车辆车身地线

续表

触头编号/标识	额定电压和额定电流	功能定义
4——(S+)	30 V 2 A	充电通信 CAN_H，连接非车载充电机与纯电动汽车的通信线
5——(S−)	30 V 2 A	充电通信 CAN_L，连接非车载充电机与纯电动汽车的通信线
6——(CC1)	30 V 2 A	充电连接确认 1
7——(CC2)	30 V 2 A	充电连接确认 2
8——(A+)	30 V 20 A	低压辅助电源正，连接非车载充电机为纯电动汽车提供的低压辅助电源
9——(A−)	30 V 20 A	低压辅助电源负，连接非车载充电机为纯电动汽车提供的低压辅助电源
说明：非车载充电机控制装置和车辆控制装置应有 CAN 总线终端电阻，建议为 120 Ω，通信线宜采用屏蔽双绞线，非车载充电机端屏蔽层接地		

快充时，交流电通过充电桩转换为直流电后，通过充电连接线进入车上快充口，然后直接经过高压控制盒后，经高压母线给动力蓄电池进行充电。直流充电口通过高压线直接连接高压控制盒。

10.1.3　更换电池方式

充电难、充电时间长、续驶里程短等问题，一直困扰着新能源汽车用户。北汽新能源提出"嫌充电慢不如去换电"的想法，与北京石油签订战略合作协议，双方合作开展新技术、新产业，并在企业的生产和管理应用。第一步就是利用加油站场地资源建设换电站，最先受益的是北京电动出租车。

即便是快速充电方式，充满电的时间也在 1 h 以上，部分车辆甚至需要 2 h，严重影响了出租车的运营效率。北汽新能源开发的"换电版"车型换一块充满电的电池仅需要 3 min 甚至更短，比普通燃油车加油还快，不仅可以提高运营效率，还可以实现出租车的双班运营，提高出租车公司的效益。

直接更换电动汽车的动力蓄电池组时需要考虑：由于动力蓄电池组重量较大，更换电池的专业化要求较强，需配备专业人员借助专业机械来快速完成电池的更换、充电和维护。图 10-13 是动力蓄电池换电站更换电池的场景。

采用这种模式，具有如下优点：

(1)电动汽车用户可租用充满电的动力蓄电池，更换需要充电的动力蓄电池，有利于提高车辆的使用效率，也提高了用户使用的方便性和快捷性。

(2)对更换下来的动力蓄电池，可以利用低谷时段进行充电，降低了充电成本，提高了车辆运行的经济性。

图 10 – 13　动力蓄电池换电站

（3）同时解决了充电时间乃至蓄存电荷量、电池质量、续驶里程不足及价格高等难题。

（4）可以及时发现电池组中单元电池的故障，对于电池的维护工作将具有积极意义。电池组放电深度的降低也将有利于提高电池的寿命。

应用这种模式面临的主要问题：电池与电动汽车的标准化；电动汽车的设计改进、充电站的建设和运营管理，以及电池的流通管理等。

10.1.4　无线充电方式

无线充电方式包括电磁感应式、磁场共振式和无线电波式3种方式。电动汽车非接触充电方式的研究目前主要集中在感应式充电方式，不需要接触即可实现充电。其原理是采用了在供电线圈和受电线圈之间可提供电力的电磁感应方式，即将一个受电线圈装置安装在汽车的底盘上，将另一个供电线圈装置安装在地面上，当电动汽车行驶到供电线圈装置上时，受电线圈即可接收到供电线圈的电流，从而对电池进行充电。

相对电动汽车的有线充电而言，无线充电具有使用方便、安全、可靠，没有电火花和触电危险，无积尘和接触损耗，无机械磨损，没有相应的维护问题，可以适应雨、雪等恶劣的天气和环境等优点。无线充电技术用于电动汽车充电有降低人力成本、节省空间，不影响交通视线等优势。有了无线充电技术，公路上行驶的电动汽车或双能源汽车可通过安装在电线杆或其他高层建筑上的发射器快速补充电能。

10.2　充电操作及注意事项

10.2.1　充电电源选择

新能源汽车正在逐步普及，然而目前充电和行程问题成为新能源汽车普及推广的主要瓶颈。新能源汽车用户在给电动汽车选择充电电源时需要注意以下事项。

由于目前的充电站覆盖点少等缺陷，导致电动汽车用户无法方便地对自己的爱车进行充电。因此，有的用户就会在家里拉出电线，私自改造充电接口，对电动汽车充电，这种充电方式存在安全隐患。目前电动汽车车载充电器功率一般为 3 kW 左右，采用 220 V 家用电的电流大概在 16 A 左右，而一般情况下入户电流容量最大不超过 16 A，因此家用电器线路可能会因过载工作而引起火灾。

我国在电动汽车充电方面有相关标准，建议用户使用充电桩进行充电，因为充电桩能根据供电电源的容量自动限制车载充电器的充电功率，并能在出现故障后安全可靠地切断电源，避免火灾等事故发生。标准中不建议在没有充电桩的情况下进行充电，更是禁止在没有充电桩的情况下采用三相工业用电进行充电。电动汽车用户需要注意的是，如不按照国家标准或不按照电动汽车充电方式使用手册进行充电，如发生事故，用户不能得到国家的相关标准保护。针对这种情况，有的城市出台了相关政策，购买电动汽车可标配充电桩，用户以后就可以在小区里申请安装充电桩对汽车充电。

10.2.2　充电时的注意事项

（1）插电式混合动力电动汽车插有充电电缆时不要加油，与易燃物品保持充足、安全的距离。否则未按规定插入或拔出充电电缆时，存在因燃油燃烧等导致人员受伤或物品损坏的危险。

（2）通过家用插座为动力蓄电池充电会导致插座上出现较高持续负荷，因此必须遵守操作说明。

（3）切勿自行维修或改进充电电缆，不要使用非标准适配器或延长电缆。

（4）充电结束后首先拔出车辆一端的充电插头，然后再拔出充电桩一端的充电插头。

（5）避免绊倒危险及注意充电电缆和插座机械负荷。

（6）必须使用防潮和防侵蚀的插座，不要使用损坏的插座和充电电缆。

（7）为动力蓄电池充电时，充电插头和充电电缆可能会变热。如果过热，则充电插座可能不适用于进行充电或充电电缆已损坏，应立即中止充电并让电气专业人员进行检查。

（8）如果反复出现充电故障或中断情况时，联系具有资质的维修人员。

（9）不要用手指或物体接触插头触点区域。

（10）进行清洁前将电缆两侧均拔出，注意电缆不要浸入液体。

（11）充电期间不允许进行自动洗车。

（12）仅在经过电气专业人员检查的插座上进行充电。在不了解的基础设施/插座上充电时，应阅读并遵守用户手册内的特殊说明。在车上将充电电流设置为"较低"。

10.3 充电策略

10.3.1 慢充

锂电池慢充时一般采用恒压充电的方式进行充电,超过一定电压值,电池物质会发生分解,影响电池的安全性。所以锂电池对充电终止电压的精度要求很高,一般误差不能超过额定值的 1%。

对于锂电池,充电过程一般分为三个阶段:预充电阶段、恒定电流充电阶段和恒定电压充电阶段,如图 10-14 所示。

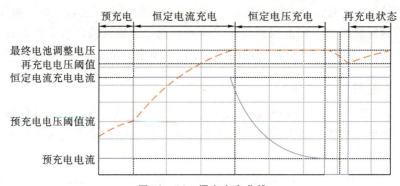

图 10-14 慢充充电曲线

电池电压较低时,电池不能承受大电流的充电,这时有必要以小电流对电池进行浮充,主要是对过放电的锂电池进行修复;当电池电压达到一定值时,电池可以承受大电流充电,这时以恒定的大电流充电,使锂离子快速均匀地转移。可以用以下两种方法判断是否停止恒流充电。

(1)电池最高电压终止法。电池电压达到最高电压限制时,应终止恒流充电。

(2)电池最高温度终止法。电池温度达到 60 ℃时,立即停止充电。

随后,进入恒压充电阶段,充电电流逐渐降低,单节电池的恒压充电电压应在规定值的 ±1% 范围变化。恒压充电的截止条件一般用最小充电电流来控制,充电电流很小时(一般为 0.05 C,或恒流充电电流的 1/10),表明电池充满,应停止充电。

10.3.2 快充

快充充电方法是脉冲快速充电。首先进行一级充电,给电池组用 0.8~1 倍额定容量的大电流进行定流充电,使蓄电池在短时间内充至额定容量的 50%~60%。然后由电路控制先停止充电 25~40 ms,接着再放电或反充电,使电池组反向通过一个较大的脉冲电流,最后停止充电。当电池电量到达标称容量的 60% 后,进行二级充电,充电电流变为 0.5~0.6 倍额定容量的大电流。随着电池电量逐渐增加,之后的充电都按照正脉冲充电→前停充→负脉冲瞬间放电→后备充→正脉冲充电的循环,充电电流按照上一级的 60% 继续进行充电,直至充满。脉冲快速充电过程如图 10-15 所示。

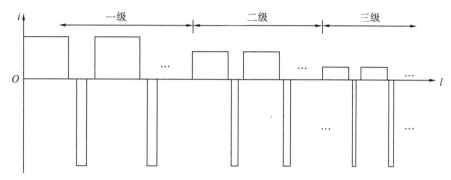

图 10-15 脉冲快速充电过程

脉冲快速充电的最大优点为充电时间大为缩短;且可增加适当电池容量,提高启动性能。但是脉冲充电电流较大,对极板的活性物质的冲刷力强,活性物质易脱落,因此对电池组寿命有一定影响。现阶段大多数快速充电都采取脉冲快速充电方法。

快速充电模式实质上为应急充电模式,其目的是在短时间内给电动汽车充电。高功率、高电压的工作条件,从而使得快速充电模式仅存在于大型充电站或公路旁作为应急使用。虽然快速充电的充电速度非常快,其充电时间接近内燃机注入燃油的时间。可是充电设备的安装要求和成本非常高,并且快速充电的电流、电压较高,短时间内对电池的冲击较大,容易使电池的活性物质脱落和电池发热,因此对电池散热保护方面有更高的要求,并不是每款车型都可快速充电。

10.4 电动汽车高压系统

10.4.1 纯电动汽车高压系统的功用

(1)电动汽车启动时,电源系统向电动机及其他电气设备供电。
(2)当动力蓄电池电压高或低于设定的电动势时,电源管理系统会切断动力蓄电池同时发出警告。
(3)当动力蓄电池断路或损坏时,电源管理系统会切断动力蓄电池保护乘员的人身安全。
(4)能吸收整车电气系统电路中出现的瞬时过电压,稳定电网电压,保护电子元件不被损坏;另外,对电子控制系统来说,电源系统也是电子控制装置内的不间断电源。
安全起见,高压系统设置了高压互锁装置。

10.4.2 电动汽车高压系统的结构

吉利帝豪 EV 电动汽车高压系统的结构如图 10-16 所示。

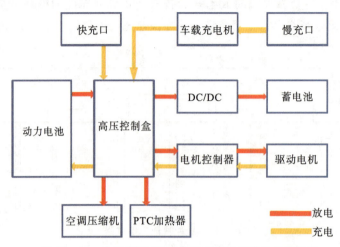

图 10-16 吉利帝豪 EV 电动汽车高压系统的结构框图

可以看出，吉利帝豪 EV 的高压系统包括动力蓄电池、高压电源系统、配电系统和用电设备。充电系统包括快充口、慢充口和车载充电机等，用于对动力蓄电池进行充电；配电系统主要是高压控制盒，对高压电系统进行配电，控制高压电电流流向；用电设备包括电机控制器、动力电机、DC/DC 变换器、空调压缩机及空调 PTC。

10.4.3 高压电源系统部件

1. 高压电源

电动汽车的高压电源即为电动汽车动力蓄电池，为了使电动汽车有更好的驾驶性能和更远的续驶里程，纯电动汽车的高压电源是由众多单体电池串联而成的动力蓄电池包。其功能为储存能量和释放能量。吉利帝豪 EV 动力蓄电池包如图 10-17 所示。

图 10-17 吉利帝豪 EV 动力蓄电池包

2. 低压电源

低压电源是由车载 12 V 铅酸蓄电池和 DC/DC 变换器并联提供的，DC/DC 变换器将动力蓄电池的高压电转化为 13.8 V 输出，是电动汽车的辅助电源。其主要功能是为车身电气提供电能。电动汽车的辅助电源则由主电源通过 DC/DC 变换器来充电。图 10-18 为吉利帝豪 EV 电动汽车的驱动电机控制器，它集成了 DC/DC 转换功能将直流高压电变为低压电给蓄电池充电。

图 10-18　吉利帝豪 EV 驱动电机控制器

3. 车载充电系统

车载充电系统将电动汽车外部的能量转化为动力蓄电池的能量储存起来，其主要由充电接口、车载充电机等组成。图 10-19 为吉利帝豪 EV 的车载充电机和分线盒（高压控制盒）二合一部件。

图 10-19　吉利帝豪 EV 车载充电机和分线盒（高压控制盒）

4. 高压配电系统

高压配电系统的功能：由供电的动力蓄电池将电能通过继电器、熔丝等配电器件，送到车辆的电机系统、充电系统、空调系统、PTC加热系统、DC/DC低压系统、电动助力转向系统等。高压配电系统的主要部件是高压控制盒，如图10-19所示。

5. 高压电缆

高压电缆是电动汽车特有的专用电缆，它包括高压电缆和高压电缆专用接口，其功能是保证传输大电流、大电压的同时又能满足电缆散热性能、绝缘性能的要求。

整车共分为5段高压线束，如图10-20所示。

①动力蓄电池高压电缆：连接动力蓄电池到高压盒之间的线缆。

②电机控制器电缆：连接高压盒到电机控制器之间的线缆。

③快充线束：连接快充口到高压盒之间的线束。

④慢充线束：连接慢充口到车载充电机之间的线束。

⑤高压附件线束（高压线束总成）：连接高压盒到DC/DC、车载充电机、空调压缩机、空调PTC之间的线束。

图10-20 整车的高压线束

蓝色箭头：PDU与OBC"2合1"高压用电系统总成。

橘色箭头：驱动电机控制与DC/DC"2合1"控制系统总成。

白色箭头：动力电池总成液态热管理系统循环管路补液壶。

黄色箭头：驱动电机、电机控制器与DC/DC"2合1"控制总成、PDU和OBC"2合1"高压用电总成高温散热循环管路补液壶。

每个高压线束插头上都有高压互锁装置，高压互锁回路（high voltage interlock，HVIL），设置高压互锁的目的：

①整车在高压上电前确保整个高压系统的完整性，使高压处于一个封闭环境下工作，提高安全性。

②在整车在运行过程中，如果高压系统回路断开或者完整性受到破坏，需启动安

全防护。

③防止带电插拔高压插接器给高压端子造成的拉弧损坏。如果高压互锁断开，车辆会发出警报。

6）电源管理系统

纯电动汽车电源管理系统的主要作用：

①采集动力蓄电池的电压、电流和温度，判断动力蓄电池的漏电状态，通过控制高压配电箱内的高压接触器和继电器来控制电池的充放电状态。

②实现动力蓄电池的热管理、能量管理、健康管理、充电管理等。

10.4.4 电动汽车车载充电系统

电动汽车车载充电系统由充电接口、充电电缆、高压电缆、车载充电机、高压配电盒及动力蓄电池组成。

按照充电方式可以分为慢充方式和快充方式两种。

1. 慢充方式

吉利帝豪 EV 慢充系统构成简图如图 10-21 所示。

由图 10-23 可以看出，慢充时，供电设备（交流充电桩或充电插接器）通过交流充电接口将家用交流电提供给车载充电机，车载充电机将其变成高压直流电之后，送入高压配电盒，然后给动力蓄电池进行充电。慢充所依赖的基础设施成本较低，用普通的家用插座就可以充电。因此，慢充不仅方便，而且有利于延长电池的使用寿命，但慢充充电时间较长。通过 CAN 总线对慢充系统工作状况进行监控。

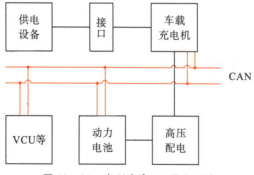

图 10-21 吉利帝豪 EV 慢充系统

2. 快冲方式

吉利帝豪 EV 快充系统构成简图如图 10-22 所示。快充时，供电设备（一般为直流充电桩）通过直流充电接口将高压直流电提供给高压配电盒，高压配电盒通过直流母线给动力蓄电池进行充电。快充方式充电时间短。但是需要专用的充电桩，且快充方式对动力蓄电池的寿命有一定的影响。可以看出，快充系统不使用车载充电机。

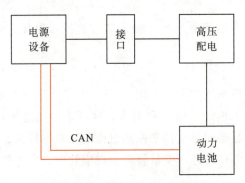

图 10-22 吉利帝豪 EV 快充系统

10.5 充电系统结构组成

充电系统是能源补给系统,图 10-23 为新能源汽车充电系统结构组成。充电系统主要由充电桩、充电线(含充电枪)、车载充电器、高压控制盒、动力蓄电池、DC/DC 变换器、低压蓄电池及各种高压线束和低压控制线束等组成。以下介绍新能源汽车充电系统主要组成部分:充电桩和车载充电器。

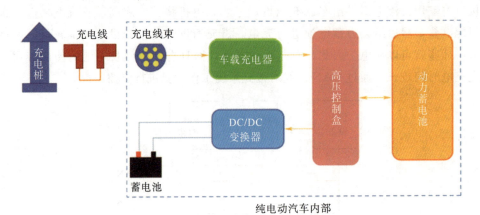

图 10-23 充电系统结构组成示意图

10.5.1 充电桩

充电桩作为新能源(电动)汽车充电系统的配套设施,有交流充电桩和直流充电桩两种类型。

1. 交流充电桩

图 10-24 为交流充电桩,俗称"慢充",是固定安装在车辆外部,与家用交流电网连接,为车载充电器(即固定安装在电动汽车上的充电器)提供交流电源的供电装置。

交流充电桩只提供电力输出,没有充电功能,需连接车载充电器为电动汽车充电。交流充电桩实际上只起控制电源的作用。

2. 直流充电桩

图 10-25 为直流充电桩,俗称"快充",是固定安装在车辆外部,与动力交流电网连接,可以直接为电动汽车或已经拆卸下来的动力蓄电池提供直流电源的供电装置。直流充电桩的输入电源采用三相四线 380 V 交流电,频率为 50 Hz,输出为可调直流电,直接(不经过车载充电器)为电动汽车的动力蓄电池充电。

为了方便用户使用,有些充电桩设计成交直流一体的形式,如图 10-26 所示。

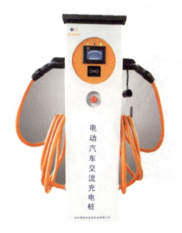

图 10-24 交流充电桩

图 10-25 直流充电桩

图 10-26 交直流一体充电桩

10.5.2 车载充电器

车载充电器也称车载充电机(on-board charger,OBC)。车载充电器是充电系统的重要组成部件,在"慢充"充电模式时,将 220 V 交流电转化为直流电,实现动力蓄电池电量的补给。车载充电器既有独立安装的形式,也有与其他高压部件集成一体的形式。图 10-27 为北汽新能源汽车(EV160、EV200)独立安装的车载充电器,图 10-28 为 EC180 与 DC/DC 变换器集成一体的车载充电器,图 10-29 是车载充电器内部结构图。

图 10-27 独立安装的车载充电器

图 10-28　EC180 与 DC/DC 变换器集成一体的车载充电器

图 10-29　车载充电器内部结构

10.5.3　充电连接装置

充电连接装置是新能源汽车充电时,连接新能源汽车和新能源汽车供电设备的组件,除电缆外,主要包括供电接口、车辆接口、缆上控制保护装置和帽盖等部件,如图 10-30 和图 10-31 所示。

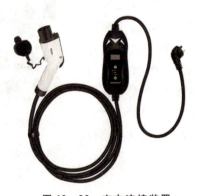

图 10-30　充电连接装置

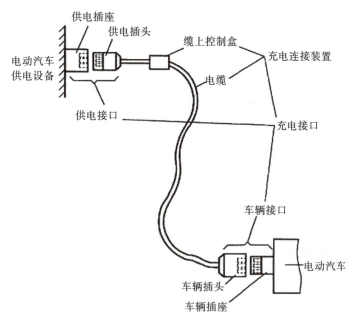

图 10-31 充电连接装置的构成

1) 充电接口

充电接口是充电连接装置中，除电缆、电缆控制盒（如果有）之外的部件，包括供电接口和车辆接口。

2) 供电接口

供电接口是能将电缆连接到电源或新能源汽车供电设备的器件，由供电插头和供电插座组成。

3) 供电插座

供电插座是供电接口中和电源供电线缆或供电设备连接在一起且固定安装的部分。

4) 供电插头

供电插头是供电接口中和充电线缆连接且可以移动的部分。

5) 车辆耦合器

车辆耦合器是将电缆连接到新能源汽车上的器件，由车辆插头和车辆插座组成。

6) 车辆插座

车辆插座是车辆接口中固定安装在新能源汽车上，并通过电缆和车载充电机或车载动力蓄电池相互连接的部分。

7) 缆上控制盒

缆上控制盒是安装在充电连接装置上靠近供电插头一侧，且至少具有连接确认、漏电保护等控制功能的装置。

新能源汽车动力驱动电机**电池技术**

任务实施

1. 作业说明

根据实训室的车辆配置,参照前文内容,识别新能源汽车充电系统的组成部件,完成新能源汽车充电,并能够制订工作计划,安全、规范地对新能源汽车进行充电系统检查。

2. 技术标准与要求

仪表电量	
蓄电池电压	
蓄电池剩余电量	

注:请学员查阅维修资料后填写。

3. 设备器材

(1)所用设备与仪器。

_____

_____

(2)常用工具。

_____

_____

(3)耗材及其他。

_____

_____

注:请学员根据场地实际设备器材填写。

4. 作业流程

(1)做好安全防护,清洁总成及工具。

(2)检查充电系统。

5. 填写考核工单

一、查询并记录车辆信息					
车型		VIN 码		电机型号	
动力电池额定电压		剩余电量		行驶里程	
二、新能源汽车进行充电系统检查					
小组成员分工					
项目实施					

打开动力舱盖。

面对动力舱，最左侧的方形盒子是_____；

第二个方形盒子为_____；

第三个方形盒子为_____；

其中_____和_____的散热方式是_____。

交流充电接口的位置在_____；

直流充电接口的位置在_____。

车辆行驶时，高压电从_____经动力母线输出到_____，将电能分配给_____，电机控制器驱动电机工作从而使车辆行驶。

空调系统制冷时，高压控制盒经线束将高压电分配给_____，从而驱动空调系统工作。

空调系统暖风工作时，高压控制盒经线束将高压电分配给_____，从而使空调暖风系统工作。

当低压蓄电池需要充电时，_____经线束将高压电分配给_____，将动力蓄电池电压转换为_____V 左右，给低压蓄电池进行充电。

当对动力蓄电池进行慢充电时，电流通过_____经交流充电线进入车载充电机，车载充电机将其转化为_____电后进入高压控制盒，通过高压控制盒给_____进行充电。

当对动力蓄电池进行快速充电时，电流通过_____经直流充电线进入高压控制盒，高压控制盒内部继电器吸合，通过_____给动力蓄电池进行充电。

新能源汽车动力驱动电机**电池技术**

自我测试

(1) 简述新能源汽车快充的操作步骤及注意事项。

(2) 简述新能源汽车慢充的操作步骤及注意事项。

(3) 简述车载充电系统的组成及检查项目。

无线充电技术

电动车代表着未来汽车的方向。为了解决电动汽车的充电问题，无线充电系统出现了。无线充电技术有着"站不征地、车不增负、充不动手、路不白跑、电不过放"的五大优势，因此被广泛看好，如图10-32所示。

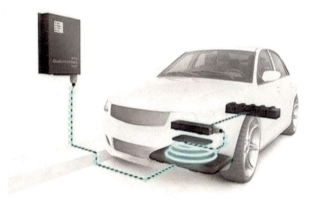

图10-32 无线充电技术

如果把线圈埋在停车场或者公路的地下，车辆只要从这条公路上开过去就可以充上电。这不仅减少了安装充电桩的成本，还让电动汽车随行随充，有效解决了电池续驶的问题。

但是无线充电技术现在还有一些亟待解决的问题。首先，无线充电技术目前还不太成熟。无线充电设施的安全保护及应用设计还有待实践检验，例如供电、受电线圈装置的防水，充电时的人身安全问题，如何实现无线充电的系统与当地电网连接，如何处理在交流转直流过程中对供电网络产生的谐波影响等。

任务 11

车载充电系统部件检测维修

任务引入

客户反映一辆纯电动汽车无法进行慢充充电,且仪表板上充电连接指示灯不亮。经过修理工检查,该车车载充电机故障灯点亮;接着检查,发现车载充电机内部主控板损坏,需要更换车载充电机。

学习目标

(1)能够描述新能源汽车充电系统的工作原理。
(2)能够正确叙述车载充电机、充电连接装置、高压控制盒的作用及结构。
(3)能够正确检修车载充电机、充电连接装置、高压控制盒。
(4)能够按照正确操作规范进行车载充电机、充电接口、高压控制盒的更换。
(5)能够养成严谨细致、认真工作的良好习惯。
(6)能根据环保要求,正确处理对环境和人体有害的废料和损坏的零部件。

知识准备

11.1 新能源汽车充电系统工作原理

11.1.1 充电系统低压设计的功能

纯电动汽车充电系统的低压部分主要用于低压供电及控制信号。

1)车载充电器相关低压部分

12 V 电源(低压蓄电池)供电:供充电过程中的 BMS、VCU、仪表等用电。

CAN 通信：BMS 通过 CAN 通信控制车载充电器工作状态。

充电系统相关的 CAN 网络结构如图 11-1 所示。

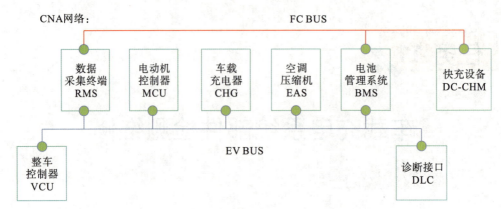

图 11-1　充电系统相关的 CAN 网络结构示意图

2）DC/DC 变换器低压部分

通过使能方式（即控制信号的输入和输出）控制 DC/DC 变换器开关机，提供 12 V 电源给整车低压系统用电。

低压充电系统控制方式如图 11-2 所示。

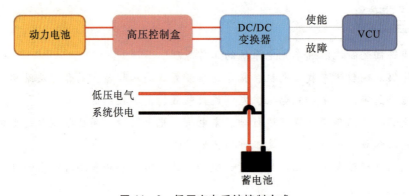

图 11-2　低压充电系统控制方式

3）其他相关的低压部分

充电接口相关低压部分等。

11.1.2　慢充和快充控制策略

1. 充电系统控制过程

动力蓄电池的充电过程由 BMS 进行控制及保护。车载充电器工作状态及指令均由 BMS 发出的指令进行控制，包括工作模式指令、动力蓄电池允许最大电压、充电允许最大电流、加热状态电流值。

快充和慢充的流程均采用恒流-恒压充电方法，在不同温度范围内以恒定电流充电至动力蓄电池组总电压或最高单体电压达到此温度条件下的规定电压值，以恒定电压充电至电流小于 0.8 A 后停止充电。慢充的控制顺序见表 11-1。

表 11-1 慢充的控制顺序表

车载充电机	动力电池及 BMS	VCU、仪表及数据采集终端
200 V 上电	待机	待机
12 V 低压供电等待指令	唤醒	唤醒
接收指令并执行加热流程	BMS 检测电池状态并发送加热指令	
接收指令并停止工作	BMS 监控电池温度并发送停止指令	
接收指令并执行充电流程	BMS 待充电器反馈后发送充电指令	
接收指令并停止工作	BMS 监控电池状态并发送完成指令	
完成后 1 min 控制充电桩结算	待机	待机

2. 充电温度与充电电流的要求

快充充电温度与充电电流要求见表 11-2。

表 11-2 快充充电温度与充电电流要求

温度/℃	<5	5	5~45	>45
可充电电流/A	0	20	50	0
备注	恒流充电至 343 V/3.5 V 以后转为恒压充电方式			

慢充充电温度与充电电流要求见表 11-3。

表 11-3 慢充充电温度与充电电流要求

温度/℃	<0	0~55	>55
可充电电流/A	0	10	0
备注	当电芯(单体电池)最高电压高于 3.6 V 时，降低充电电流到 5 A，当电芯电压达到 3.7 V 时，充电电流为 0 A，请求停止充电		

11.1.3 快充模式充电系统原理

1. 组成

在快充模式下，充电系统主要由充电桩(直流快充桩)、快充接口、高压控制盒、动力蓄电池、整车控制器、高压线束和低压控制线束等组成。

2. 快充模式充电系统结构原理图

快充模式充电系统结构原理如图 11-3 所示。

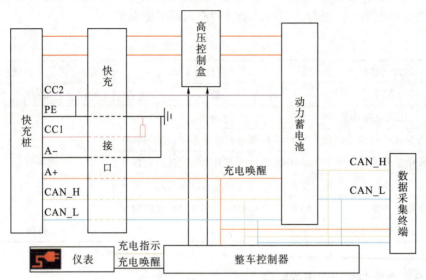

图 11-3　快充模式充电系统结构原理图

整车控制器是快速充电功能的主控模块。将快速充电接口由充电桩连接至车辆快充接口以后，整车控制器通过 CC1 和 CC2 线判断充电接口已经正确连接，并启用唤醒线路 A+唤醒车辆内部充电系统电路及部件。整车控制器通过输出高压接触器接通指令至高压控制盒，实现快速充电桩与动力蓄电池之间高压电路的接通。接通并实现充电时，整车控制器向仪表输出正在充电的显示信息。

3. 充电条件要求

(1) 充电线连接确认信号正常。

(2) BMS 供电电源正常(12 V)。

(3) 充电唤醒信号输出正常(12 V)。

(4) 充电桩、VCU、BMS 之间通信正常(主继电器闭合、发送电流强度需求)。

(5) 动力蓄电池单体电池(电芯)温度大于 5 ℃并且小于 45 ℃。

(6) 单体电池最高电压与最低电压差小于 0.3 V。

(7) 单体电池最高温度与最低温度差小于 15 ℃。

(8) 绝缘性能大于 20 MΩ。

(9) 实际单体电池最高电压不大于额定单体电池电压 0.4 V。

(10) 高、低压电路连接正常。

11.1.4 慢充模式充电系统原理

1. 组成

在慢充模式下，充电系统主要由供电设备(充电桩)、慢充接口、车载充电器(充电机)、高压控制盒、动力蓄电池、整车控制器(VCU)、高压线束和低压控制线束等组成。

2. 慢充模式充电系统结构原理图

慢充模式充电系统结构原理图，如图 11-4 所示。

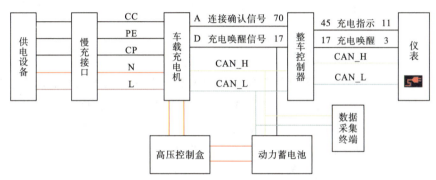

图 11-4 慢充模式充电系统结构原理图

充电枪连接通过车载充电器(充电机)反馈到整车控制器，再唤醒仪表显示连接状态(负触发)；充电机同时唤醒整车控制器和动力蓄电池管理模块(正触发)，整车控制器唤醒仪表启动，显示充电状态(负触发)；正、负主继电器由整车控制器发出指令，由动力蓄电池管理模块控制闭合。

充电控制过程：

(1)充电枪连接确认后(CC 信号)，交流供电。

(2)充电唤醒(CP 信号)。

(3)BMS 检测充电需求。

(4)BMS 给车载充电器(充电机)发送工作指令并闭合继电器。

(5)车载充电器开始工作，进行充电。

(6)BMS 检测电池充电完成后，给车载充电器发送停止指令。

(7)车载充电器停止工作。

(8)BMS 断开继电器。

3. 充电条件要求

(1)充电线连接确认信号(CC)正常。

(2)车载充电器供电电源正常(含 220 V 和 12 V)及充电器工作正常。

(3)充电唤醒信号(CP)输出正常(12 V)。

(4) 车载充电器、VCU、BMS 之间通信正常(主继电器闭合、发送电流强度需求)。

(5) 动力蓄电池单体电池(电芯)温度大于 0 ℃ 并且小于 45 ℃。

(6) 单体电池最高电压与最低电压差小于 0.3 V。

(7) 单体电池最高温度与最低温度差小于 15 ℃。

(8) 绝缘性能大于 20 MΩ。

(9) 实际单体电池最高电压不大于额定单体电池电压 0.4 V。

(10) 高、低压电路连接正常。

11.2 车载充电机的检测维修

11.2.1 车载充电机的结构

车载充电机(OBC)又称为交流充电机,安装在车上的充电机是新能源汽车慢充充电系统的重要组成部分,其可将 220 V 或 380 V、50 Hz 的交流电转换为动力蓄电池所需要的高压直流电,实现动力蓄电池的电量补充。为能够实现新能源汽车动力蓄电池安全、可靠、自动地充满电,充电机依据整车控制器和蓄电池管理系统提供的数据,自动调节充电电流或充电电压等参数,从而满足动力蓄电池的充电需求,以完成充电任务。车载充电机工作不良或损坏会导致车辆不能充电或充电不足等故障。

车载充电机由高压配电模块、散热层和 OBC 车载充电机控制模块三部分组成。

图 11-5(a)是吉利帝豪 EV450 车载充电机外形及接口。其中,BV17 的引脚 1 连接动力电池 BV16-1,引脚 2 连接动力电池 BV16-2;BV27 的引脚 1 连接交流充电插座 BV24-1,引脚 2 连接交流充电插座 BV24-2,引脚 3 连接交流充电插座 BV24-3;BV29 的引脚 1 连接电机控制器 BV28-1,引脚 2 连接电机控制器 BV28-2;BV33 的引脚 1 连接 PTC 控制器 BV32-1,引脚 2 连接 PTC 控制器 BV32-2,引脚 3 连接电动压缩机 BV30-1,引脚 4 连接电动压缩机 BV30-2。

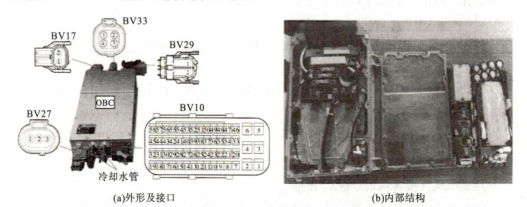

(a)外形及接口　　　　　　　　　　(b)内部结构

图 11-5　吉利帝豪 EV450 车载充电机及接口

图 11-5(b)是吉利帝豪 EV450 车载充电机内部结构,由上、中、下三层组成,最上层是高压配电模块,中间层是散热层,最下层是 OBC 车载充电机控制模块。高压配电模块主要把动力电池电压通过两块跨接板分配到直流充电口、电机、空调、PTC。高压配电模块上还连接各个高压插头和高压互锁线束及开盖保护开关,以防止在上电期间误开盖而引发触电事故。一般车载充电机采用水冷散热,在中间层设置水道,以便进行散热。OBC 车载充电机控制模块内部还包含整流装置、AC/DC 转换装置及温度管理系统等。

吉利帝豪 EV450 车载充电机与交流充电插座、动力电池、电机控制器、电动压缩机、PTC 加热控制器通过 5 条橙色高压线束连接。车载充电机高压电气原理简图如图 11-6 所示。

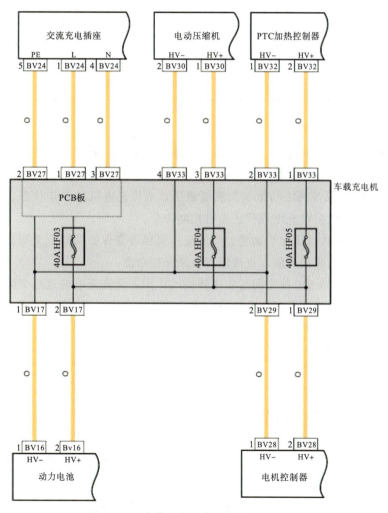

图 11-6 车载充电机高压电气原理简图

车载充电机高压连接器管脚定义如表 11-4 所示。

表 11-4 吉利帝豪 EV450 车载充电机高压连接器管脚定义

插头	管脚编号	管脚定义	说明
BV17	1	HV−	动力电池 BV16-1
	2	HV+	动力电池 BV16-2
BV27	1	L	交流充电插座 BV24-1
	2	PE	交流充电插座 BV24-2
	3	N	交流充电插座 BV24-3
BV29	1	HV+	电机控制器 BV28-1
	2	HV−	电机控制器 BV28-2
BV33	1	HV+	PTC-加热控制器 BV32-2
	2	HV−	PTC-加热控制器 BV32-1
	3	HV+	电动压缩机 BV30-1
	4	HV−	电动压缩机 BV30-2

车载充电机的功能如下：

(1) 通过高速 CAN 网络与 BMS 通信，判断动力电池连接状态是否正确；获得电池系统参数及充电前和充电过程中整组和单体电池的实时数据。

(2) 通过高速 CAN 网络与整车控制器通信，上传充电机的工作状态、工作参数和故障告警信息；接收启动充电或停止充电控制命令。

(3) 具有交流输入过压保护功能、交流输入欠压告警保护功能、交流输入过流保护功能，直流输出过流保护功能、直流输出短路保护功能。

(4) 在充电桩与动力电池之间起功率转换的作用，交流充电桩通过交流充电接口将能量输送给车载充电机，车载充电机与电池管理系统通信，并将能量传递给动力电池。

车载充电机内部结构：

车载充电机内部主要由主电路、控制电路、线束及标准件三部分组成。

主电路前端为一个输入回路，将交流电整流为直流电；其后端为功率变换器，将直流电转变为高频交流电，通过变压将 220 V 电压升压为所需的充电电压；还有输出电路，通过整流滤波将交流电转变为直流电供给动力蓄电池。

控制电路主要控制功率开关控制器的通断以此来控制直流电转变为高频交流电以及高频交流电的升压等；控制与蓄电池管理系统之间的通信，检测充电机状态；控制与慢充充电桩通信握手等。

线束及标准件用于主电路和控制电路的连接、固定元器件及电路板。

车载充电机工作电压属于高压电，为了防止高压电路产生触电危险，机壳上设计有高压互锁控制电路，并且与车身之间有可靠的绝缘性能，如果高压互锁电路没有连接或高压绝缘电阻偏低，BMS将切断动力蓄电池总正、总负接触器的吸合，不能输出动力蓄电池的电能。

11.2.2 车载充电机电路原理

1. 车载充电机电压转换过程

车载充电机在对车辆进行充电时，首先将民用的交流 220 V 电整流成稳定的直流电压，然后通过高频开关电路将直流电逆变为高频交流电，再将高频交流电转换为合适的交流电压，最后通过整流得到合适的直流充电电压。

车辆在慢充充电过程中，因为采用高频电路转换电压，不采用传统的变压器提升电压，所以可减小充电机体积、减小重量、提高转换效率。车载充电机充电转换过程如图 11-7 所示。

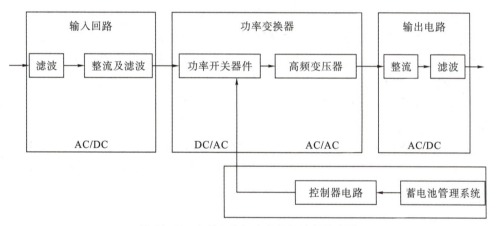

图 11-7　车载充电机充电转换过程示意图

2. 车载充电机电路原理

车载充电机要实现上述电压转换过程，需要两大部分：主电路和充电机控制电路。

充电机控制电路的主要功能是对主电路进行控制、检测、计量、计算、修正、保护及与外界网络通信等，是车载充电机的"大脑"。

主电路的主要作用是将 220 V 交流电转化为充电所需的直流电电压，电源部分又分为有源功率因数校正电路（PFC）和谐振电路（LLC）两部分，实际上可以把 PFC 看成是 AC/DC 变换器，而把 LLC 看成是 DC/DC 变换器。车载充电机电路原理图如图 11-8 所示。

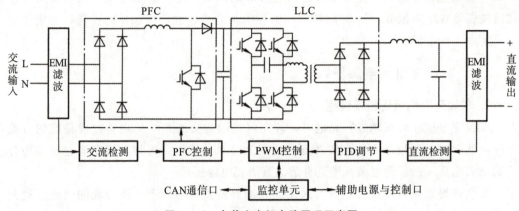

图 11-8 车载充电机电路原理示意图

220 V 三相交流电通过全桥整流电路整流成直流电。在整流过程中只有在 220 V 交流电压的正负峰值附近二极管才导通，产生脉冲电流，造成电源功率因数降低。因此，在整流电路后面加上一个升压的 Boost 拓扑结构。于是，通过控制 PFC 开关管的导通，输入电流能根据输入电压而变化。在这个电路中，PFC 电感在开关管导通时储存能量，在开关管截止时，电感上感应出右正左负的电压，将导通时储存的能量通过升压二极管对大的滤波电容充电，输出能量。在此过程中整流后的直流电压转换成交变的高频电压。

交变的高频电压通过 LLC 电路中的变压器升压到合适的充电电压后通过整流二极管整流成直流电，充入动力蓄电池中。LLC 电路通过软开关技术，可以降低电源的开关损耗，提高功率变换器的效率和功率密度。

11.2.3 典型纯电动汽车车载充电机

车载充电机属于纯电动汽车慢充装备，目前国内市场上主要有两种功率：3.3 kW 和 6.6 kW。

下面介绍吉利帝豪 EV 车载充电机。吉利帝豪 EV 的输入电压为 AC220 V，输出电压为 DC450 V，提供给动力蓄电池的最大充电电流为 24 A；动力蓄电池的容量为 40 kW·h，一般在 7~9 h 充满电，充电机功率约为 3.3 kW，电流约为 16 A。

1. 主要技术参数

主要技术参数见表 11-5。

表 11-5 吉利帝豪 EV 车载充电机主要技术参数

项目	参数
效率	满载≥93%，半载≥94%
功率因数	0.99
充电功率	Max 6.6 kW
输入电压范围	85～265 V
输出电压范围	200～450 V
输入电流范围	0～32 A
输出电流范围	0～24 A
输入电流误差	±0.3 A
输入电压误差	±4%
输出电流误差	±0.2 A
输出电压误差	±2%
逆变功率（中高配）	Max 3.3 kV·A
逆变电压（中高配）	220 V±5%

2. 车载充电机的保护功能

为了保护车载充电机免受过电流、过电压损坏，其自身具有以下保护功能：
①输入过电压切断保护功能。
②输入欠电压报警和切断功能。
③输入过电流、欠电流切断保护功能。
④直流输出过电流切断保护功能。
⑤输出短路切断保护功能。
⑥输出电极接反保护功能。

在输入电压远远超过额定电压时，会烧毁车载充电机。在长时间大电流充电状态下，车载充电机会积聚大量的热量，如果散热不良，会导致车载充电机启动保护功能，降低充电电流。充电电流过大或温度过高会导致充电机损坏。

车载充电机还具有以下优点：
①根据动力蓄电池特性设计充电曲线，可以延长动力蓄电池的寿命。
②使用方便，维护简单，单独对 BMS 进行供电，由 BMS 控制智能充电，无须人工值守。
③保护功能齐全，使用范围广，具有多重保护功能。
④整机温度保护为 75 ℃，当机内温度高于 75 ℃时，充电机输出电流减小，高于 85 ℃时，充电机停止输出。

11.2.4 车载充电机的更换

当车载充电机发生故障时,需要进行更换,更换步骤具体如下。

1. 新能源汽车车载充电机的拆卸步骤

步骤1:将车辆停入专用工位,车辆下电,拉好手刹,做好安全检查及防护,拉好警戒线。

步骤2:打开机舱盖,断开12 V蓄电池负极连线,等待5 min。

步骤3:断开车载充电机直流母线,戴上绝缘手套,用万用表测量直流母线,其正、负极电压值应低于1 V。

步骤4:排放冷却液,打开冷却液膨胀罐总成盖,断开散热器出水管,排放和回收冷却液。

步骤5:断开车载充电机各线缆连接头,断开水管接头,如图11-9所示。

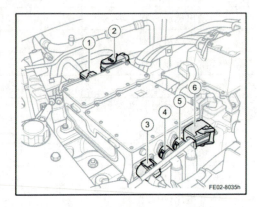

图11-9 拆卸车载充电机连接头

①断开车载充电机与加热器高压线束连接器1。

②断开车载充电机与驱动电机控制器高压线束连接器2。

③断开车载充电机线束与交流充电插座总成连接器3。

④断开车载充电机与驱动电机总成连接水管4。

⑤断开车载充电机与驱动电机控制器连接水管5。

⑥断开车载充电机与低压连接器6。

步骤6:拆卸分线盒、电机控制器、高压线束连接器固定螺栓,拆卸充电机、搭铁线并取下车载充电机,如图11-10所示。

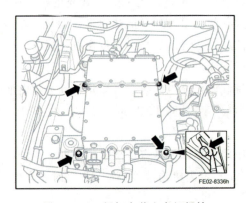

图11-10 拆卸车载充电机螺栓

①拆卸分线盒电机控制器高压线束连接器 4 个固定螺栓。
②拆卸车载充电机搭铁线。
③取出车载充电机。

2. 新能源汽车充电机的安装步骤

步骤 1：放置车载充电机，紧固车载充电机固定螺栓，紧固车载充电机搭铁线线束。

步骤 2：检查各连接器接触是否良好，连接车载充电机各连接头。

步骤 3：加注冷却液。

步骤 4：检查直流母线接触是否良好，连接车载充电器直流母线。

步骤 5：连接 12 V 蓄电池负极，检查蓄电池正、负接线柱接触是否良好。

步骤 6：检查车辆上电及充电状态，如图 11-11 所示。

步骤 7：恢复整车工位。

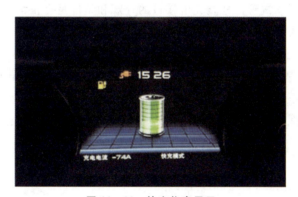

图 11-11　快充仪表显示

11.3　充电连接装置的检测维修

新能源汽车充电连接装置的检修思路通常是由简到繁、先易后难，并遵守"能不拆则不拆，能换不修"的原则。具体检修思路：对充电连接装置各部件进行外观检查；对充电连接装置各部件进行拆解；对充电连接装置拆解后的各部件进行检测。

11.3.1　充电连接装置检查

1. 电缆的检查

①检查喷码是否齐全清晰，安全编号是否正确。
②电缆外护套要色泽鲜亮、均匀和柔顺，其外皮应吸紧。
③护套与绝缘体具有弹性，不易开裂。若护套与绝缘体容易撕裂和刮伤，视为不合格。

④要求电缆铜芯是原色、有光泽、手感软。紫黑色、偏黄或偏白,杂质较多,机械强度差,韧性不佳,稍用力即会折断,而且电线内常有断线现象的视为不合格。

⑤导体在绝缘中的中心度应无偏心现象。

⑥屏蔽电缆的屏蔽带密度必须达标。

⑦用手拉导体应不能轻易拉出,绝缘和护套被强烈弯折后不能变白。绝缘不能轻易剥离铜线的均为不合格。

⑧用鼻子闻,应是无味或是有轻微而不刺鼻的气味。

⑨电缆护套的阻燃性与机械性应达到相应要求。

⑩电缆护套外径要达标,绝缘厚度要达到标称值。

⑪电缆外观应完整无损。电缆封端应严密,当外观检查有怀疑时,应进行受潮判断或试验。

2. 充电接口的检查

①通过观察和手动试验,检查充电接口的外观和结构是否正常。

②插合供电插头和供电插座、车辆插头和车辆插座,施加 200 N 的拔出外力检验锁止装置功能是否正常。

③通过仪器(如弹簧秤、砝码等)测试供电插头和供电插座、车辆插头和车辆插座之间的插拔力是否正常。

④检查防触电保护和接地措施是否正常。

11.3.2 比亚迪 e5 新能源汽车直流充电接口的更换

1. 拆装前的准备

(1)将启动开关置于 OFF 位置。

(2)断开辅助蓄电池负极连接线。

(3)拆卸维修开关。

①打开车辆内室储物盒,取出内部物品。

②取出储物盒底部隔板。

③使用十字螺钉旋具将安装盖板螺钉(4个)拧下,掀开盖板。

④取出维修开关上盖板。

⑤拉动维修开关手柄至竖直状态,向上提拉,取出维修开关。

⑥使用电工绝缘胶布封住维修开关插接器母端。

2. 直流充电接口的更换

1)拆卸

(1)拆卸充电接口上安装板和充电接口法兰面安装螺栓。

(2)拆卸 2 个搭铁螺栓。

(3)断开高、低压接插件并拆掉扎带。
(4)取出直流充电接口。

2)安装

(1)将直流充电接口高、低压线束穿过车身安装,镀金。
(2)将直流充电接口安装板装上。
(3)拧紧 4 个法兰面安装螺栓。
(4)固定好高压线束扎带并接上所有高、低压接插件,拧紧 2 个搭铁螺栓。

11.3.3　比亚迪 e5 新能源汽车交流充电接口的更换

1. 拆装前的准备

(1)将启动开关置于 OFF 位置。
(2)断开辅助蓄电池负极连接线。
(3)拆卸维修开关。
①打开车辆内室储物盒,取出内部物品。
②取出储物盒底部隔板。
③使用十字螺钉旋具将安装盖板螺钉(4 个)拧下,掀开盖板。
④取出维修开关上盖板。
⑤拉动维修开关手柄至竖直状态,向上提拉,取出维修开关。
⑥使用电工绝缘胶布封住维修开关插接器母端。

2. 交流充电接口的更换

1)拆卸

(1)断开交流充电接口高、低压接插件,拆掉高压线束扎带,拆卸 2 个搭铁螺栓。
(2)拆卸 4 个法兰面固定螺栓。
(3)向外取出交流充电接口。

2)安装

(1)将交流充电接口线缆由外向里安装。
(2)拧紧 4 个充电接口法兰面安装螺栓。
(3)接好高、低压接插件。
(4)分别扣上小支架和水箱上横梁上面的扎带孔位。
(5)拧紧 2 个搭铁螺栓。

11.3.4　对充电连接装置拆解各部件进行检测

对充电连接装置拆解各部件进行检测,主要是针对各线束的通断进行检测。
(1)确定各线束端子的作用。
(2)对各线束进行阻值测量。

新能源汽车动力驱动电机电池技术

任务实施

1. 作业说明
一辆新能源汽车出现无法充电的情况,通过诊断发现该车的车载充电器已损坏,需要进一步确认并进行更换。

2. 技术标准与要求

CC、CP 分别与 PE 的电阻	
车载充电机的绝缘电阻	

注:请学员查阅维修资料后填写。

3. 设备器材
(1)设备与零件总成。
_____
_____

(2)常用工具。
_____
_____

(3)耗材及其他。
_____
_____

注:请学员根据场地实际设备器材填写。

4. 作业流程
(1)做好安全防护,清洁总成及工具。
(2)拆卸车载充电机。
(3)检测车载充电机。
(4)安装车载充电机。

5. 填写考核工单

一、查询并记录车辆信息					
车型		VIN 码		电机型号	
动力电池额定电压		剩余电量		行驶里程	
二、车载充电机的拆装与检测					
1. 小组成员分工 2. 实施计划 					
项目实施					
1. 准备工作 安装_____、_____和格栅布。 2. 下电操作 按照规范流程进行_____。 3. 车载充电机的拆卸 (1) 拔下车载充电机_____。 (2) 拆卸 4 个_____。 (3) 取下_____。 经过以上操作，即可将充电机拆下。 4. 更换新的车载充电机 (1) 将车载充电机安装到位后，安装 4 个_____。 (2) 安装车载充电机的_____、_____。 5. 更换后的检查 更换完成后需要进行安全检查，检查内容如下：各部件机械安装_____性；各线缆所连接电源的_____性及其连接正确性；各电气插接器连接是否到位，相应的卡口或锁紧螺钉是否卡紧或拧紧；各高、低压部件的绝缘性等。 (1) 进行慢充测试，仪表显示慢充_____。 (2) 拔下充电枪并整理。 (3) 取下格栅布、翼子板布，关闭机舱盖；取下三件套。 完成车载充电机的更换。 通过上述过程，请总结更换过程中需要注意的事项：					

自我测试

(1) 简述车载充电机的原理和更换步骤。

(2) 简述充电接口的更换步骤。

(3) 简述高压控制盒的原理和更换步骤。

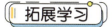

比亚迪双向交流逆变式电机控制器（VTOG）

1. 驱动控制（放电）

车载充电机采集加速踏板位置、制动、挡位、旋变等信号控制驱动电机正向、反向驱动，正、反转发电功能；具有高压输出电压和电流控制限制功能，具有电压跌落、过电流、过温、IPM过温、IGBT过温保护、功率限制、转矩控制限制等功能。同时，具备电控系统防盗、能量回馈控制、主动泄放及被动泄放控制功能。车载充电机双向逆变功能如图11-12所示。

2. 充电控制

VTOTG具有交、直流转换，双向充、放电控制功能；自动识别单相、三相相序并根据充电电流控制充电方式，根据充电设备识别充电功率，控制充电方式；根据车辆或其他设备请求信号控制车辆对外放电；断电重启功能；当电网断电又供电时，可继续充电。双向交流逆变式电机控制器如图11-13所示。

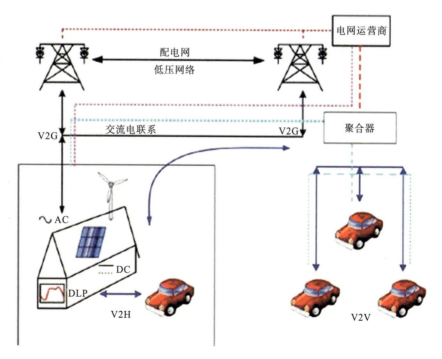

图 11-12　车载充电机双向逆变功能

新能源汽车动力驱动电机**电池技术**

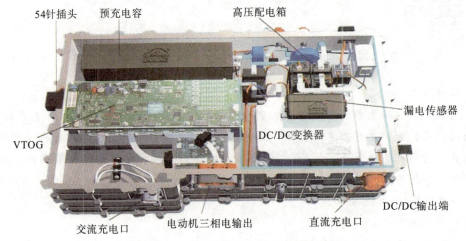

图11-13 双向交流逆变式电动机控制器

任务 12

车载充电系统故障诊断分析

任务引入

一辆北汽新能源汽车，客户反映使用家用交流充电线对车辆无法充电，且车载充电机故障报警灯点亮。

学习目标

（1）能够根据纯电动汽车充电的国家标准，画出纯电动汽车交流充电控制程序流程图。

（2）能够分析纯电动汽车不能交流充电的原因，通过小组合作制订检修计划，按照维修手册标准或国家标准排除不能交流充电的故障。

（3）能够根据纯电动汽车直流充电的国家标准，叙述直流充电过程及充电条件。

（4）能够分析纯电动汽车不能直流充电的原因，通过小组合作制订检修计划，按照维修手册标准或国家标准排除不能直流充电的故障。

（5）能够通过与客户交流、查阅相关维修技术资料等方式获取车辆信息。

（6）培养精益求精的工匠精神。

知识准备

12.1 交流充电控制电路故障的排除

12.1.1 交流充电连接状态

在充电连接过程中，首先接通保护接地触头，最后接通控制确认触头与充电连接确认触头。在脱开过程中，首先断开控制确认触头与充电连接确认触头，最后断开保护接地触头。车辆接口的电气连接界面如图12-1所示。

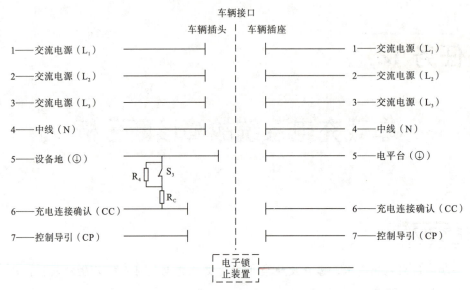

图 12-1　车辆接口电气连接界面示意图

12.1.2　交流充电接口的物理连接与确认

（1）车辆插头与车辆插座插合，使车辆处于不可行驶状态。

当车辆插头与车辆插座插合后，车辆的总体设计方案可以自动启动某种触发条件，通过互锁或其他控制措施使车辆处于不可行驶状态。

（2）确认供电接口与车辆接口已经完全连接。

①CC 充电连接确认。

开关 S_3 指的是充电插头上的按钮，它有两个作用，其一是控制插头的机械锁止装置，如图12-2、图12-3所示。

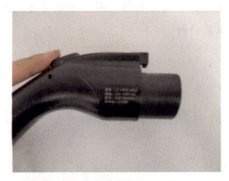

图 12-2　不按开关时充电控制插头的机械锁止装置示意

任务12
车载充电系统故障诊断分析

图12-3 按下开关时充电控制插头的机械锁止装置示意

其二它还是电阻电路的控制开关,当按下按钮时开关断开,不按按钮时开关闭合。当慢充电插头与车辆充电插座连接时,车辆控制装置输出5 V或12 V电压,车辆控制装置通过测量检测点3与PE之间的电阻值来判断车辆插头与车辆插座是否完全连接,如图12-4所示。

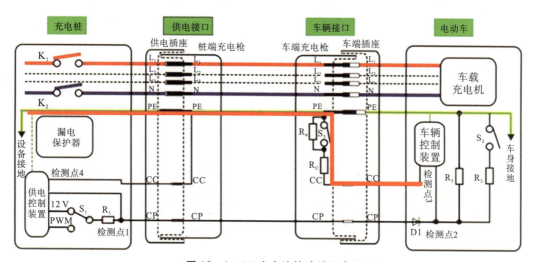

图12-4 CC充电连接确认示意

②CP控制确认。

开关S_1与供电控制装置12 V电源相连接,如果供电插头和供电插座完全连接,其电路通过车载充电机构成回路。供电控制装置通过测量检测点1的电压值来判断供电插头和供电插座是否完全连接。如果连接正常,其正常电压为9 V,如图12-5所示。

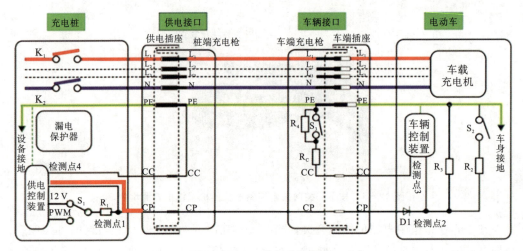

图 12-5　CP 控制确认示意

(3)充电连接装置载流能力和供电设备供电功率的识别。

当慢充电插头与车辆充电插座连接时,用车辆控制装置检测点 3 与 PE 之间的电阻值来确认当前充电连接装置的额定容量。电阻为 680 Ω,表示充电电缆容量为 16 A。电阻为 220 Ω,表示充电电缆容量为 32 A。

当 CC、CP 连接确认后,开关 S_1 切换至供电装置 PWM 连接状态,供电控制装置输出占空比信号通过车载充电机构成回路,如图 12-6 所示。车辆控制装置通过测量检测点 2 的 PWM 信号占空比确认当前供电设备的最大供电电流,振荡器电压如图 12-7 所示。占空比与充电电流限值的映射关系如表 12-1 所示。

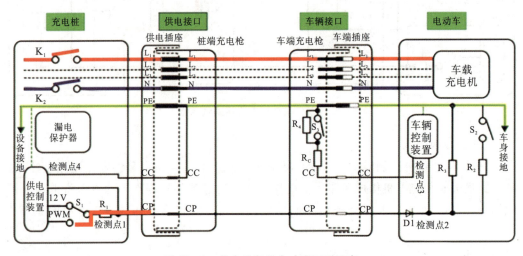

图 12-6　供电设备供电功率识别示意

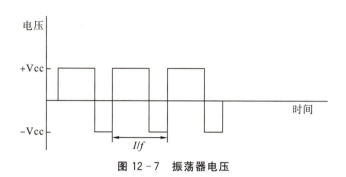

图 12-7 振荡器电压

表 12-1 充电设施产生的占空比与充电电流限值的映射关系

PWM 占空比 D	最大充电电流 I_{max}/A
$D<3\%$	不允许充电
$3\%\leqslant D\leqslant 7\%$	5% 的占空比表示需要数字通信，且需在充电前在充电桩和电动汽车之间建立，没有数字通信不允许充电
$7\%<D<8\%$	不允许充电
$8\%\leqslant D<10\%$	$I_{max}=6$
$10\%\leqslant D\leqslant 85\%$	$I_{max}=(D\times100)\times0.6$
$85\%<D\leqslant 90\%$	$I_{max}=(D\times100-64)\times2.5$ 且 $I_{max}\leqslant63$
$90\%<D\leqslant 97\%$	预留
$D>97\%$	不允许充电

12.1.3 交流充电的工作程序

1）确认供电接口与车辆接口已经完全连接

当慢充电插头与车辆充电插座连接时，车辆控制装置通过 CC 确认充电插头与插座已经安全连接，供电控制装置通过 CP 确认充电插头与插座已经完全连接。

2）充电连接装置载流能力和供电设备供电功率的识别

当慢充电插头与车辆充电插座连接时，用车辆控制装置检测点 3 与 PE 之间的电阻值来确认当前充电连接装置的额定容量。电阻为 680 Ω 表示充电电缆容量为 16 A。电阻为 220 Ω 表示充电电缆容量为 32 A。

当 CC、CP 连接确认后，开关 S_1 切换至供电装置 PWM 连接状态，供电控制装置输出占空比信号通过车载充电机构成回路。车辆控制装置通过测量检测点 2 的 PWM 信号占空比确认当前供电设备的最大供电电流。

3）车辆准备就绪

① 电池管理系统充电唤醒。

充电机完成自检后，通过低压控制端线束给整车控制器、电池管理系统输出充电唤醒信号 12 V 电压，如图 12-8 所示。车载充电机通过 CAN 数据线与电池管理系统进行通信。

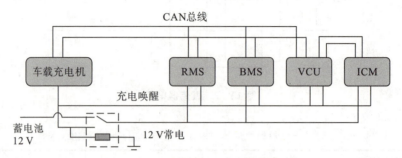

图 12-8　车载充电机发出唤醒信号

②车辆准备就绪。

在车载充电机自检完成没有故障的情况下，并且电池组处于可充电状态时，车辆控制装置闭合开关 S_2，如图 12-9 所示。

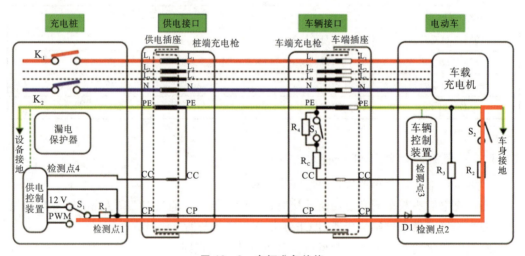

图 12-9　车辆准备就绪

4）供电设备准备就绪

供电控制装置通过测量检测点 1 的电压判断车辆是否准备就绪，当检测点 1 的峰值电压为表 12-2 中状态 3 对应的电压值时，则供电控制装置通过闭合接触器 K_1 和 K_2，使交流供电回路导通。

表 12-2 检测点 1 的电压状态

充电过程状态	充电连接装置是否连接	S_2	车辆是否可以充电	检测点 1 峰值电压/V	说明
状态 1	否	断开	否	12	车辆接口未连接，检测点 2 的电压为 0
状态 2	是	断开	否	9	R_3 被检测到
状态 3	是	闭合	可	6	车载充电机及供电设备处于正常工作状态

5）充电系统的启动

当纯电动汽车和供电设备建立电气连接后，车辆控制装置通过判断检测点 2 的 PWM 信号占空比确认供电设备的最大供电能力，并且通过检测点 3 与 PE 之间的电阻值来确认电缆的额定容量。车辆控制装置对供电设备当前提供的最大供电电流、车载充电机的额定输入电流值及电缆的额定容量进行比较，将其最小值设定为车载充电机当前最大允许输入电流，车载充电机开始对纯电动汽车进行充电。

在充电过程中，车辆控制装置通过周期性监测检测点 2 和检测点 3，供电控制装置通过周期性监测检测点 1，确认供电接口和车辆接口，监测周期不大于 50 ms。当检测点 2 的 PWM 占空比有变化时，车辆控制装置实时调整车载充电机的输出功率。

6）正常条件下充电结束或停止

在充电过程中，当达到车辆设置的结束条件或驾驶员对车辆实施了停止充电的指令时，车辆控制开关装置断开开关 S_2，车载充电机停止充电。同时供电控制装置控制开关 S_1 切换到 +12 V 连接状态，断开接触器 K_1 和 K_2，切断交流供电回路。

7）非正常条件下充电结束或停止

(1) 在充电过程中，用车辆控制装置通过检测 PE 与检测点 3 之间的电阻来判断车辆插头与车辆插座的连接状态，如果判断开关 3 由闭合变为断开，并在一定时间内持续保持，车载充电机停止充电。

(2) 在充电过程中，车辆控制装置对检测点 2 的 PWM 信号进行检测，当信号中断时，车载充电机停止充电。

(3) 在充电过程中，如果检测点 1 的电压值为 12 V、9 V 或者其他非 6 V 的状态，则供电控制装置断开交流供电回路。

(4) 在充电过程中，如果漏电流保护器动作，则车载充电机处于欠压状态，车辆控制装置断开开关 S_2。

12.1.4 吉利帝豪 EV 交流充电控制电路的检修

吉利帝豪 EV 充电系统部件安装位置如图 12-10 所示，其系统控制原理如图 12-

11 所示，交流充电系统电路连接如图 12-12、图 12-13 所示。

1—车载充电机；2—驱动电机控制器；3—交流充电接口；4—直流充电接口；5—交流充电接口应急解锁。

图 12-10 吉利帝豪 EV 充电系统部件安装位置

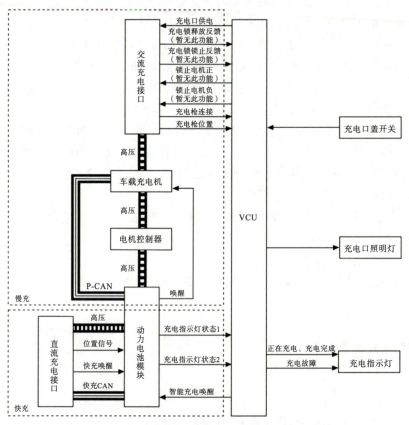

图 12-11 吉利帝豪 EV 交流与直流充电系统控制原理

任务12
车载充电系统故障诊断分析

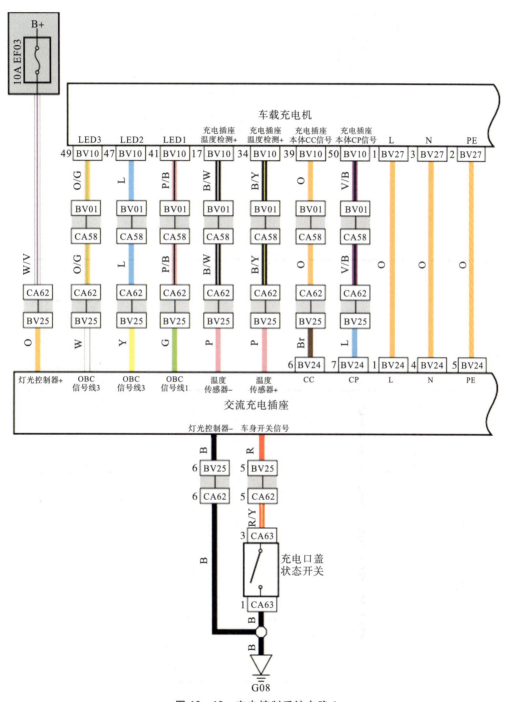

图 12-12 充电控制系统电路 1

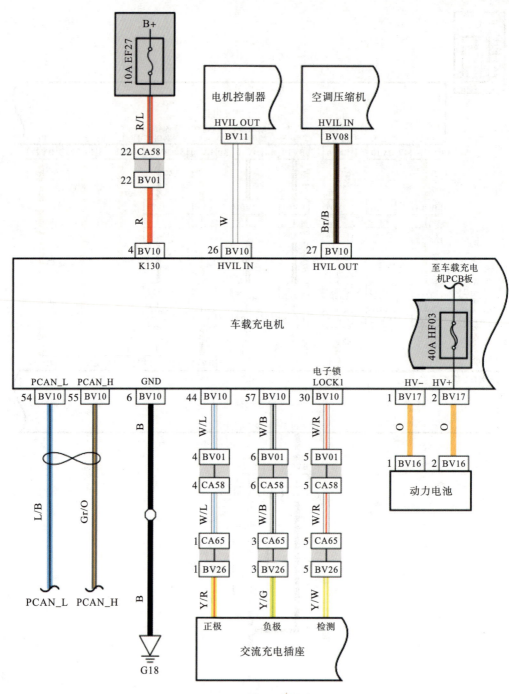

图 12-13 充电控制系统电路 2

12.1.5 检修比亚迪 e5 交流充电控制电路

比亚迪 e5 交流充电系统电路如图 12-14 所示,交流充电口低压接插件如图 12-15 所示。

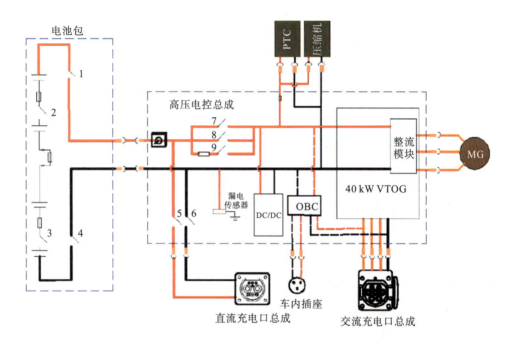

1—正极接触器;2—电池包分压接触器;3—电池包分压接触器 2;4—负极接触器;5—直流充电正极接触器;6—直流充电负极接触器;7—主接触器;8—交流充电接触器;9—预充接触器。

图 12-14 比亚迪 e5 交流充电电路

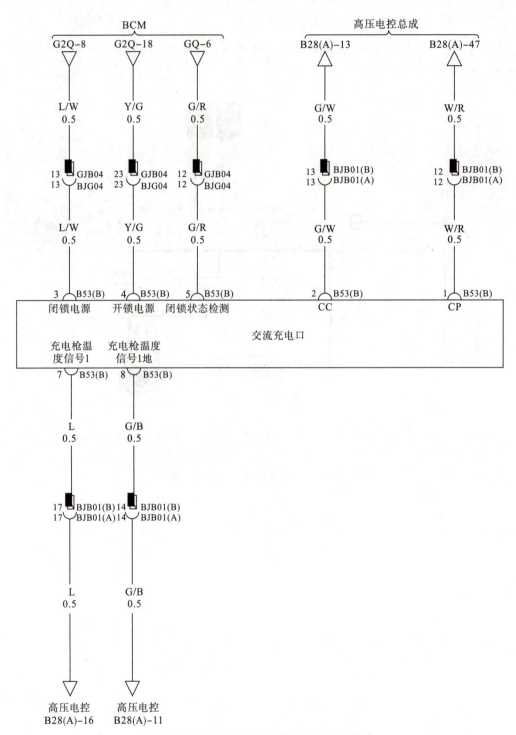

图 12-15 比亚迪 e5 交流充电口低压接插件

12.2 直流充电控制电路故障的排除

12.2.1 直流充电桩与充电连接状态

1. 直流充电桩

直流充电桩主要由充电模块、主控制器、绝缘检测模块、智能电表、刷卡模块、通信模块、空气开关、主继电器、辅助开关电源组成，如图12-16所示。

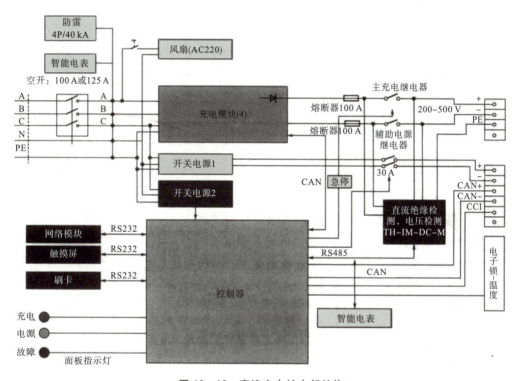

图 12-16 直流充电桩内部结构

2. 充电连接界面

车辆插头和车辆插座在连接过程中触头耦合的顺序：保护接地、直流电源正、直流电源负、车辆端连接确认、低压辅助电源正与低压辅助电源负、充电通信与供电端连接确认；在脱开的过程中则顺序相反。直流充电接口的连接界面如图12-17所示。

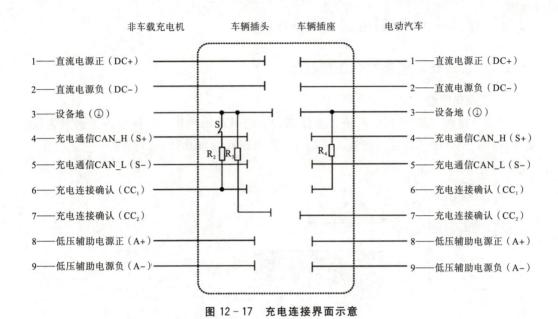

图 12-17 充电连接界面示意

12.2.2 直流充电安全保护系统基本方案

直流充电安全保护系统基本方案如图 12-18 所示，包括非车载充电机控制装置、电阻 $R_1/R_2/R_3/R_4/R_5$、开关 S、直流供电回路接触器 K_1 和 K_2、低压辅助供电回路接触器 K_3 和 K_4、充电回路接触器 K_5 和 K_6、电子锁及车辆控制装置。其中车辆控制装置可以集成在电池管理系统中，电阻 R_2 和 R_3 安装在车辆插头上，电阻 R_4 安装在车辆插座上，开关 S 为车辆插头的内部常闭开关，当车辆插头与插座完全连接后，开关 S 闭合。在整个充电过程中，非车载充电机控制装置应能监测接触器 K_1、K_2、K_3、K_4 及电子锁状态，并控制其接通及断开。纯电动汽车车辆控制装置应能监测接触器 K_5、K_6 状态，并控制其接通及断开。

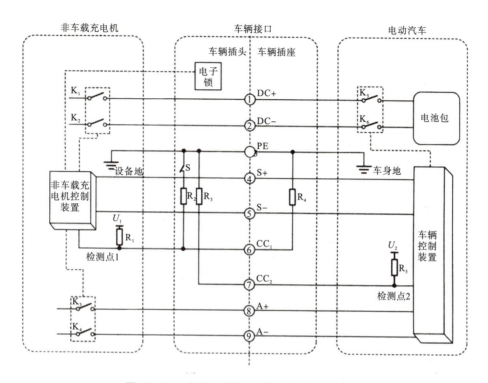

图 12-18 直流充电安全保护系统基本方案示意

直流充电安全保护系统的推荐参数如表 12-3 所示。

表 12-3 直流充电安全保护系统的推荐参数

对象	参数	符号	单位	标称值	最大值	最小值
非车载充电机的要求	R_1 等效电阻	R_1	Ω	1000	1030	970
	上拉电压	U_1	V	12	12.6	11.4
	电压 1	U_{1a}	V	12	12.8	11.2
		U_{1b}	V	6	6.8	5.2
		U_{1c}	V	4	4.8	3.2
车辆插头的要求	R_2 等效电阻	R_2	Ω	1000	1030	970
	R_3 等效电阻	R_3	Ω	1000	1030	970
车辆插座的要求	R_4 等效电阻	R_4	Ω	1000	1030	970
纯电动汽车的要求	R_5 等效电阻	R_5	Ω	1000	1030	970
	上拉电压	U_2	V	12	12.6	11.4
	电压 2	U_{2a}	V	12	12.8	11.2
		U_{2b}	V	6	6.8	5.2

12.2.3 直流充电过程的控制程序

直流需要有充电唤醒信号、快充充电门板信号。如果点火钥匙处于 ON 位置且有高压时,需先进行高压下电后再进行充电。

(1)车辆插枪时,先有充电唤醒信号给 VCU、BMS 等,仪表充电连接指示灯闪烁。

(2)VCU 检测到充电门板信号,判断进入充电模式,仪表充电连接指示灯点亮。

(3)进入充电模式后,VCU 发出充电指令。

(4)BMS 与充电机/充电桩建立充电连接,开始充电。

充电过程中,VCU 不直接参与充电控制,实时监控充电过程,对异常情况进行紧急充电停止及部分信息的仪表显示、监控平台信息上传。

1. 物理连接完成和上电阶段

(1)非车载充电机控制装置对车辆接口完全连接状态进行确认。

将车辆插头与车辆插座连接,操作人员对非车载充电机进行充电设置后,非车载充电机控制装置通过测量检测点 1 的电压值判断车辆插头与车辆插座是否已经完全连接,如图 12-19 所示。

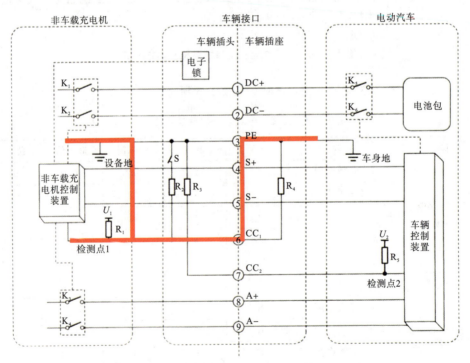

图 12-19 非车载充电机控制装置对车辆接口完全连接状态进行确认示意

当车辆插头与车辆插座未连接时,检测点 1 的电压为 12 V;当车辆插头与车辆插座连接,但开关 S 处于断开状态时,检测点 1 的电压为 6 V;当开关 S 处于闭合状态时，检测点1的电压为4 V。

(2)车辆插头与车辆插座电子锁止。

直流充电时，车辆插头应安装机械锁，供电设备应能够通过机械锁反馈锁止信号判断机械锁是否可靠锁止。车辆插头应安装电子锁，电子锁处于锁止位置时，机械锁应无法操作，机械锁与电子锁联动供电设备应能够判断电子锁是否可靠锁止，如图12-20所示。

当操作人员完成充电机交互设置且非车载充电机判断车辆接口已经完全连接后，非车载充电机控制电子锁锁止。整个充电过程中，只有在操作人员对非车载充电机设置充电停止指令后才可以对电子锁解锁。

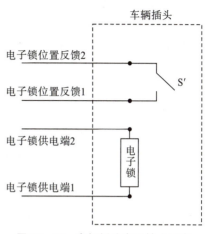

图 12-20 车辆插头电子锁止示意

2. 充电握手阶段

(1)充电唤醒。

非车载充电机完成自检后，则闭合接触器 K_3/K_4，使低压辅助供电回路导通，唤醒车辆控制装置，同时开始周期性发送充电机辨识报文，如图12-21所示。

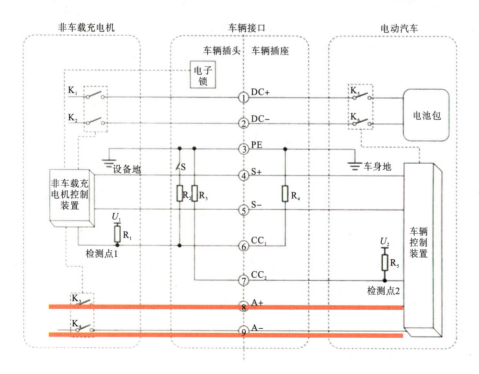

图 12-21 充电唤醒信号

(2)车辆控制装置对车辆接口完全连接状态进行确认。

在得到非车载充电机提供的低压辅助电源供电后,车辆控制装置输出 12 V 电压,通过测量检测点 2 的电压值判断车辆接口是否完全连接,如图 12-22 所示。如果车辆接口的 CC_2 完全连接,车辆控制装置检测点 2 的电压为 6 V。

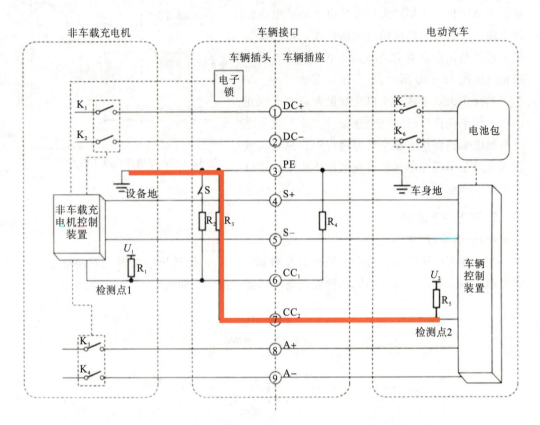

图 12-22 车辆控制装置对车辆接口完全连接状态进行确认示意

(3)充电握手。

当充电机和车辆控制装置物理连接完成并上电后,车辆控制装置首先检测低压辅助电源是否匹配,如果低压辅助电源匹配,双方进入握手阶段。

充电机向车辆控制装置发送充电机辨识报文,车辆控制装置收到充电机辨识报文之后向充电机发送车辆辨识信息(电池类型、整车动力电池系统额定容量、整车动力电池系统额定电压、电池生产商名称、电池组生产日期、电池组充电次数、车辆识别码 VIN)报文,双方各自接收到信息之后,充电握手成功。典型的充电工作状态转换如图 12-23 所示。

3. 充电参数配置阶段

充电握手阶段完成后,充电机和车辆控制装置进入充电参数配置阶段。在此阶段充电机向车辆控制装置发送充电机最大输出能力的报文,车辆控制装置根据充电机最大输出能力判断是否能够进行充电。充电参数配置阶段报文应符合表12-4的要求。

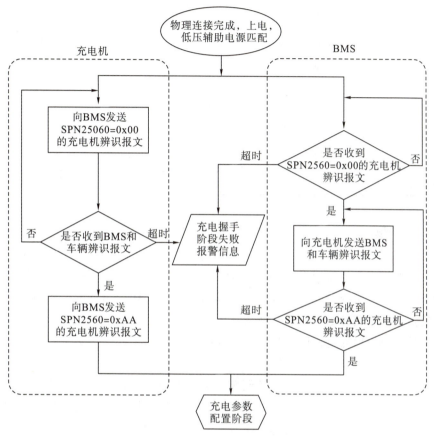

图 12-23 充电握手示意

表 12-4 充电参数配置阶段报文分类

报文描述	报文具体内容	数据长度 /byte	报文周期 /ms	源地址—目的 地址
动力电池电池充电参数	单体动力电池最高允许充电电压、最高允许充电电流、动力电池电池标称总能量、最高允许温度、整车动力电池电池荷电状态、整车动力电池总电压	13	500	车辆控制装置—充电机

续表

报文描述	报文具体内容	数据长度/byte	报文周期/ms	源地址—目的地址
电池充电准备就绪状态	动力电池管理系统未做好充电准备、动力电池管理系统已经做好充电准备	1	250	车辆控制装置—充电机
充电机发送时间同步信息	年/月/日/时/分/秒	7	500	充电机—车辆控制装置
充电机最大输出能力	最高输出电压、最低输出电压、最大输出电流	6	250	充电机—车辆控制装置
充电机输出准备				

4. 充电阶段

1) 充电绝缘检测

在充电机端和车辆端均设置 IMD 电路，如图 12-24 所示。在 K_5/K_6 合闸充电前，由充电机负责充电机内部充电电缆的绝缘检查。K_5/K_6 闭合后的充电过程中，由纯电动汽车负责整个系统的绝缘检查。绝缘标准：$R>500\ \Omega/V$，安全；$100\ \Omega/V<R<500\ \Omega/V$，报警，仍可以充电；$R\leqslant 100\ \Omega/V$，停止充电。

2) 充电准备就绪

车辆控制装置与非车载充电机控制装置通过通信完成握手和配置后，非车载充电机控制装置检测到动力电池电压正常，要求动力电池电压大于充电机最低输出电压且小于充电机最高输出电压，然后闭合 K_1/K_2。车辆控制装置闭合接触器 K_5/K_6，使直流供电回路导通，如图 12-25 所示。

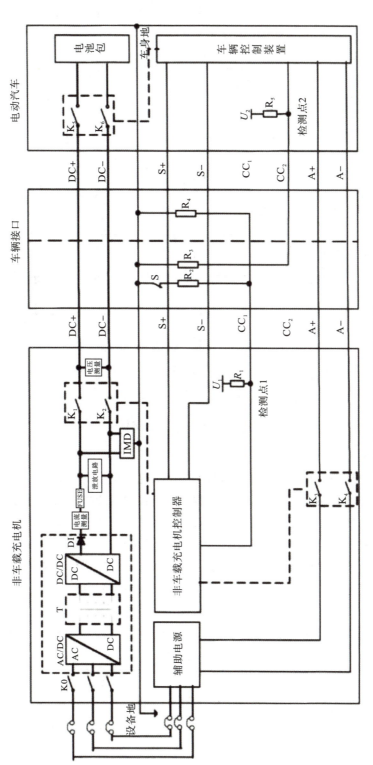

图12-24 充电绝缘检测电路示意

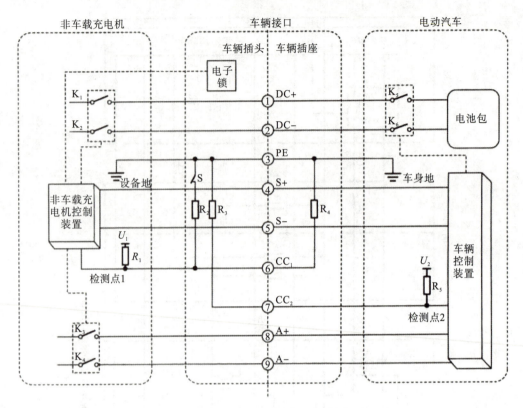

图 12-25 开始充电工作示意

3）充电过程监控

在整个充电阶段，车辆控制装置通过向非车载充电机控制装置实时发送动力电池充电级别需求来控制整个充电过程。非车载充电机控制装置根据动力电池充电级别需求来调整充电电压和充电电流以确保充电过程正常进行。此外，车辆控制装置根据要求向充电机发送动力电池具体状态信息及电压、温度信息。

车辆控制装置根据充电过程是否正常、电池状态是否达到自身设定的充电结束条件及是否收到充电机中止充电报文来判断是否结束充电；充电机根据是否收到停止充电指令、充电过程是否正常、是否达到人为设定的充电参数值，或者是否收到车辆控制装置中止充电报文来判断是否结束充电。典型的充电阶段流程如图 12-26 所示。

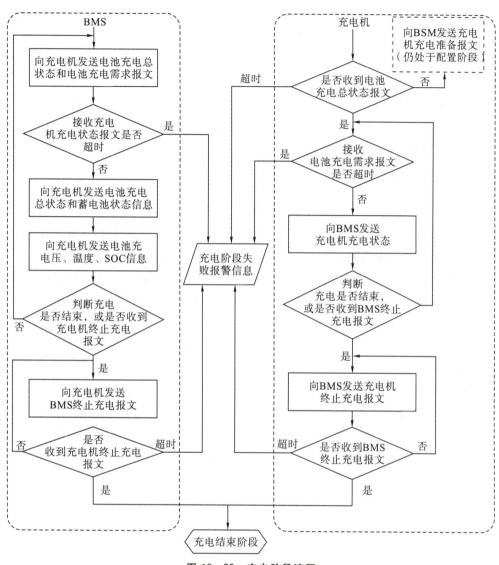

图 12-26 充电阶段流程

4）充电阶段报文

充电阶段报文应符合表 12-5 的要求。

表 12-5 充电阶段报文分类

报文描述	优先权	数据长度/byte	报文周期/ms	源地址—目的地址
电池充电需求	6	5	50	车辆控制装置—充电机
电池充电总状态	6	9	250	车辆控制装置—充电机

续表

报文描述	优先权	数据长度/byte	报文周期/ms	源地址—目的地址
动力电池电池状态信息	6	7	250	车辆控制装置—充电机
单体动力电池电池电压	6	不定	1000	车辆控制装置—充电机
动力电池电池温度	6	不定	1000	车辆控制装置—充电机
车辆控制装置中止充电	4	4	10	车辆控制装置—充电机
充电机充电状态	6	6	50	充电机—车辆控制装置
充电机中止充电	4	4	10	充电机—车辆控制装置

(1) 电池充电需求报文。报文目的：让充电机根据电池充电需求来调整充电电压和充电电流，确保充电过程正常进行。如果充电机在 100 ms 内没有收到该报文，即为超时错误，充电机应立即结束充电。报文内容：充电电压、充电电流、充电模式（恒压充电，恒流充电），在恒压充电模式下，充电机的输出电压应满足电压需求值，输出电流不能超过电流需求值；在恒流充电模式下，充电机输出的电流应满足电流需求值，输出电压不能超过电压需求值。

(2) 电池充电总状态报文。报文目的：让充电机监视充电过程中电池组充电电压、充电电流等充电状态。报文内容：充电电压测量值、充电电流测量值、取高单体动力电池电压及其组号、当前荷电状态 SOC(%)、估算剩余充电时间(min)。

(3) 充电机充电状态报文。报文目的：让车辆控制装置监视充电机当前输出的充电电流、电压值等信息。如果车辆控制装置在 100 ms 内没有收到该报文，即为超时错误，车辆控制装置应立即结束充电。报文内容：电压输出值、电流输出值、累计充电时间。

(4) 动力电池状态信息报文。报文目的：充电阶段，车辆控制装置发送给充电机的动力电池状态信息。报文内容：最高单体动力电池电压所在编号、最高动力电池温度、最高温度检测点编号、最低动力电池温度、最低动力电池温度检测点编号、单体动力电池电压正常/过高/过低、整车动力电池荷电状态 SOC 正常/过高/过低、动力电池充电电流正常/过高/不可信、动力电池温度正常/过高/不可信、动力电池绝缘状态正常/过高/不可信、动力电池组输出连接器状态正常/过高/不可信、充电允许/禁止。

(5) 单体动力电池电压报文。报文目的：各个单体动力电池电压值。报文内容：♯1 单体动力电池电压、♯2 单体动力电池电压、♯3 单体动力电池电压、♯4 单体动力电池电压、♯5 单体动力电池电压、♯6 单体动力电池电压等。

(6) 动力电池温度报文。报文目的：动力电池温度。报文内容：动力电池温度1、动力电池温度2、动力电池温度3、动力电池温度4、动力电池温度5、动力电池温度6 等。

(7)车辆控制装置中止充电报文。报文目的：让充电机确认车辆控制装置将发送中止充电报文以令充电机结束充电过程及结束充电原因。报文内容：车辆控制装置中止充电原因、中止充电故障原因、中止充电错误原因。

(8)充电机中止充电报文。报文目的：让车辆控制装置确认充电机即将结束充电及结束充电原因。报文内容：充电机中止充电原因、中止充电故障原因、中止充电错误原因。

5. 正常条件下充电结束

1)充电结束控制

车辆控制装置根据电池系统是否达到满充状态或是否收到"充电机中止充电报文"来判断是否结束充电。在满足以上充电结束条件时，车辆控制装置开始周期性发送"车辆控制装置中止充电报文"，在一定时间后断开接触器 K_5 和 K_6。当收到"车辆控制装置中止充电报文"后，非车载充电机控制装置开始周期性发送"充电机中止充电报文"，并控制充电机停止充电，之后断开接触器 K_1 和 K_2，双方进入充电结束阶段。

当操作人员实施了停止充电指令时，非车载充电机控制装置断开 K_3 和 K_4，然后电子锁解锁。

2)充电结束报文

在此阶段车辆控制装置向非车载充电机发送整个充电过程中的充电统计数据，包括初始 SOC、终了 SOC、电池最低电压和最高电压；充电机统计数据后向车辆控制装置发送整个充电过程中的输出电量、累计充电时间等信息。

6. 故障条件下的安全保护

(1)在充电过程中，如果车辆出现不可以继续进行充电的严重故障，则车辆控制装置开始周期性发送"车辆控制装置中止充电报文"，在一定时间后断开接触器 K_5 和 K_6。

(2)在充电过程中，如果非车载充电机出现无法继续进行充电的严重故障，则非车载充电机控制装置开始周期性发送"充电机中止充电报文"，在一定时间后断开接触器 K_1、K_2、K_3、K_4。

(3)在充电过程中，非车载充电机控制装置如果确认通信中断，则控制非车载充电机停止充电，之后断开接触器 K_1、K_2、K_3、K_4。

(4)在充电过程中，非车载充电机控制装置对检测点 1 的电压进行检测，如果判断开关 S 由闭合变为断开，并在一定时间内持续保持，则控制非车载充电机停止充电，之后断开接触器 K_1、K_2、K_3、K_4。

(5)直流充电过程的状态定义如表 12-6 所示。

表 12 - 6　直流充电过程状态定义

充电过程状态	充电接口状态	S	充电机自检是否完成	握手和配置是否完成	通信状态	可否充电	电压1/V	电压2/V	说明
状态 1	断开	断开	—	—	—	否	12	—	没有建立通信
状态 2	断开	闭合	—	—	—	否	6	—	没有建立通信
状态 3	连接	闭合	否	—	—	否	4	—	充电机没有完成自检，没有建立通信
状态 4	连接	闭合	是	否	有	否	4	6	闭合接触器 K_5 和 K_6 建立通信
状态 5	连接	闭合	是	是	有	是	4	6	闭合接触器 K_5 和 K_6，闭合接触器 K_1 和 K_2
状态 6	连接	闭合	是	是	无	否	4	6	通信中断，启动相应保护策略
状态 7	连接	断开	是	是	—	否	6	6	如果在一定时间内持续无法通信，则非车载充电机启动相应的保护策略
状态 8	断开	断开	是	是	—	否	12	6/12	非车载充电机和车辆启动相应的保护策略

12.2.4　检修吉利帝豪 EV 直流充电接口控制电路

吉利帝豪 EV 直流充电原理如图 12-11 所示，充电电路如图 12-27 所示。

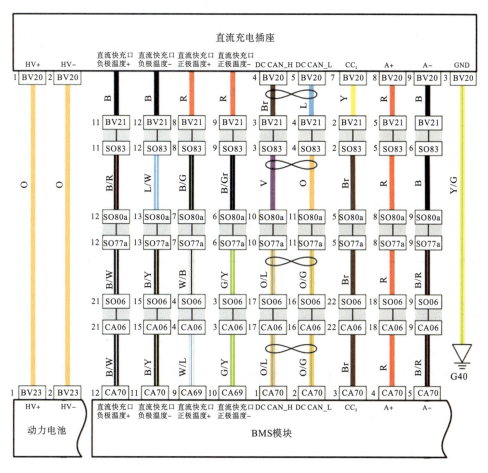

图 12-27 吉利帝豪 EV 车型直流充电电路

12.2.5 检修比亚迪 e5 直流充电接口控制电路

比亚迪 e5 直流充电接口低压接插件如图 12-28 所示，其针脚端子定义如表 12-7 所示。

图 12-28 比亚迪 e5 直流充电接口低压接插件

表 12-7 比亚迪 e5 直流充电接口针脚端子定义

针脚号	定义	对接端	稳定工作电流/A	电源性质
1	低压辅助电源负	车身接地	10	双路电
2	低压辅助电源正	继电器拉高控制	10	双路电
3	充电连接确认 CC_2	BMS45(B)-4		
4	CAN_L	BMS45(B)-20		双绞线
5	CAN_H	BMS45(B)-14		
6	空			
7	温度传感器高	BMS45(B)-11		
8	温度传感器低	BMS45(B)-13		
9~12	空			

任务实施

1. 作业说明

一辆纯电动汽车无法充电，需要进行进一步的诊断分析来确定故障原因。请借助诊断仪、合适的测量仪器等对车载充电机、充电接口及其相关连接电路进行检查，找到故障点，完成该检修任务。

2. 技术标准与要求

CC、CP 电压	
动力 CAN 网络信号	

注：请学员查阅维修资料后填写。

3. 设备器材

(1) 设备与零件总成。

_____

_____

(2) 常用工具。

_____

_____

(3)耗材及其他。
_____
_____

注：请学员根据场地实际设备器材填写。

4. 作业流程

(1)做好安全防护，清洁总成及工具。

(2)使用故障诊断仪读取故障码。

(3)检测故障并确定故障点。

(4)修复故障。

自我测试

(1)简述交流故障诊断排除思路。
_____
_____
_____
_____
_____

(2)简述充电时充电桩跳闸的原因。
_____
_____
_____
_____
_____

(3)简述快充系统的唤醒过程。
_____
_____
_____
_____
_____

5. 填写考核工单

1. 记录车辆信息					
整车型号		VIN		电机型号	
动力电池额定容量		动力电池额定电压		里程表读数	
2. 故障现象确认					
作业项目		作业内容			
故障现象					
读取故障代码		故障代码		故障含义	
记录主要数据流		数据流		内容	
分析故障范围					
3. 制订故障检测计划					
检测计划					
步骤		检测内容			
1					
2					
3					
4					
5					
6					
7					
4. 故障检测过程					
步骤	检测项目	测量结果		标准值	结果分析
1					
2					
3					
4					
5					
故障确认与排除					

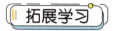

大功率充电技术

大功率充电技术让长时间充电成为过去,电动汽车只需充电三到五分钟,即可续驶 100 km。电动汽车可在充电站快速完成充电。

目前,组合式充电系统的充电功率可达到 200 kW。但为在更短时间内完成充电,还需更大的充电电流。常规充电技术往往会导致过热危险,或需要使用粗重的电缆。而智能大功率充电(high power charging,HPC)产品采用了可使充电功率达 500 kW 的主动式液冷系统,同时确保充电系统的安全稳定运行,液冷型充电枪如图 12-29 所示,可提供 500 kW 的功率。

图 12-29 液冷型充电枪

任务 13

DC/DC 低压充电系统检查保养

任务引入

一位顾客的纯电动汽车已行驶 30 000 km，需要对 DC/DC 低压充电系统进行检查保养。

学习目标

(1) 了解 DC/DC 低压充电系统的作用。
(2) 理解 DC/DC 变换器的工作原理。
(3) 能够正确进行 DC/DC 变换器及相关电路的检查保养。
(4) 能够规范选择、使用工具。
(5) 培养爱岗敬业、乐于实践的劳动精神。

知识准备

13.1 纯电动汽车低压电源系统

13.1.1 纯电动汽车低压电源系统与传统汽车的区别

传统汽车的电源是蓄电池和发电机，发动机未启动或启动时由蓄电池供电，启动以后则由发电机供电，同时为蓄电池充电。

新能源汽车低压电源供给是将动力电池的电能通过 DC/DC 变换为 12 V 低压电源，为车载 12 V 蓄电池和车身电器部件提供工作电源；常规车身电器部件包括灯光、中控门锁、信息娱乐系统、电动门窗等。

传统汽车的交流发电机利用发动机的旋转发电,发出的电提供给用电器并为蓄电池充电。新能源汽车采用 DC/DC 变换器之后,可省去交流发电机。纯电动汽车的动力电池容量很大。因此,以动力电池为电源,能够利用 DC/DC 变换器为低压蓄电池充电,从而可以省去原来的交流发电机,图 13-1 是纯电动汽车 DC/DC 变换器为蓄电池充电的示意图。图 13-2 是混合动力汽车 DC/DC 变换器为蓄电池充电的示意图。

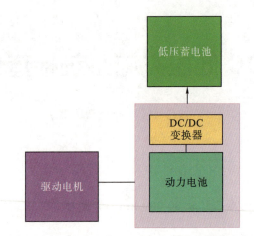

图 13-1 纯电动汽车 DC/DC 变换器为蓄电池充电

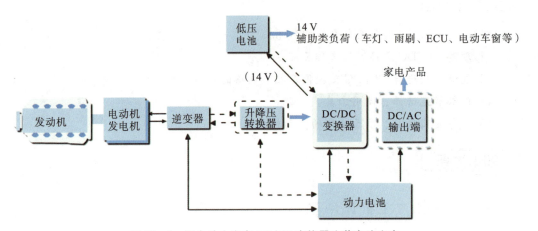

图 13-2 混合动力汽车 DC/DC 变换器为蓄电池充电

传统燃油汽车当发动机转速低时,如果同时使用空调、音响及车灯等,有时电池的电量会用尽。即使发动机仍在运行,有些条件下(如用电器全开)也会出现电力不足的现象。而混合动力汽车和电动汽车使用动力电池和 DC/DC 变换器,便可不必考虑发动机的转速而使用电力。

13.1.2 新能源汽车低压电源特点

1. 纯电动汽车电源特点

纯电动汽车的电源分为主电源和辅助电源。主电源为驱动汽车行驶的高压电源；辅助电源(低压的铅酸蓄电池)是为车载各种仪表、控制系统供电的直流低压电源。纯电动汽车电源模块是整个系统稳定运行的保障。电源的可靠性对于整个系统的性能起着至关重要的作用。纯电动汽车设计和选择电源时要考虑配电方案、布局、接地回路等，以实现负载良好的供电，达到高电压调整精度、低噪声，同时避免系统中电路之间的干扰、振荡及过热等问题的出现。

图13-3为北汽新能源纯电动汽车的DC/DC辅助电源模块，它分别为3个电路模块供电。

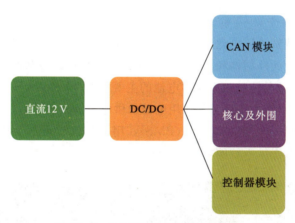

图13-3 DC/DC辅助电源模块框图

2. 混合动力汽车电源特点

部分混合动力车型，发动机保留了发电机，低压电气系统由12 V蓄电池、DC/DC和发电机三个电源共同提供。图13-4是比亚迪秦混合动力汽车的低压电源系统。

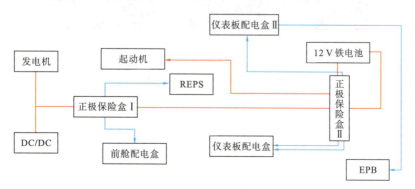

图13-4 比亚迪秦的低压电源系统

13.1.3 新能源汽车保留低压蓄电池的原因

混合动力汽车和纯电动汽车理论上说也可以省去低压的蓄电池,但实际上还是保留了蓄电池。这样做主要有两个原因:一是保留低压的蓄电池,能够降低车辆的成本;二是确保电源的冗余度。

蓄电池能在短时间内向空调、刮水器及车灯等释放大电流。如果省去蓄电池而将高压动力电池的电力用于空调及刮水器等,DC/DC变换器的尺寸势必就要增大,从而使整体成本增加。蓄电池价格便宜,因此目前将蓄电池取消还没有成本上的优势。

蓄电池还具有确保向辅助类电器供电的作用。DC/DC变换器出现故障停止供电时,如果没有蓄电池,辅助类电器就会立即停止运行。如夜间车灯不亮,雨天刮水器停止运行等,就会影响驾驶。如果有蓄电池,就能将汽车就近开到家里或修理厂。

13.1.4 新能源汽车低压蓄电池的特点

新能源汽车,特别是纯电动汽车,12 V低压蓄电池不需要给启动机提供启动时的大电流,容量变小,此外结构和类型也与传统汽车有所区别。从图13-5上可以看出,比亚迪秦12 V蓄电池与传统汽车用蓄电池的主要区别:

(1)用于发动机启动的正极与其他用电器的供电正极分开了。

(2)蓄电池内部具有智能控制模块(BMS),用于对蓄电池进行智能控制。例如蓄电池电压低时,关闭多媒体系统的电源。

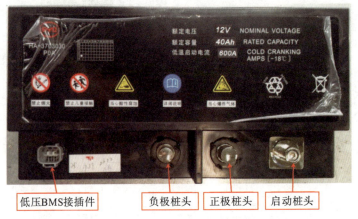

图13-5　比亚迪秦低压蓄电池

13.2 DC/DC变换器的结构原理

13.2.1 DC/DC变换器的作用及原理

对于纯电动汽车来说,DC/DC变换器的功能相当于传统汽车的发电机。其作用是将动力蓄电池的高压直流电转换为低压直流电,给整车低压用电系统供电及低压蓄电池充电。DC/DC 变换器具有效率高、体积小、耐受恶劣工作环境等特点。

纯电动汽车上的控制器如整车控制器、蓄电池管理系统、电机控制器和车身电气系统等,均采用低压 12 V 直流电。如果低压电源过低会导致纯电动汽车不工作或不能点亮 READY 灯,无法启动车辆。DC/DC 变换器大多安装在电动汽车机舱内。

13.2.2 DC/DC 变换器电路工作原理

DC/DC 变换器是将一种直流电变换为另一种直流电的技术,主要对电压、电流实现变换,它在新能源汽车中起着能量转换和传递的作用。DC/DC 变换器分为单向 DC/DC 变换器和双向 DC/DC 变换器。单向 DC/DC 变换器的能量只能单向流动,而双向 DC/DC 变换器的作用是在保持转换器两端的直流电压极性不变的前提下,根据需要改变电流的方向,从而实现能量双向流动的直流转换。

目前,新能源汽车主要使用单向 DC/DC 变换器将动力蓄电池中几百伏的直流电转变为低压蓄电池的 14 V 直流电。双向 DC/DC 变换器在丰田混合动力汽车增压转换器中应用较多。例如第三代丰田普锐斯中增压转换器的主要功能是利用降压(Buck)斩波电路、升压(Boost)斩波电路等原理将 201.6 V 高压电与 650 V 高压电进行转换。

下面以纯电动汽车中应用的单向 DC/DC 变换器为例,分析其工作原理。图 13-6 为 DC/DC 变换器电路原理图。

该电路分为 DC/AC 逆变电路、变压器、整流电路及滤波电路四部分。DC/AC 逆变电路部分采用高频电路交替控制四个大功率开关管的导通和截止,将高压直流电转换为高压高频的交流电,其频率和占空比由高频电路的频率和控制功率开关管的导通时间决定。该交流电经过高频变压器的降压,将原来高频高压交流电的电压降低,变为高频低压交流电。然后通过二极管整流电路和电容器的滤波,高频低压交流电转换成低压直流电,完成电压的转换,供给整车和低压蓄电池。

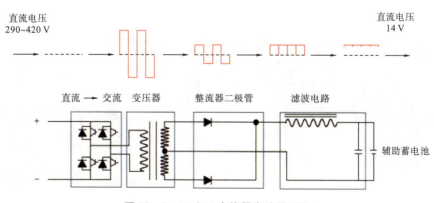

图 13-6 DC/DC 变换器电路原理图

13.2.3 典型车型的 DC/DC 变换器

1. 比亚迪 DC/DC 变换器

比亚迪 e6 的 DC/DC 变换器主要用于降压和升压控制功能,安装在前机舱内。

(1)降压。负责将动力电池 318 V 的高压电转换成 12 V 电源。DC/DC 在主接触吸合时工作,输出的 12 V 电源供给整车用电器工作,并且在低压电池亏电时给低压电池充电。

(2)升压。当动力电池电量不足时,DC/DC 将发电机发出的电供整车低压用电器用电后多余的量经升压后给动力电池充电及供空调用电。

比亚迪 e6 的 DC/DC 变换器位置与接口连接关系如图 13-7 所示。

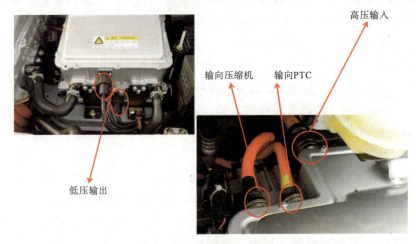

图 13-7 DC/DC 变换器位置与接口连接关系

比亚迪秦混合动力汽车 DC/DC 变换器与驱动电机控制器安装在一起,位置与接口连接关系如图 13-8 所示。

图 13-8 比亚迪秦 DC/DC 变换器位置(与驱动电机控制器一体)

①纯电模式下，DC/DC 变换器的功能替代了传统汽车挂接在发动机上的 12 V 发电机，和蓄电池并联给各用电器提供低压电源。DC/DC 在高压（500 V）输入端接触器吸合后便开始工作，输出电压标称 13.5 V。

②发动机启动，发电机发出 13.5 V 直流电，经过 DC/DC 升压转换成 500 V 直流电给动力电池充电。图 13-9 是 DC/DC 变换器的控制原理框图。

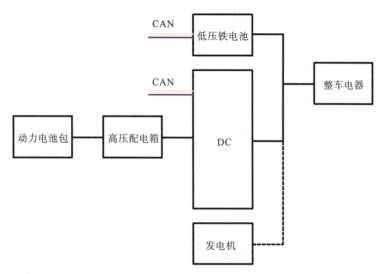

图 13-9　DC/DC 变换器控制原理框图

2. 丰田普锐斯 DC/DC 变换器

普锐斯混合动力汽车的 DC/DC 变换器内置于变频器中，并由内部控制线路实现操控。高压从一侧与内部控制线路连接，内部控制线路控制晶体管。12 V 直流电输出直接给备用电池充电，在备用电池短路时保护 DC/DC 变换器，变换器可以通过输出端子测量实际输出电压的一个反馈信号。其基本工作过程如图 13-10。

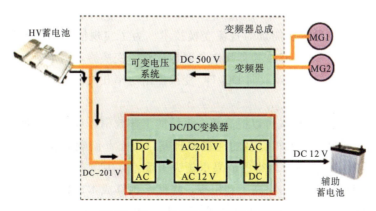

图 13-10　DC/DC 变换过程示意图

13.2.4　双向 DC/DC 变换器概述

新能源汽车的动力源是动力蓄电池,混合动力汽车的动力依靠内燃机及驱动电机共同作用,它综合了新能源汽车和传统汽车的优点,提高了行驶里程。新能源汽车在行驶的过程中会频繁地加速、减速,所以电压的变化范围很大,引入 DC/DC 变换器可以起到一定的保护作用。能量是可以互相转化的,电能可以转化为机械能,机械能也可转换为电能。DC/DC 变换器中的能量可实现双向流动,本质上就是一个双向 DC/DC 变换器代替了 2 个单向的 DC/DC 变换器。新能源汽车双向充、放电系统构架如图 13-11 所示。

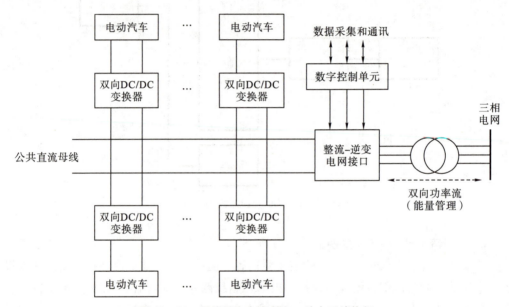

图 13-11　新能源汽车双向充、放电系统构架

13.2.5　双向 DC/DC 变换器的发展现状

双向变换器是一种转换能量的直流变换技术。为了实现能量双向流动,最简单的方法就是将两个单向 DC/DC 变换器反向并联构成双向变换器,为了避免整个系统的结构过于复杂同时考虑到成本,双向 DC/DC 变换器用功率开关代替了单向直流变换器电路中的续流二极管。

双向 DC/DC 变换器因其可以提高整个系统的工作效率,且大大降低了系统成本的优势,在相关领域中获得了相当多的注视和研究,研究者们顺应发展趋势,扩大双向 DC/DC 变换器的应用范围,取得的成果也颇为丰盛。其中,在航天领域,将双向 DC/DC 变换器和电源结合使用,提高了利用率,降低了预算成本;在新能源汽车领域,能量双向流动不仅节约了时间,还大大提高了工作效率。综上,双向变换器成了一个热门研究对象,且被越来越多的学者关注。

在国内外,双向变换器的发展均有很大的发展前景。美国国家电力电子系统中心的研究员采用了双全桥拓扑结构的双向 DC/DC 变换器,可以更好地模拟控制,功率达到了 1.6kW,不足之处在于其结构较复杂,控制性能也一般。除此之外,美国密歇根州立大学和麻省理工学院联手开展了 12/42 V 双电源变换系统研究。日本学者则把研究重点放在了双向变换器在太阳能发电和 UPS 的应用上。现在,对于双向 DC/DC 变换器研究的功率级别越来越高,主要希望能够提升它的效率。

13.2.6 双向 DC/DC 变换器在新能源汽车上的应用

纯电动汽车以动力蓄电池作为能源,通过动力蓄电池驱动驱动电机转动,进而推动汽车前进。从工作原理来看,动力蓄电池相当于燃油汽车的燃油箱,驱动电机相当于燃油车的发动机。由于纯电动汽车只配置了动力蓄电池,结构比较简单。其传动系统的拓扑结构如图 13-12 所示。

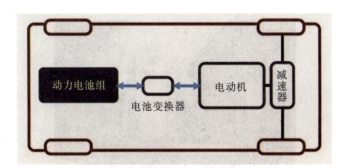

图 13-12 纯电动汽车传动系统拓扑结构

在新能源汽车的动力电源系统中,双向 DC/DC 变换器是其核心部件之一。图 13-13 为双向 DC/DC 变换器在新能源汽车动力电源系统中的应用框图。当新能源汽车在行驶时,需要频繁地启动、加速、爬坡,此时双向 DC/DC 变换器将动力蓄电池的电压升高到一个定值,与直流母线电压匹配,当新能源汽车在减速或者制动、下坡滑行的时候,也需要通过双向 DC/DC 变换器将部分能量回馈给动力蓄电池,这样可以充分有效地利用能源,提高新能源汽车的续驶里程及效率。新能源汽车双向 DC/DC 变换器主要有以下几个性能要求:

图 13-13 双向 DC/DC 变换器在新能源汽车动力电源系统中的应用框图

(1) 高转换效率，当变换器两端电压或者电流在较大范围波动时，仍然具有较高效率。

(2) 高安全可靠性，发生过电流、过电压时要及时切断电路，确保乘车人安全。

(3) 高的功率密度，尽可能减小其体积和重量，便于在新能源汽车有限的空间内安装和使用。

(4) 高的动态响应。

13.3　DC/DC 变换器的检查与维护

下面以比亚迪 e6 纯电动汽车为例进行 DC/DC 变换器的检查与维护。

1) 准备工作

(1) 关闭点火开关。

(2) 拆下低压蓄电池负极，并用绝缘胶带包好。

(3) 佩戴绝缘手套，断开动力电池高压维修开关，如图 13-14 所示。

图 13-14　断开维修开关

(4) 拆下动力电池总正、总负和低压线束插头。

2) 外观检查

(1) 清洁外表面，确保无异物，如图 13-15 所示。

图 13-15　清洁 DC/DC 变换器外表面

(2)目测检查 DC/DC 变换器外壳有无明显变形、碰撞痕迹。

3)连接线束检查

(1)检查各连接线束有无破损、裂纹。

(2)检查低压端子连接是否牢靠、无松动,如图 13-16 所示。

图 13-16　检测 DC/DC 变换器低压端子连接

4)紧固螺栓检查

(1)检查 DC/DC 变换器紧固螺栓有无锈蚀。

(2)检查紧固力矩是否足够、并按照规定力矩拧紧。

5)输出电压检查

(1)保证整车线束正常连接的情况下,通电前使用万用表测量铅酸电池端电压,并做好记录。

(2)整车通电,继续读取万用表数值,查看变化情况,并做好记录。

(3)判断 DC/DC 变换器工作是否正常,通常 DC/DC 变换器正常输出电压为 13.5~14 V。如果低于规定值,则有可能车上用电器未关,或 DC/DC 故障,或万用表测量有误差。

任务实施

1. 作业说明

一辆行驶 30 000 km 的纯电动汽车需要对 DC/DC 变换器及相关电路及进行检查维护。本作业主要包括 DC/DC 变换器外观的检查、连接线束的检查、螺栓的紧固、输出电压的测量等。

2. 技术标准与要求

DC/DC 变换器的输出电压标准值	

注:请学员查阅维修资料后填写。

3. 设备器材

(1)设备与仪器。
_____
_____

(2)拆装工具等。
_____
_____

(3)耗材及其他。
_____
_____

注：请学员根据场地实际设备器材填写。

自我测试

(1)简述 DC/DC 变换器的作用。
_____
_____
_____
_____

(2)简述 DC/DC 变换器的工作原理。
_____
_____
_____
_____

(3)简述 DC/DC 变换器的检查和维护项目。
_____
_____
_____
_____

4. 填写考核工单

一、查询并记录车辆信息						
车型		VIN 码		电机型号	
动力电池 额定容量		动力电池 额定电压		行驶里程	
二、DC/DC 变换器的检查与维护					
请写出 DC/DC 变换器的检查与维护的步骤：					
检测项目					
DC/DC 变换器的外观				正常□ 异常□	
DC/DC 变换器的连接线束				正常□ 异常□	
DC/DC 变换器的紧固螺栓				正常□ 异常□	
DC/DC 变换器的输出电压				正常□ 异常□	

拓展学习

隔离型和非隔离型双向 DC/DC 变换器

电气隔离就是将电源与用电回路做电气上的隔离,即将用电的分支电路与整个电气系统隔离,使之成为一个在电气上被隔离的、独立的不接地安全系统,以防在裸露导体故障带电的情况下发生间接触电危险。实现电气隔离后,两个电路之间没有电气上的直接联系,即两个电路之间是相互绝缘的。同时,还要保证两个电路维持能量传输的关系。电气隔离的作用主要是减少两个不同的电路之间的相互干扰,降低噪声。

非隔离双向 DC/DC 变换器的结构比较简单,每个部件都是直接相连的,没有额外的能量损失,工作效率比较高,对升压侧的电容要求比较高。主要的非隔离 DC/DC 变换器电路结构有双向半桥 Boost-Buck 电路、双向 Buck-Boost 电路、双向 Buck 电路、双向 Zate-Sepic 电路。

在非隔离型双向 DC/DC 变换器的基础上加上一个高频变压器就构成了隔离型双向 DC/DC 变换器。高频变压器两侧的电路拓扑可以是全桥式、半桥式、推挽式等。这几种隔离型的双向 DC/DC 变换器采用了更多的功率开关,具有电压变比大、带电气隔离等优点。但是这类 DC/DC 变换器结构复杂,成本相对较高,变换器的损耗高,低频时会导致隔离变压器铁芯饱和,损耗会进一步增加。因此,非隔离型双向 DC/DC 变换器比隔离型双向 DC/DC 变换器在新能源汽车上的运用更具有优势。

当能量由高压侧流向低压侧时,双向 DC/DC 变换器工作在 Buck 模式;当能量由低压侧流向高压侧时,双向 DC/DC 变换器工作在 Boost 模式。

任务 14

DC/DC 变换器的拆卸与更换

任务引入

某顾客的纯电动汽车仪表上显示蓄电池故障,经过诊断分析将故障点锁定到 DC/DC 变换器,故需对 DC/DC 变换器进行更换。

学习目标

(1)掌握 DC/DC 变化器更换的注意事项。
(2)能够按照工艺规范进行 DC/DC 变化器的更换。
(3)能够按照工艺规范进行 PDU 的更换。
(4)能够合理选择、规范使用工具。
(5)培养良好的职业道德和工匠精神。
(6)培养安全意识和团队协作精神。

知识准备

14.1 DC/DC 变换器的更换

以北汽新能源纯电动汽车(DC/DC 变换器单独安装)为例。
(1)拔下车辆钥匙,打开前机舱盖。
(2)支起前机舱盖,将翼子板护垫铺好,避免损坏车辆。
(3)断开低压蓄电池负极,并用绝缘胶布包好。
(4)按照高压中止的要求,切断高压电,放置高压安全警示牌。
(5)用万用表测量快充充电口的电压,确认无电,如图 14-1 所示。

(6)如果测量的电压超过3 V,必须使用放电工具放电,如图14-2所示。

图14-1　用万用表测量电压确认无电

图14-2　使用放电工具放电

(7)拔掉DC/DC变换器的4个连接线束接插件,如图14-3所示。

(8)松开并取下DC/DC变换器6个固定螺栓,然后取下DC/DC变换器,如图14-4所示。

图14-3　拔掉4个连接线束接插件

图 14-4　松开并取下 6 个固定螺栓

(9)检查新的 DC/DC 变换器外观有无破损，如图 14-5 所示。
(10)核对新的 DC/DC 变换器型号是否正确，如图 14-6 所示。

图 14-5　检查外观

图 14-6　核对型号

(11)检查连接线束是否完好，如图 14-7 所示。
(12)检查无误后将 DC/DC 变换器放入相应位置，并紧固固定螺栓。

图 14-7　检查连接线束是否完好

(13) 连接线束接插件，如图 14-8 所示。

(14) 移除高压警示牌并安装低压蓄电池负极，如图 14-9 所示。

图 14-8　连接线束接插件

图 14-9　安装低压蓄电池负极

(15) 使用万用表测量蓄电池电压，确认电压正常，如图 14-10 所示。

(16) 打开点火开关之后再次测量电压，确认电压正常，如图 14-11 所示。

图 14-10　使用万用表测量蓄电池电压

图 14-11　打开点火开关之后再次测量电压

(17) 连接诊断仪,并读取故障码。如有故障码,应清除故障码。
(18) 查看数据流是否正常。
(19) 收起翼子板护垫,放下前机舱盖。
(20) 工具归位,清洁场地。

14.2　PDU(power distribution unit,高压配电盒)的更换

以北汽新能源纯电动汽车(DC/DC 集成在 PDU 内的车型)为例。

1. PDU 的拆卸

(1) 拔下车辆钥匙,打开前机舱盖。
(2) 支起前机舱盖,将翼子板护垫铺好,避免损坏车辆。
(3) 断开低压蓄电池负极,并用绝缘胶布包好。
(4) 断开 PDU 左后方低压接插件,如图 14-12 所示。
(5) 拆下慢充线束接插件的 2 个固定螺栓,如图 14-13 所示。

图 14-12 断开 PDU 左后方低压接插件

图 14-13 拆下慢充线束接插件的固定螺栓

(6) 取下慢充线束接插件,如图 14-14 所示。

(7) 用万用表测量 PDU 动力蓄电池端端子电压,如图 14-15 所示。

图 14-14 取下慢充线束接插件

图 14-15 测量 PDU 动力蓄电池端端子电压

(8) 测量 PDU 动力蓄电池端子的搭铁电压,如图 14-16 所示。

(9) 拆下低压蓄电池正极保护盖,断开 PDU 正极(DC/DC)线束,如图 14-17 所示。

图 14-16 测量 PDU 动力蓄电池端子的搭铁电压

图 14-17 断开 PDU 正极(DC/DC)线束

(10)断开 PDU 负极(DC/DC)搭铁线。

(11)拔出快充高压线束和空调压缩机高压线束,如图 14-18 所示。

图 14-18 拔出快充和空调压缩机高压线束

(12)分别断开 PDU 中的驱动电机控制器 MCU 高压线束、PTC 加热器高压线束、车载充电机高压线束,如图 14-19～图 14-21 所示。

(13)打开防冻液盖,举升车辆,拆卸下护板,排放防冻液,如图 14-22 所示。

(14)降下车辆。

图 14-19 断开 MCU 高压线束

图 14-20　断开 PTC 高压线束

图 14-21　断开车载充电机高压线束

图 14-22　排放防冻液

(15) 拆下 PDU 上的 2 根冷却液管，如图 14-23 所示。

(16) 拆下 4 个 PDU 固定螺栓，如图 14-24 所示。

图14-23 拆下PDU上的冷却液管

图14-24 拆下PDU固定螺栓

(17)取出PDU总成,如图14-25所示。

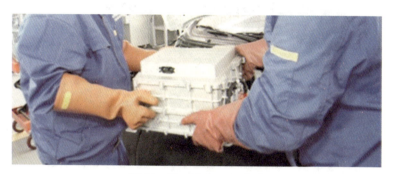
图14-25 取出PDU总成

2. PDU的安装

(1)放置好PDU,对角安装4个PDU固定螺栓并紧固,如图14-26所示。

(2)安装PDU冷却液管,如图14-27所示。

(3)安装快充高压线束,并紧固2个螺栓,如图14-28所示。

(4)安装空调压缩机高压线束,如图14-29所示。

图14-26 安装PDU固定螺栓

图 14-27 安装 PDU 冷却液管

图 14-28 安装快充高压线束

图 14-29 安装空调压缩机高压线束

(5) 安装驱动电机控制器 MCU 高压线束，拧紧 2 个固定螺栓，如图 14-30 所示。

(6) 安装 PTC 加热器高压线束，如图 14-31 所示。

图 14-30　安装 MCU 高压线束

图 14-31　安装 PTC 高压线束

（7）安装 PDU 的 DC/DC 变换器正极和负极搭铁线束，如图 14-32、图 14-33 所示。

图 14-32　安装 DC/DC 变换器正极搭铁线束

图 14-33　安装 DC/DC 变换器负极搭铁线束

(8) 安装车载充电机高压线束,如图 14-34 所示。
(9) 安装动力蓄电池高压线束接插件,并紧固 2 个固定螺栓,如图 14-35 所示。

图 14-34　安装车载充电机高压线束

图 14-35　安装动力蓄电池高压线束接插件

(10) 安装 PDU 低压线束接插件,如图 14-36 所示。
(11) 加注驱动电机专用冷却液至上限,如图 14-37 所示。

图 14-36　安装 PDU 低压线束接插件

图 14-37　加注冷却液至上限

(12) 安装低压蓄电池负极。
(13) 启动车辆,检查冷却液液位,并再次添加冷却液至上限。

(14)举升车辆,检查冷却液管接口有无泄漏。

(15)安装下护板,降下车辆。

(16)收起翼子板护垫,放下前机舱盖。

任务实施

1. 作业说明

一辆纯电动汽车的DC/DC变换器经检查发现已经损坏,需要进行更换,请按照正确的步骤完成DC/DC变换器的更换和更换后的检测工作。

2. 技术标准与要求

低压蓄电池静态电压标准值	
低压蓄电池充电电压标准值	

注:请学员查阅维修资料后填写。

3. 设备器材

(1)设备与仪器。

_____

_____

(2)拆装工具等。

_____

_____

(3)耗材及其他。

_____

_____

注:请学员根据场地实际设备器材填写。

4. 填写考核工单

一、查询并记录车辆信息					
车型		VIN 码		电机型号	
动力电池额定容量		动力电池额定电压		行驶里程	
二、DC/DC 变换器的更换					
请写出 DC/DC 变换器的更换步骤：					
DC/DC 变换器更换之后的检测项目					
低压蓄电池静态电压				正常□ 异常□	
低压蓄电池充电电压				正常□ 异常□	
用诊断仪读取故障码				正常□ 异常□	
用诊断仪读取数据流				正常□ 异常□	

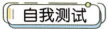

(1)请简述 DC/DC 变换器更换的注意事项。

(2)请简述 PDU 更换的操作步骤。

(3)DC/DC 变换器更换完毕后应进行哪些检测项目?

拓展学习

48 V 电源系统

48 V 电源系统能够比 12 V 电源系统储存更多电量,在配备启停系统的车上可以实现长时间关闭发动机,减少出现电池电量过低而频繁启动发动机充电的情况(如果不充电就无法启动发动机了),从而避免浪费过多的燃油。

48 V 系统的出现并不说明 12 V 系统已经被淘汰,而是在保留之前 12 V 系统的基础上,再增加了一套 48 V 系统来支持弱混和中混系统。

标准 48 V 系统由三大件组成:发动机、锂离子电池组及 DC/DC 变换器,如图 14-38 所示。

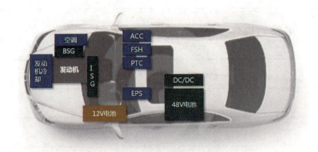

图 14-38　48 V 系统架构

在混合动力汽车上搭载 48 V 系统,通过两个 DC/DC 转换器,形成 12 V-48 V-HEV(hybrid electric vehicle,混合动力汽车)电气系统架构;普通混合动力汽车的电气架构是 12 V-HEV 模式,通过 DC/DC 转换器直接联通 12 V 系统和 HEV 高压系统,如图 14-39 所示。

48 V 轻混系统相比高压混动系统而言,成本更低,却可以达到高压混动系统(电池电压>100 V)大部分的节能效果,按照测算,48 V 轻混系统是高压轻混系统成本的 30%,能达到高压轻混系统 70% 的节能效果。

48 V 轻混系统的优点:

(1)低于 60 V 安全电压,不需要采取额外的电压防护,相对高压混动系统,成本更低。

(2)相对于 12 V 系统,相同功率下 48 V 系统的工作电流只有 12 V 系统的 1/4,损耗只有 12 V 系统的 1/16。

(3)由于 BSG/ISG 的电功率辅助,可以进一步缩小发动机的体积,进而降低排放

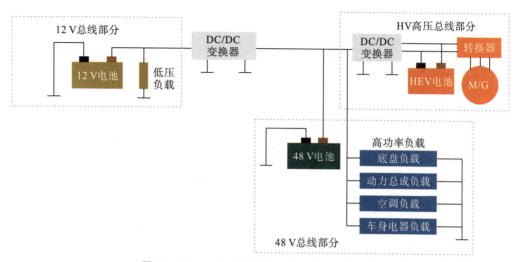

图 14-39　48 V 系统在混合动力汽车上的应用

(4) 可以将传统发动机上的高负载附件电动化，比如空调压缩机、冷却水泵、真空泵等，降低发动机的负载，即使在发动机关闭的情况下，这些设备也能工作。

(5) 将车载电器工作电压提升到 48 V，可以进一步降低损耗，同时可以降低线束外径。

(6) 可以支持更大功率的车载设备。

(7) 可以涡轮电动化，进一步提高发动机的效率，并且不会有涡轮增压器延迟现象。

(8) BSG/ISG 点火时间更短，噪声更低、震动更小。

(9) 48 V 皮带启动发电机(belt starter generator，BSG)容易替代原有的 12 V BSG，无需大幅更改设计即可配套。

任务 15

DC/DC 低压充电系统故障诊断分析

任务引入

某顾客的纯电动汽车仪表上显示蓄电池故障，造成该故障的可能原因有蓄电池本身故障、DC/DC 变换器故障或 DC/DC 变换器与蓄电池连接电路故障。故需要进行进一步的诊断分析来确定故障原因。

学习目标

(1) 掌握低压充电系统的故障诊断思路。
(2) 能够根据故障现象对低压充电系统进行诊断分析。
(3) 能够正确地对蓄电池、DC/DC 变换器及其相关电路进行检测。
(4) 能够规范选择、使用工具。
(5) 培养良好的职业道德和工匠精神。
(6) 培养安全意识和团队协作精神。

知识准备

15.1 北汽 EV 系列纯电动汽车低压电源系统故障诊断与检修

1. 12 V 蓄电池故障
1) 故障现象
点火开关置于 ON 挡，仪表显示蓄电池故障，故障灯点亮，如图 15-1 所示。

图 15-1 蓄电池故障灯点亮

2）可能原因

蓄电池本身故障、DC/DC 变换器故障或 DC/DC 变换器与蓄电池连接电路故障。

3）检查与排除方法

(1) 检查蓄电池电压值是否正常。

(2) 检查低压熔丝盒内 DC/DC 变换器的熔丝是否正常。

(3) 检查 DC/DC 变换器电源正负极供电电路是否正常。

(4) 检查高压控制盒对接高压线束接插件的电路是否正常。

(5) 检查 DC/DC 变换器输出端的搭铁线负极接插件端子是否正常。

如果上述项目不正常，进行更换或检修。

4）故障分析

(1) 蓄电池本身故障储能下降。蓄电池的检测比较简单，只要有专用检测仪或高频放电计就可以确定蓄电池的性能。

(2) DC/DC 变换器系统故障无法给蓄电池充电。新能源汽车利用动力电池的高压直流电通过 DC/DC 变换器变换成低压直流电给其他低压电器供电，同时给蓄电池充电。当整车电器使用的功率大于 DC/DC 变换器的输出功率时，蓄电池协助 DC/DC 变换器供电而满足电能的需求。从以上检查过程可以看出，DC/DC 变换器的检查主要是检查其本身是否能正常工作，其次检查高压直流电源输入和低压输出的电路。

2. DC/DC 变换器故障

DC/DC 变换器发生故障，利用故障检测仪器读取 ECU 存储的故障码，会读取到"P1792" DC/DC 变换器故障和"P1796" DC/DC 变换器驱动通道对电源短路故障等故障码，见表 15-1。

表 15-1　DC/DC 变换器故障码说明表

故障码	故障码定义	故障码检测条件	故障现象	可能的故障原因
P1792	DC/DC 变换器故障	点火开关在 ON/START 挡	仪表蓄电池故障指示灯亮	DC/DC 变换器故障
P1796	DC/DC 变换器驱动通道对电源短路故障	点火开关在 ON/START 挡	DC/DC 变换器线束短路	DC/DC 变换器线束与插头故障

(1) P1792 DC/DC 变换器故障检测步骤。

① 使用电动汽车专用故障检测仪清除故障码。

a. 故障码清除。车辆重新启动，故障消失，车辆恢复正常。

b. 故障码未清除。进行第②步。

② 将点火开关置于 ON 挡，使用万用表电压挡测量检查 DC/DC 变换器输出电压是否异常（正常输出电压为 13.2~13.5 V）。

a. 是。修复或更换 DC/DC 变换器。

b. 否。进行第③步。

③ 检测高压控制盒中的 DC/DC 变换器高压熔丝是否熔断。

a. 是。更换高压熔丝，车辆恢复正常。

b. 否。进行第④步。

④ 检测高压熔丝至 DC/DC 变换器之间的插头及线束是否异常。

a. 是。维修或更换线束及插头。

b. 否。进行第⑤步。

⑤ 检查 DC/DC 变换器低压输出线至低压蓄电池之间的线束是否正常。

a. 是。更换 DC/DC 变换器，车辆恢复正常。

b. 否。维修或更换线束及插头。

(2) P1796 DC/DC 变换器驱动通道对电源短路故障检测步骤。

① 检查 DC/DC 变换器控制插头 14 中的端子 1 至低压熔丝盒中的 DC/DC 变换器控制继电器中的 23 号线束是否导通。

a. 是。进行第②步。

b. 否。修复线束。

② 检查 DC/DC 变换器控制插头 14 中的端子 2 至仪表 12 端子、整车控制器 24~60 端子之间的线束是否导通。

a. 是。进行第③步。

b. 否。修复线束。

DC/DC 变换器控制插头和 ECU 端子图分别如图 15-2 和图 15-3 所示。

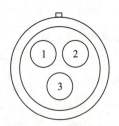

图15-2 DC/DC控制插头

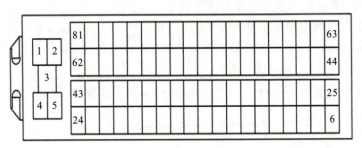

图15-3 ECU端子图

③检查DC/DC变换器。经过以上检修后,使用电动汽车专用故障检测仪清除故障码。

a. 故障码清除。重新启动,车辆恢复正常。

b. 故障码未清除。更换DC/DC变换器。

(3)DC/DC变换器快速检查诊断表,见表15-2。

表15-2 DC/DC变换器快速检查诊断表

检查步骤	可能出现的故障	解决故障的操作方法
检查熔丝是否熔断	熔丝熔断	更换熔丝
检查高压熔丝是否熔断	高压熔丝熔断	更换高压熔丝
检查DC/DC继电器是否损坏	DC/DC继电器损坏	更换DC/DC继电器
检查控制器(VCU)是否损坏	控制器(VCU)损坏	更换控制器(VCU)
检查DC/DC变换器供电是否正常	DC/DC变换器短路或断路	维修供电线路
检查DC/DC变换器是否损坏	DC/DC变换器损坏	更换DC/DC变换器
正确检修操作后,检查故障是否出现	故障未消失	从其他症状查找故障原因

(4)DC/DC变换器接口定义。

北汽EV系列纯电动汽车DC/DC变换器接口如图15-4所示。接口定义见表15-3。

图 15-4 DC/DC 变换器接口

表 15-3 DC/DC 变换器接口定义

端子号	端子功能	线束走向
HT2		
A	直流输入-	高压控制盒
B	直流输入+	高压控制盒
T3a		
1	12 V 输入	低压控制盒
2	故障报警线	整车控制器
3	负极输入	接地点
TA		
+Vbut	12 V 输出	低压蓄电池正极
TB		
-Vbut	12 V 输出	低压蓄电池负极

15.2 北汽 EU5 DC/DC 过电压故障

(1)故障码"P0A9401",DC/DC 过电压故障或控制单元故障。

(2)故障码检测步骤。

在进行下列步骤之前,确认蓄电池电压为正常电压。

①关闭启动停止按键及所有用电器。

②将诊断仪 BDS 连接至车辆诊断接口上。

③打开启动停止按键至 RUN 挡。

④用诊断仪读取和清除故障码。

(3)诊断步骤。

提示：故障排除后，重新验证故障码及症状是否存在。

①检查 DC/DC 供电接地是否正常。

是：进行下一步。

否：维修故障导线。

②检修或更换 DC/DC，重新进行诊断，读取故障码，确认故障码及症状是否存在。

是：从其他症状查找原因。

否：故障排除。

15.3 吉利帝豪电动汽车电机控制器 DC/DC 故障

1)电路简图(图 15-5)

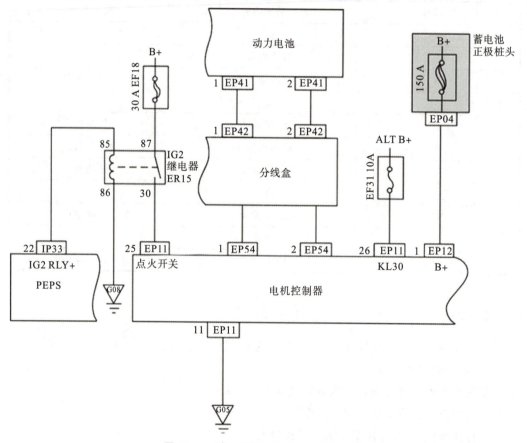

图 15-5 电机控制器 DC/DC 电路简图

2)诊断步骤

步骤1:检查蓄电池电压。

(1)操作启动开关,使电源模式至OFF挡。

(2)用万用表测量蓄电池电压。标准电压:11~14 V。

(3)确认测量值是否符合标准。

(4)不符合则更换蓄电池或为蓄电池充电。

步骤2:检查电机控制器熔丝EF18、EF31和蓄电池正极熔丝是否熔断。

(1)操作启动开关,使电源模式至OFF挡。

(2)拔下熔丝EF31,检查熔丝是否熔断。熔丝额定容量:10 A。

(3)拔下熔丝EF18,检查熔丝是否熔断。熔丝额定容量:30 A。

(4)拔下蓄电池正极熔丝,检查熔丝是否熔断。熔丝额定容量:150 A。

(5)如果熔断则检修熔丝线路,更换额定容量熔丝。

步骤3:检查电机控制器低压电源电压。

(1)操作启动开关,使电源模式至OFF挡。

(2)断开电机控制器线束连接器EP11(见图15-6)。

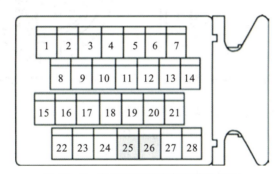

图15-6 电机控制器线束连接器EP11

(3)操作启动开关,使电源模式至ON挡。

(4)用万用表测量电机控制器线束连接器EP11端子25和车身接地之间的电压。标准电压:11~14 V。

(5)用万用表测量电机控制器线束连接器EP11端子26和车身接地之间的电压。标准电压:11~14 V。

(6)确认测量值是否符合标准。

(7)不符合则修理或更换线束。

步骤4:检查电机控制器接地电阻。

(1)操作启动开关,使电源模式至OFF挡。

(2)断开电机控制器线束连接器EP11。

(3)用万用表测量电机控制器线束连接器 EP11 端子 11 和车身接地之间的电阻。标准电阻：小于 1Ω。

(4)确认测量值是否符合标准。

(5)不符合则修理或更换线束。

步骤 5：检查分线盒线束。

(1)操作启动开关，使电源模式至 OFF 挡。

(2)断开蓄电池负极电缆。

(3)拆卸维修开关。

(4)断开电机控制器高压线束连接器 EP54（图 15-7）。

(5)断开直流母线线束连接器 EP42（分线盒侧，见图 15-8）。

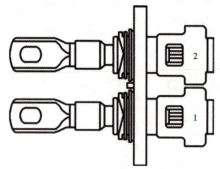

图 15-7 高压线束连接器 EP54

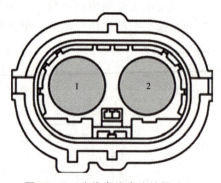

图 15-8 分线盒线束连接器 EP42

(6)用万用表测量电机控制器高压线束连接器 EP54 端子 1 和直流母线线束连接器 EP42 端子 1 之间的电阻。标准电阻：小于 1Ω。

(7)用万用表测量电机控制器高压线束连接器 EP54 端子 2 和直流母线线束连接器 EP42 端子 2 之间的电阻。标准电阻：小于 1Ω。

(8)确认测量值是否符合标准。

(9)不符合则更换分线盒总成。

步骤 6：检查 DC/DC 与蓄电池之间的线路。

(1)操作启动开关，使电源模式至 OFF 挡。

(2)断开蓄电池负极电缆。

(3)断开电机控制器线束连接器 EP12（图 15-9）。

(4)断开蓄电池正极电缆。

(5)用万用表测量电机控制器线束连接器 EP12 端子 1 和蓄电池正极电缆之间的电阻。标准电阻：小于 1Ω。

(6)确认测量值是否符合标准。

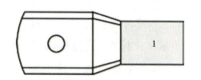

图 15-9 电机控制器线束连接器 EP12

(7)不符合则修理或更换线路。

任务实施

1. 作业说明
一辆纯电动汽车仪表上显示蓄电池故障，需要进行进一步的诊断分析来确定故障原因。请借助诊断仪、合适的测量仪器等对蓄电池、DC/DC 变换器及其相关连接电路进行检查，找到故障点，完成该检修任务。

2. 技术标准与要求

DC/DC 变换器端子号	端子功能

注：请学员查阅维修资料后填写。

3. 设备器材
(1)设备与仪器。

_____

_____

(2)拆装工具等。

_____

_____

(3)耗材及其他。

_____

_____

注：请学员根据场地实际设备器材填写。

4. 填写考核工单

1. 记录车辆信息					
整车型号		VIN		电机型号	
动力电池额定容量		动力电池额定电压		里程表读数	
2. 故障现象确认					
作业项目		作业内容			
故障现象					
读取故障代码		故障代码		故障含义	
记录主要数据流		数据流		内容	
分析故障范围					
3. 制订故障检测计划					
检测计划					
步骤		检测内容			
1					
2					
3					
4					
5					
6					
7					
4. 故障检测过程					
步骤	检测项目		测量结果	标准值	结果分析
1					
2					
3					
4					
5					
故障确认与排除					

自我测试

(1) 简述低压电源系统可能出现的故障。

(2) 简述低压电源系统故障的诊断思路。

(3) 简述 DC/DC 变换器的检测方法。

拓展学习

新能源汽车 DC/DC 变换器的发展趋势

新能源汽车 DC/DC 变换器将向着大功率、双向、多合一集成、SiC 材料、小尺寸的方向快速发展。

SiC 作为第三代半导体材料，相比 Si 和 GaAs 具备高禁带宽度、高热导率、高击穿场强等优势；SiC 在新能源汽车 DC/DC 变换器上的应用将提升该器件的整体性能，包括降低损耗、缩小体积和提升开关频率等。第三代半导体材料给新能源汽车 DC/DC 变换器，乃至其他电驱动模块在减小体积方面带来了更多可能。新能源汽车的续驶问题被逐渐解决后，开始向整车智能化加速迈进。相比于独立部件的各自优化，系统层面集成的效率会更高。

而集成方案，同样给体积带来改变。集成化的推动因素主要包括降低成本、提高效率、优化车企流程、智能化演进等。目前主流集成方案包括二合一：DC/DC＋OBC；三合一：DC/DC＋OBC＋高压控制盒；未来，与电机控制系统及其他电驱动模块集成的方案也将陆续出现，如与电机、电机控制器等融合的"五合一""七合一"等。

参考文献

[1] 许云，赵良红. 新能源汽车动力电池及充电系统检修[M]. 北京：机械工业出版社，2018年.

[2] 吴海东，袁牧，苏庆列. 新能源汽车动力电池及管理系统检修[M]. 北京：机械工业出版社，2022年.

[3] ADI 公司推出汽车行业首款用于电动车的无线电池管理系统[J]. 汽车与配件，2020(19)：25.

[4] ADI 公司无线电池管理系统通过顶级汽车网络安全认证[J]. 世界电子元器件，2022(04)：5-6.

[5] 刘昕伟，朱庆芹，周美玲等. 电动汽车的高压互锁及故障检测[J]. 内燃机与配件，2021(03)：121-122.

[6] 赵振宁. 纯电动汽车构造原理与检修[M]. 北京：机械工业出版社. 2022.

[7] 张珠让，贾小亮，范小真. 新能源汽车充电系统原理与检修[M]. 天津：天津科学技术出版社，2020.

[8] 郑振，侯长剑，蒋志杰. 新能源汽车高压安全与防护[M]. 上海：上海交通大学出版社，2018.

[9] 北京中车行高新技术有限公司职业教育培训评价组织. 汽车运用与维修"含智能新能源汽车"1+X 证书制度-职业技能等级标准[M]. 北京：高等教育出版社. 2019.